성공모델 30인의 감동 인생경영
성공인생의 멘토

성공모델 30인의 감동 인생경영
성공인생의 멘토

초판인쇄 | 2011년 5월 20일
초판발행 | 2011년 5월 30일

지 은 이 | 김 상 규
펴 낸 곳 | 교육타임스
서울시 용산구 원효로1가 39-2
Tel. (02)717-9012~4 Fax. (02)717-9015

인   쇄 | 교육타임스

등록번호 | 제03-013215호 (2001. 9. 25)

ⓒ김상규 2011.

ISBN 978-89-955767-3-1
Printed in korea

정가 15,500원

성공모델 30인의 감동 인생경영
성공인생의 멘토

김 상 규 엮음

| 머리말 | 성공모델 30인의 감동 인생경영 **성공인생의 멘토**

사람들은 성공인생으로 살아가기 위하여 나름대로 노력을 한다. 삶을 살아가면서 모든 것을 다 이루고 소유할 수는 없지만 노력하는 과정에서 하나하나 성취하는 행복이 있고 멋진 삶을 만들어갈 수 있다. 자신의 삶에 얼마나 많은 열정으로 도전을 했느냐에 따라 기쁨과 보람이 안겨진다.

성공한 분들은 자신의 가치를 높이는 비법을 통해 자기 자신을 다시 만들어가고 성공비결을 끊임없는 노력으로 성취한 과정에 남다름이 있다. 우리가 더 나은 삶을 살면서 성공하는 방법을 성공한 사람들로부터 교훈을 얻는 것은 중요하다. 이들은 인생역전의 실현가능성을 우리에게 현실로 보여주고 있기 때문이다. 누구나 성공 노하우를 알고 노력하면 큰 보탬이 되고 성공인생이 될 수 있다.

성공한 사람들은 자신만의 꿈과 비전을 키우고, 굳은 신념과 의지로 자신의 결정을 열정적으로 밀고 나갔다. 또한 언제나 계획성과 준비성, 그리고 리더십을 갖추고 있었다. 성공한 사람들은 "믿는 만큼 이루어진다."는 자기 긍정 성공비결을 토대로 노력하여 성공을 이뤘다. 믿음의 크기만큼 두려움은 작아진다고, 필요한 것은 모두 마음속에 있다고 성공의 메시지를 던진다. 성공을 원한다면 성공한 사람들이 쏟은 노력과 열정, 그들의 공통된 성공 비결인 '공짜는 없다, 미쳐야 한다, 남보다 한 발 빨라야 한다, 너무 늦은 시작은 없다, 긍정적이고 적극적인 생활태도' 등을 배워 실천해야 한다.

우리가 성공한 사람들을 만나 성공이야기를 들을 수 있기는 쉬운 일이 아니다. 그들을 만날 수 있는 가장 손쉬운 방법은 책을 통해서 이다. 책 속에 담겨있는 성공인생의 경험을 알고 진리를 깨달아 실천하면 우리도 승리자가 될 수 있다. 모든 성공은 자신을 믿고 시작하는 '실천'에서 비롯된다. 산을 오르기도 전에 '나에게 너무 높아' 하고 주저앉는다면 평생 산 정상에는 못 가는 법이다. 스스로 만든 한계를 넘어 한 걸음씩 내딛는 용기가 있어야 성취의 길이 열리게 된다. 어떻게 자기계발을 이루고 성공을 향해 달려갈 것인지 성공한 분들의 이야기를 통해 자신의 도전 의지를 키워야 한다. 갖은 고난을 극복하고 성공한 멘토들의 실천 사례는 희망, 용기, 교훈, 지혜를 얻는 성공인생의 노하우가 될 것이다.

이 책에 나오는 성공한 분들의 이야기는 신문 잡지 저서 연설 및 여러 자료를 참고하여 정리하였다. 제1부는 기업경영으로 우뚝 선 분들, 제2부는 전공분야에 도전하여 꿈을 이룬 분들, 제3부는 해외 동포로 역경을 딛고 희망을 연 분 등 각 분야 별로 10인씩 총 30인의 감동 인생이야기를 엮었다.

성공에 대한 욕구는 시대를 초월해 누구나 꿈꾸고 소망한다. 그러나 어떤 천재도 끊임없이 노력하지 않으면 자신의 재능을 꽃 피울 수가 없고 성공 할 수 없다. 성공은 근면 성실하고 굳은 신념으로 꾸준히 노력 실천하는 결과로 얻는 것이다. 이 책이 인생 성공을 바라는 모든 분들에게 충실한 동반자가 되기를 기대한다.

2011. 4. 10

김 상 규

차례

머리말 _ 4

제1부 : 기업경영으로 우뚝 서다

1. 국제화 시대에 빛나는 경영 거인 _ 13
   신격호 - 롯데그룹 회장

2. 외판원에서 제약사 일군 뚝심 경영 _ 28
   최수부 - 광동제약 회장

3. 자장면으로 우뚝 선 역전의 명수 _ 46
   남상해 - 하림각 회장

4. 반신 불구를 극복한 발명왕 사업가 _ 61
   최진순 - 청풍 창업 회장

5. 농촌을 개척 발전시킨 매실 명인 _ 75
   홍쌍리 - 청매실농원 대표

6. 긍정이 걸작을 만든 도전하는 승부사 _ 87
   윤석금 - 웅진그룹 회장

7. IT로 자수성가한 자선사업가 _ 99
   김윤종 - SKY글로벌회장

8. 사환에서 교수, IT 불루오션 개척자 _ 110

　박대연 - 티맥스소프트 창업 회장

9. 국수 왕으로 나눔의 삶을 사는 작은 거인 _ 118

　성호정 - 송학식품 회장

10. 영어 학원 시장에 등장한 새 강자 _ 134

　김명기 - 아발론 교육 대표

제2부 : 도전으로 꿈을 이루다

11. 초등학력으로 대학 총장 된 교육자 _ 149

　김재규 - 영동대 초대총장

12. 한국이 낳은 세계적인 외교관 _ 158

　반기문 - 유엔 사무총장

13. 천년을 전수하는 도편수 _ 165

　신응수 - 중요무형문화재 제74호 대목장

14. 초등출신으로 교수된 빵 기능장 _ 177

　신철수 - 우송공대 교수

15. 사환에서 초정밀분야 1인자 등극 _ 198

   김규환 - 대우 종합기계 품질 명장

16. 장애를 딛고 선 국내 최고 마케팅 대가 _ 208

   조서환 - 세라젬 헬스앤뷰티 대표

17. 의사, 벤처기업가, 교수로의 성공 모델 _ 226

   안철수 - KAIST 교수

18. 탈북여성으로 박사·교수된 역전의 주인공 _ 239

   이애란 - 경인여자대학 교수

19. 직공에서 꿈을 이룬 믿음의 법조인 _ 254

   김미애 - 변호사

20. LPGA 최연소 신인왕, 상금왕, 다승왕 _ 264

   신지애 - 골프 선수

제3부 : 역경을 딛고 희망을 열다

21. 정직과 성실로 미국을 정복한 철강왕 _ 273

   백영중 - 미국 패코철강 회장

22. 거지에서 희망을 연 인간 승리자 _ 286

   신호범 - 워싱턴 주 상원부의장

23. 전쟁고아에서 자수성가한 성공의 상징 _ 296

　　이철호 - 노르웨이의 라면 왕

24. 벼랑 끝 인생에서 백악관 입성까지 _ 311

　　강영우 - 시각장애인 박사・미 차관보

25. 미국 최고 관직에 오른 여성파워 _ 325

　　전신애 - 미 노동부 차관보

26. 'CAN DO'의 희망 증인 _ 332

　　김태연 - TYK 그룹 총수

27. 모자하나로 세계를 제패한 코리언 _ 351

　　조병태 - 소네트회장

28. 직공에서 하버드대 박사 된 희망 전도사 _ 361

　　서진규 - 희망연구소 소장

29. 미국 IT업계에서 가장 성공한 한국인 _ 370

　　김종훈 - 벨연구소 사장

30. 사지마비 장애 딛고 의사 된 슈퍼맨 _ 381

　　이승복 - 존스홉킨스병원 수석전문의

제 **1** 부

기업경영으로
우뚝 서다

국제화 시대에 빛나는 경영 거인
신 격 호 - 롯데그룹 회장

롯데그룹 신격호 회장은 한·일 양국에서 기업을 일으켜 성공한 경영인이다. 그는 한국이 낳은 이 시대의 경영 거인이며, 롯데그룹은 세계 속에 대 기업으로 성장하여 경제발전에 중요한 역할을 하고 있다.

신격호(辛格浩) 회장은 1922년 경남 울산 삼남면 둔기리에서 빈농가의 5남 5녀 맏이로 태어났다. 가난한 농가 집안에 태어나 초등학교를 졸업하고 진학할 형편이 못 되었는데 백부의 도움으로 울산 농업학교를 다닐 수 있었다. 학교에 다닐 때는 몸집도 왜소했으며, 말수도 적고, 성격도 소극적이었다. 39년 농업학교 졸업 후에는 종축장에 취직하여 돼지 기르고 양털 깎는 일을 하며 집안 살림을 도왔다. 장남으로 가족 12명을 부양할 책임이 있기에 열심히 일했으나 가난을 벗어나기는 역부족이라 욕구불만에 몸부림쳤다. 어려운 가정 형편은 나아지지 않아 이대로 지내면 가난은 되풀이 될 수 밖에 없다는 것을 깨달았다.

1941년 그는 단돈 83엔을 품에 넣고 가출하여 관부 연락선을 타고 일본으로 건너갔다. 그가 일본 시모노세키 항에 도착했을 때 일본 형사로 부터 한국인이라는 단 하나의 이유 때문에 견디기 힘든 고초를 당했다. 그는 그날 이후 지금까지 한국인임을 잊지 않고 한국 국적을 고집스럽게 유지 하고 있다. 신격호는 동경에 고향친구가 있어 그의 자취방에 더부살이를 하며 짐 나르고, 신문, 우유배달 일을 하였다.

그는 우유 배달할 때 철저하게 시간을 잘 지키고 배달을 성심껏 잘해 우유 먹던 사람들이 서로 이웃에 소개해 주어 여러 집을 배달하게 되었다. 당시 그의 성실성과 신뢰성은 여러 일화를 통해 일본 현지인들에게도 정평이 나 있었다. 우유배달 아르바이트를 할 때 비가 오나 눈이오나 어떤 경우에도 우유 배달시간이 아주 정확해 유명했다. 소문이 나다보니 주문이 늘어나 배달시간을 못 맞추게 되자 그는 배달 시간을 정확히 맞추기 위해 자기가 직접 아르바이트를 고용했다. 아르바이트가 또 자기를 돕는 아르바이트를 고용할 만큼 책임과 신용을 중시한 것이다. 그렇게 하여 돈을 어느 정도 모을 수 있게 되자 6개월 만에 방 한 칸을 얻어 친구 집에서의 더부살이 신세를 벗어날 수 있었다.

일제강점기에 가난에서 벗어나고 싶고 배움을 열망하던 청년 신격호는 남다른 부지런함으로 '조선인' 이라는 불리한 여건을 성실과 신용으로 극복하며 열심히 생활하였다. 문학도가 되고 싶은 꿈을 이루고자 노력했으니 문학을 하려면 어느 정도 가정이 여유가 있어 경제적으로 뒷받침이 있어야 했다. 그럴 형편이 못되어 할 수 없이 문학은 접고 와세다 대학 화학과 야간에 입학하여 공부를 하였다.

주경야독하면서도 맡은 일을 책임 있게 부지런히 잘하는 청년 신격호의 성실성을 평소 눈여겨 보아온 전당포주인 일본인 하나미쓰가 그를 신뢰하여 선반용 커팅오일을 만들어 보도록 권유했다. 당시는 전쟁 중이라 그 제품을 만들면 사업이 번성할 수 있을 것으로 예상하여 하나미쓰가 6만 엔(당시 직장인 평균월급 80~100엔)을 출자해 주었다. 신격호는 1944년 커팅오일을 제조하는 공장을 세움으로써 기업 경영인으로서의 첫발을 내딛게 되었다. 그러나 제2차 세계대전의 소용돌이 속에서 본격적으로 공장을 가동해 보지도 못한 채 폭격으로 전소되는 비운을 맞았다. 그래도 투자자 하나미쓰는 신격호를 끝까지 신뢰했다. 신격호는 실의를 딛고 다시 어렵게 재기하였으나 1년 6개월 정도 지나자 또 폭격을 당해 공장이 전소되는 최악의 상황을 맞았다.

공장이 폭격에 폐허로 전소되고 좌절과 절망의 아픔과 고통을 겪게 됐지만 경영의 첫 경험은 헛되지 않았다. 그 동안 쌓았던 뛰어난 안목과 경험을 바탕으로 끊임없이 다시 도전하여 앞만 보고 다시 달렸다. 도전하는 사람에게는 언제나 기회가 온다고 그는 믿었다.

종전 후 신격호는 전공한 화학 기술을 응용하여 비누, 포마드, 화장품을 제조·판매하여서 돈을 벌었다. 그는 당시 빨리 성공해서 투자자의 은혜를 갚겠다는 생각밖에 없었다. 투자자의 빚을 갚아야 한다는 일념으로 제품을 생산 판매하여 1년 만에 빚진 돈 6만 엔도 갚고 투자자에게 감사의 표시로 집을 한 채 사 드리기도 했다.

그런데 하루는 친구가 찾아와 껌이 앞으로 전망이 있으니 만들어

보도록 권유를 하였다. 당시 소규모 껌 공장은 수백 곳이 난립해 있었다. 시련을 겪으면서도 뛰어난 안목과 신용을 바탕으로 신격호는 새로운 분야에 다시 도전을 결심했다. 사업가 신격호의 타고난 재능이 빛을 발하기 시작한 건 바로 이때부터였다. 미군이 일본에 주둔하자 껌은 일본에서 갑자기 선풍적인 인기를 끌게 되어 그는 타고난 사업 감각을 발휘해 47년 껌 사업에 뛰어들었다. 좋은 원료를 사용하면 성공할 수 있다는 결론을 내리고 과감하게 사업을 시작했다. 그는 자신이 가지고 있는 기술을 원용, 다른 회사의 제품과는 달리 천연치클을 멕시코 중남미에서 도입, 추잉 껌을 만들어 시판에 들어갔다. 그의 나이 24세 때였다. 약제사 한명과 몇 명의 종업원을 둔 작은 껌 공장이었다. 워낙 껌이라면 없어서 못 팔던 시절인데다 껌의 품질이 좋아 불 티 나듯 팔려 나가 대 성공을 거두고 큰돈을 벌었다.

　몇 명 안 되는 직원이 있는 껌 공장에서 돈을 모은 그는 거기에 안주하지 않고 회사를 키우기 위해 1948년 6월 일본의 도쿄에서 자본금 100만엔, 종업원 10명의 법인사업체를 설립하고 회사 이름을 '롯데' 라고 하였다. 한 때 문학에 심취했던 신 회장은 괴테의 '젊은 베르테르의 슬픔' 의 여주인공 이름 "샤롯데"에서 롯데라는 이름을 따왔다. 사랑과 자유, 구원의 여인상의 이름을 상징한 "롯데"는 손님을 대하는 소중한 미소 속에, 이윤을 양보하는 정직, 봉사, 희생의 정신을 떠 올리게 하여 고객에게 좋은 이미지로 호감을 얻었다.

　신 회장은 당시 일본에서 껌의 핵심 타깃은 어린이라는 점을 정확히 이해하고 풍선껌 사업을 강화해 나갔다. 당시에 롯데의 풍선껌은 날개 돋친 듯 잘 팔려 나갔다. 껌이라는 상품자체가 영양분 제공보다는 심심한 입을 즐겁게 해주는 것이라는 제품의 핵심가치를 간파한 것이었다. 시간이 갈수록 그 인기는 대단하여 일본 껌 시장 70%를 석권하고 사업을 더 넓히기 위해 64년에는 초콜릿 과자도 만들어 판매하였다. 그의 사업은 일본 제1의 종합 과자 메이커로 수직 상승하는 신화를 창조했다.

처음 일본에서는 롯데의 눈부신 성장과 더불어 신격호를 시샘하는 바람도 거셌다.

"한국인이 만든 껌이 판을 친다. 일본을 지키자 하는 반 롯데운동"이 일어나기도 했다.

신중하고 말수 적고 치밀한 현장 확인과 책임 경영을 중요시하는 그는 늘 침착한 어조로 말 하곤 했다.

"경쟁업체를 비방하거나 공격성 언동은 삼가야한다."

그는 묵묵히 품질향상, 신상품개발, 유통개혁, 판로개척, 전파매체를 활용한 광고전략 등 대담한 마케팅으로 경쟁업체들을 앞서갔다. 신격호 회장은 재계에서 마케팅과 광고에 조예가 깊은 것으로 알려져 있다. 또한 품질제일주의를 엄격히 고수하여 생산하는 제품마다 최고의 품질로 평가를 받는데, 이는 제품 하나 하나에 대한 세심한 관심과 정열을 기울이는 그의 전략이 뒷받침되었기 때문이다.

신격호 회장은 「기업은 예술이다」라는 지론으로 기업경영의 완벽성을 추구, 하나의 제품이 제대로 평가받아 압도적으로 시장을 지배할 만큼 성장하지 않으면 결코 다른 것을 넘보지 않는 완벽경영의 기업가로 알려져 있다.

일본에서 기업가로 성공한 신격호 회장의 꿈은 조국에 기업을 설립하는 것이었다. 기업보국이라는 기치아래 폐허의 조국 어린이들에게 풍요로움과 꿈을 심어주기 위한 계획을 갖고 있었다. 마침 1965년 한일 국교가 정상화되면서 한국에 대한 투자의 길이 열리자 1967년 모국에 진출하여 롯데제과를 설립하였다. 롯데제과는 황폐한 조국 땅에 식품산업 현대화 및 생활수준 향상의 계기가 되어 신선한 활력을 일으켰고 우리나라 식품산업의 개척에 주도적인 역할을 했다. 롯데제과, 롯데칠성음료, 롯데 삼강 등은 우리나라 최고의 식품회사이며 현지합작투자 등을 통해 세계로 뻗어나가고 있다.

1970년대의 한국은 신흥 산업국가로 발돋움하는 시기였다. 1970년대에 롯데는 호텔롯데와 롯데쇼핑의 설립을 통해 당시에 불모지나 다름없던 국내 유통·관광산업의 현대화 토대를 구축하였다. 또 롯데건설, 호남석유화학, 롯데기공, 롯데전자, 롯데상사를 설립하여 국가 기간산업에 본격 진출하였다.

1980년대의 롯데는 축적된 자본과 기술을 기반으로 유통·관광·식품산업에서 최고의 경쟁력을 확보하여 명실상부한 한국 10대 기업에 진입하였다. 이 시기에 롯데는 롯데월드를 완공하고 호텔롯데 부산과 롯데물산을 설립하여 경쟁력을 확보하고 현대화에 총력을 기울였다. 또한 롯데캐논과 한국후지필름 설립을 통해 첨단산업 진출을 가속화했다. 그리고 그룹 내 문화 인프라 구축을 위해 롯데자이언츠, 롯데 중앙연구소, 롯데유통사업본부를 설립하여 신제품 연구개발 및 유통 노하우 개발 전파에 큰 역할을 하였다.

1990년대는 롯데에게 핵심전략 사업 군을 기반으로 하는 21세기 초우량 기업으로의 도약을 위한 체계적인 준비의 시기였다. 호텔롯데와 롯데쇼핑의 전국 체인화 및 신규업체 진출로 호텔·쇼핑의 국내 체인망을 완성하였으며, 동남아 및 일본 미주 시장 진출 확대를 통해 식품음료산업과 유통관광산업의 세계진출을 가속화했고 롯데정보통신과 롯데닷컴을 설립하여 첨단산업 진출을 확대해 나갔다. 1997년 말부터 시작된 'IMF 체제' 라는 위기 상황에서도 롯데는 업계 최고의 경쟁력과 우량한 재무구조를 바탕으로 착실한 성장을 계속했다. 이는 가장 잘 할 수 있는 일을 신중 하게 선택하고, 선택한 일에 대해서는 모든 역량을 집중, 전문화하는 롯데의 전략이 이루어 낸 결과였다. 참여하는 업종마다 새로운 문화를 창조해 냄으로써 가장 잘 할 수 있는 일에서 가장 큰 힘을 발휘하는 기업철학이 실현된 시기였다.

2000년대에는 건실한 재무구조, 독자적인 선진 경영 시스템을 바탕으로 21세기 첨단 산업인 생명공학과 정보통신 산업으로 그 영역을 확대해 나가고 있다. 롯데제약, 롯데카드, 롯데대산유화, 롯데홈쇼핑 등을 설립 인수하면서 많은 돈을 투자하여 여러 사업의 개척과 현대화에 앞장서고 있다. 책임경영 및 경영내실화로 이익을 극대화하고 변화에 적극 대응해 주주가치를 우선하는 기업으로서 한국을 대표하는 세계적인 초일류 기업으로 성장해 나아가고 있다.

신격호 회장은 재일동포로서 남다른 근면과 성실, 아이디어로 한·일 양국에서 무려 50여개의 기업을 거느리고 있다. 신 회장은 고객만족은 롯데서비스 산업의 존재의 이유라고 말한다. 롯데백화점이나 롯데호텔 어디서나 느껴지는 따뜻한 호감과 최고의 서비스에는 고객을 상전으로 받들어야 한다는 신 회장의 경영철학과 롯데의 원칙이 깃들어 있다. 오늘 롯데제품이 최고가 될 수 있던 것은 그 하나하나의 제품창조에 세심한 관심과 정열을 쏟아 부은 신 회장의 프로정신이 잘 뒷받침되었기 때문이다. 이러한 노력 끝에 오늘날의 롯데는 우리나라의 산업에 큰 기여를 하였고 가장 많은 외국 관광 손님들이 찾아오는 기업으로 자리 잡아 소중한 외화를 벌어들이고 있다.

신격호 회장은 우리나라의 관광산업을 미래의 고부가가치 전략산업으로 자리 잡게 했다. 관광산업이 주목을 받지 못하던 70년대부터 미래를 내다보고 세계 최고수준의 관광호텔인 호텔롯데를 독자적인 힘으로 건립하여 우리나라 관광산업의 본격적인 출발을 선언한 이래, 세계최대규모의 실내 테마파크인 롯데월드를 세워 관광산업을 미래 전략산업으로 발전시키는데 성공했다.

그간 신격호 회장의 숙원이었던 '제2롯데월드' 건축이 2010년 최종허가를 받아 2015년 완공예정이다. 지하 6층, 지상 123층에 555m 높이로 설계된 제2롯데월드가 완공되면 국내에서 가장 높은 건물이 된다. 공사기간 고용 연인원은 약 400만 명으로 추정된다. 완공 시 약 6조원의 경제유발효과와 약 2만여 명의 상시 일자리 창출 등 경제적 파급효과도 클 것으로 기대된다.

신격호 회장은 주위에서 중공업이나 자동차 같은 제조업체를 하자고 건의하면 "무슨 소리냐, 우리의 전공분야를 가야지"라며 일축한다. 자신 있는 업종을 선택해 이를 전문화·집중화해 일단 사업이 시작되면 동종업계에서 최고의 경쟁력을 갖출 때까지 다른 분야를 넘보지 않는 경영철학이 오늘의 롯데를 있게 한 것이다. 카리스마적인 경영철학, 선견지명을 갖춘 그가 없었다면 롯데의 급성장은 없었을 것이다.

신 회장은 현역에서 활동하고 있는 거의 유일한 창업 1세대 경영인이다. 1세대 경영자들이 대부분 세상을 떠났거나 남아있는 경영인들도 2세들에게 경영권을 넘겨주고 있지만, 신 회장은 '기업 경영은 삶 그 자체'라는 생각이 강하다. 기업이 존재하는 한 현역으로 경영에 몰두하는 것도 옳다는 생각이다. 한국 롯데는 국내 재벌들 중 재무구조가 가장 튼튼한 그룹으로 성장하였으며 2005년 공정거래위원회가 발표한 자료에 따르면 자산총액은 30조3020억 원으로 재계순위(공기업 포함) 7위에 올랐다.

오늘날 한국과 일본에서 굴지의 기업이 된 롯데그룹의 첫 자산은 바로 신 회장의 신용과 성실함이었다. 신격호 회장이 가장 중요시하는 것은 '신용'이다. 고객과의 약속은 어떠한 경우에도 지켜야 한다는 것이다. 평소 치밀하고 신중하게 기업을 경영하고 있는 신 회장은 평소 자기관리도 철저하다.

신 회장의 집무실에는 거화취실(去華就實 · 겉으로 포장하거나 치장하기보다는 실속을 취한다)'이라는 액자가 걸려 있다. 화려함을 멀리하고 실속을 추구하는 그의 정신을 잘 보여주는 글귀이다.

신격호 회장의 성공 비법

1. 맨손도 재산이다, 도전하라

신 회장은 맨손으로 사업을 일으켰다. 그에겐 맨손이 거대한 자본이었다. 맨손으로 일본에 가서 성실과 신용으로 시련을 딛고 롯데신화를 만들어 냈다. 무에서 유를 창조해 낸 게 신격호식 성공 비법이다.

2. 좋은 아이디어를 실천하라

신 회장이 사업가로서 대성할 수 있었던 것은 남보다 앞선 아이디어를 곧바로 사업화했기 때문이었다. 껌 공장을 만들 때의 기회 포착처럼 아이디어를 실천할 때만이 좋은 성과를 거둔다. 그가 호텔업에 손을 대었을 때 남보다 앞선 아이디어 하나로 그 사업을 일으켜 최고 수준으로 육성시켰다.

3. 공부하라, 책을 읽어라

신 회장의 성공법의 시작은 공부에 열중하는 것과 책을 가까이 하는 것이라 할 수 있다. 그는 시간이 나면 헌책방에서 읽고 싶은 책을 구입, 밑줄을 그어 가며 독파했다. 그의 손에서는 책이 떨어지지 않았다. 독서광이었던 그는 책을 읽으면서 '롯데'라는 회사 이름도 얻어냈다.

4. 세계를 상대로 경영하라

신 회장이 한국·일본 양국에서 성공할 수 있었던 요인은 국제적 감각. 합리적 경영, 남보다 앞선 국제적인 아이디어가 생존과 성공의 기반을 이루었다고 볼 수 있다. 일본은 한국보다 문화가 앞서 발달했다. 일본에서 먼저 유행한 품목을 한국에 접목시키고, 한국 기업문화의 장점을 일본에 접목시키며, 한·일 양국의 기업교류 폭을 넓혀 갔다.

5. 작은 일에도 충실하라

신 회장이 큰 사업을 하기 때문에 큰일에만 신경을 쓰는 줄 알지만 신 회장은 작은 일에 지극히 철저하다. 사무용품 절약하기, 비용 아끼기, 책걸상 오래 쓰기, 화재 예방교육 등이 철저하다. 작은 돈 나가는 것에 신경을 쓰기 때문에 큰돈에 투자할 수 있는 여력이 생겼고, 이로 인해 회사가 성공할 수 있었다. 그는 작은 것에 충실한 최고 경영인이다.

6. 자신을 속이지 말라

신 회장의 기업 경영 이념은 '기업보국' 이다. 그는 일본에서 기업을 일으켜 국내에 투자한 대표적인 애국 기업인이다. 그는 자신이 한국인 출신임을 속이지 않았다. 돈을 벌어 모국의 발전을 위해 전적으로 투자, 자신이 한국인임을 부끄럼 없이 드러낸 것이다. 외국에 나가 성공한 기업인 가운데 그만큼 많은 액수를 국내에 투자한 인물은 없다.

7. 관광-유통산업 새장 열다.

서울 한복판 을지로입구에 38층짜리 쌍둥이 빌딩이 호텔롯데 본점 건물이다. 이 건물을 짓는데 든 돈은 약 2억 달러. 자동차 공장을 세우고도 남을 거액이다. 이 건물 곁에 롯데 백화점도 있다. 우리나라 관광 유통산업의 현대화, 세계화의 계기가 되었다. 또한 88년 올림픽 때 잠실벌판에 연면적 17만평에 달하는 전천후 실내공원 롯데월드를 건립하여 명소가 되었다.

8. 미녀를 활용하라

신 회장은 예쁜 여자를 사업에 활용, 사업을 성공으로 이끌었다. 1953년 일본 껌 업계의 선두를 달릴 당시 일본 문화방송 개국에 맞춰 '미스 롯데 선발대회'를 개최하여 롯데 껌의 이름과 함께 일본 열도에서 폭발적인 반향을 불러일으켰다. 롯데는 사원 선발 때 외모에 큰 비중을 두고 있다.

9. 회사 이름 좋아야 성공한다.

(주)롯데는 1948년 6월 28일 출범한 회사이다. 회사 이름은 신격호 회장이 직접 지었다. 평소 책을 즐겨 읽는 그는 독일의 괴테가 집필한 〈젊은 베르테르의 슬픔〉의 주인공 이름을 회사 이름으로 정했다. 누구에게나 사랑받을 수 밖에 없는 히로인을 회사 이름으로 결정한 것이다.

10. 최종 결정은 본인이 하라

신 회장은 거대한 사업의 결정이나 작은 일의 결정에 있어 신중을 기한다. 다각도로 상황파악을 하고 충분한 자문을 받아 최종 결정은 자신이 내린다. 롯데월드를 만들 때 임직원들은 반대를 했지만 신 회장은 성공할 수 있음을 확신하였다. 오늘의 잠실 롯데월드는 롯네그룹의 효자 사업체이자 서울의 명물로 전 세계에 유명해졌다.

11. 제품이 좋아야 성공한다.

사업의 성패는 상품의 품질에 달려 있다. 신 회장의 성공 비결 가운데는 상품이든 서비스든 제일주의를 지향한 데서도 찾을 수 있다. 롯데 껌이 품질이 좋다는 것은 1956년 일본의 남극 학술 탐험대 제1진이 인정해 줬다. 좋은 품질의 껌은 결국 롯데를 부자로 만들어 주는 행운의 여신이었다.

12. 자사 맨·외인부대 양 날개 활용

사업의 성공은 사람을 어떻게 활용하느냐에 달려 있다. 신 회장의 용인술은 자사 맨과 외인부대의 양 날개를 기업 상층부에 조화 있게 배치, 회사를 이끌어 왔다. 정통 롯데 맨 들에겐 신뢰감을 보내면서 회사의 주인임을 각인시켰고, 국가 경영에 참여해본 외인부대에겐 사업을 맡겨 정부와의 유대강화와 국제흐름에 발전하는 경영 방법을 구사해 왔다.

13. 과감하게 융단 폭격하라

성공할 수 있는 기회가 왔을 때 그것을 확실히 포착, 활용하는 사람이 성공할 수 있다. 1957년. 일본에서는 컬러텔레비전 시대가 열리는 때였다. 그는 컬러텔레비전 붐을 사업의 기회로 포착, 천문학적인 광고비를 투자한 컬러텔레비전 융단광고 작전이 주효하여 롯데 껌이 시장을 석권했다.

14. 현장을 확인하라

신 회장은 현장에 강한 경영인이다. 그는 혼자서 기업체 이곳저곳을 다니며 고쳐야할 부분, 소비자들에게 친절한지, 불편한 곳이 없는지를 확인, 시정토록 지시한다. 그 지시가 완전하게 하달되고 실현되었는지는 현장 확인으로만 가능하다. 신 회장은 철저한 현장 확인주의자다.

15. 확실한 믿음을 줘라

신 회장은 사람관리에서 믿음을 중요시 해왔다. 사원들에게는 "이 회사에 들어오면 평생이 보장된다"는 확신을 주고, 거래처 사람들에게는 "결코 손해는 보지 않는다"는 믿음을 주어왔다. 그 신용의 크기만큼 성공할 수 있다.

16. 쉼 없이 부지런하라

신 회장을 아는 사람은 그의 부지런함에 감탄한다. 그는 한시도 쉼 없이 일한다. 신 회장의 경영지침 중에 정열(情熱)이 있다. 뜨겁게 살라는 것이다. 그는 열심히 일하면 성공한다는 것을 보여주었다.

17. 부동산에 관심을 쏟아라

신 회장의 부동산 투자 감각은 뛰어나다. 신격호 회장이 도심의 사업장으로 선택한 곳은 모두 교통 요지였다. 교통 요지를 차지한 것이 그의 사업 성공 비결 중 하나였다.

18. 애국하라, 그곳에 길이 있다

　신 회장은 해외에서 몸 바쳐 얻은 재화를 모국에 아낌없이 투자한 대표적인 경영인이다. 신 회장은 한국에 필요한 사업을 일으켜 국익을 지키는 파수꾼 역할을 하고 있다.

　신격호 회장은 21세기 무한경쟁 시대에 살아남기 위해서는 개혁과 내실 있는 인재육성이 선행돼야 한다고 생각, 1983년 '롯데장학재단'을 설립하여 꿈나무들에게 장학금을 지급하고 1994년에는 '롯데복지재단'을 설립, 우리 사회의 소외된 계층을 돕고 있다.

　신 회장은 그간 '20세기를 빛낸 기업인' 상과 국민훈장 무궁화장, 금탑산업훈장을 수상하였다. 신격호 회장은 산업불모지에 꿈과 희망의 씨앗을 심어 오늘날 우리나라 산업부흥의 주춧돌 역할을 해 낸 애국자인 경영 명인이다.

외판원에서 제약사 일군 뚝심경영
최 수 부 - 광동제약 회장

　　　　　　최수부 회장은 한약 외판원으로 시작하여 광동제약회사를 설립한 창업주이다. '한 눈 팔지 않고 외길만을 걸어온 최 씨 고집', '버텨라, 견뎌내라, 이겨내라, 그러면 성공의 기회는 살아남은 자에게 주어진다.'는 그의 뚝심경영으로 광동제약을 국내 굴지의 회사로 발전시켰다. 자수성가형 기업인인 최수부 회장의 경영 노하우는 위기를 기회로 바꾸는 경영 저력, 작은 부침에 굴하지 않고 일어서는 인생 저력이 있다.

　최수부 회장은 1936년 일본 규슈에서 5남 2녀 중 둘째 아들로 태어났다. 수부(秀夫・히데오)는 당시 부친이 지어 호적에 올린 일본식 이름이다. 일본에서 아버지가 철공소를 운영하여 가정형편은 살만하였지만 학교생활은 고통의 연속이었다. 학교에 입학하자 일본 학생들이 '조센징'이라고 놀리면서 괴롭혔기 때문이다. 학교에 다니는 동안 엄청나게 '이시메(집난 따돌림)'를 낭했다. 어린 시절 학우들로부터 조센징이라는 소리를 수없이 들으며 나라 없는 서러움을 뼈저리게 느꼈다.

3학년에 올라가자 반 아이들이 부모님한테까지 '조센징'이라고 놀려대기 시작했다. 수부는 2년 넘게 참아오던 분노가 마침내 폭발하고야 말았다.

"일본인에게 당하는 이지메를 도저히 참을 수 없었어요. 당시 부친께서 운영하던 공장 공터에서는 종업원들이 검도를 했는데 거기서 소가죽으로 만든 단단한 검도 호신 도구를 주워 끝 부분을 얇게 갈아 붕대를 두른 후 가방에 넣었어요. 만약 오늘도 쪽발이들의 괴롭힘이 계속되면 끝장을 봐야겠다고 결심했기 때문이죠. 결전의 순간은 금방 왔어요. 그날도 학교에 가자마자 대여섯 놈들이 조센징이 어쩌고, 마늘 냄새가 어쩌고 하면서 시비를 걸어왔어요. 그래서 미리 준비한 무기를 꺼내 닥치는 대로 녀석들을 혼내줬죠. 불과 몇 분 사이에 아이들은 하나 둘 피투성이가 돼 쓰러졌고 상황은 끝났습니다. 그날 오후 아버지가 학교에 불려갔고, 저는 바로 퇴학을 당했죠. 제 나이 열 살, 소학교 3학년 1학기 때였습니다."

일본에서 8·15 광복을 맞이한 그의 가족은 조국으로 돌아와 외가가 있는 경북 달성에 정착했다. 수부 어린이는 귀국하여 대구 달성근처 화원소학교에 3학년으로 편입했다. 그런데 이번에는 한국 학생들로부터 한국말을 잘 못한다는 이유로 '쪽발이'라고 놀림을 받았다.

1946년 농번기에 학생들에게 가사 일을 도우라고 3일간 휴업을 하고 나서 휴업기간에 한 일을 설명하는 데 한국말이 서툴 자 학생들이 비웃음을 터뜨렸다.

'지는 어무이 따라 친정에 가서 보리타작을 도왔심니더'라고 더

듬거리며 얘기했더니 교실 안이 온통 웃음바다가 돼 버렸어요. 담임 선생님께서 웃으시며 '수부야, 친정은 시집간 여자한테나 있는 거지, 너한테는 친정이 아니라 외갓집이야'라고 고쳐 주시더라고요.

그는 일본에서는 조선인이라고 '이지메'를 당하고 한국에 와서는 조선말이 서툴다고 '왕따'를 당하는 고달픈 학교생활을 해야 했다. 그나마 초등학교 4학년에 접어들어서는 학교까지 못 다닐 정도로 집안이 어려워져 가족의 생계를 책임져야 했다.

귀국 당시만 해도 부친이 일본에서 사업을 하였기 때문에 그것을 정리한 사업자금이 있었다. 하지만 일본에서 오래 사신 부친은 한국의 경제 실정을 몰라 귀국한 지 불과 일 년여 만에 사기를 당해 모든 재산을 탕진해 버렸다. 하루아침에 가족은 완전히 알거지가 되어 커다란 집을 팔고 조그만 초가집으로 이사하게 되었다. 가세가 급속히 기울어졌고 급기야 다섯 살 난 막내 동생은 폐렴으로 죽고 의욕을 상실한 아버지는 병석에 눕게 되었다. 어머니가 아홉 식구의 생계를 책임지기에는 역부족이라 열두 살밖에 안 된 수부는 어떻게든 가족들을 먹여 살려야 하겠다는 생각으로 일을 했다.

"본의 아니게 열두 살이라는 어린 나이에 집안 생계를 책임지는 소년 가장이 되었습니다. 할 수 있는 일이 아무 것도 없었기에 산에서 땔감을 마련해, 시장에 내다 파는 일부터 했습니다. 밑천 한 푼 없이 몸뚱이가 전부인 내가 단돈 몇 푼이라도 벌 수 있는 유일한 일이었습니다. 그러던 어느 날 나무를 하고 집으로 들어섰을 때, 담임선생님과 반장이 마당에 서 있었지요. 내가 말없이 꾸벅 인사를 하자 선생님 역시 말없이 바라보기만 했습니다. 내가 학교에 나오지 않자 무슨 일인지 알아보려고 찾아온 것인데, 내 키보다 한참 높은 나무를 지고 들어오는 것을 보고는 학교에 나오라는 말조차 하기 어려운 표정이었습니다. 내 학교생활은 그렇게 초등학교 4학년으로 끝이 났습니다."

결국 그의 학교생활은 초등학교 4년이 전부가 됐고 어린 나이에 가장 아닌 가장으로 나무장사를 시작했다. 5일장이 서는 날 나무를 장에 내다 팔기 위해 매일 새벽에 지게를 지고 7킬로미터쯤 떨어진 산에서 나무를 해서 날랐다. 얼마나 힘이 들었던지 하루는 잠에서 깨어나 일어나려는데 밤사이 코피가 흘러 얼굴이 장판에 붙어 떨어지질 않자 어머니가 물을 데워서 겨우 떼어냈다.

"배운 것도 가진 것도 없는 내가 열두 살 나이로 가장이 되어 식구의 생계를 책임지게 되었을 때, 나는 막막하거나 두렵다기보다 그것이 그냥 내 운명이려니 생각했어요."

처음에는 가까운 곳에서 땔감나무를 해서 팔다가, 6개월 후에는 오지까지 가서 집 지을 때 쓰는 재목인 서까래를 지어다 팔았다. 그 어린 나이에도 나무장사 또는 집짓는 사람이 보면 탐을 낼 정도로 길이 11자의 쭉 뻗은 것만 골랐다. 어린 욕심에 잔뜩 지고 현지에서부터 나를라 치면 100m도 채 못가 숨이 턱에 차 죽을 지경이었다. 나무를 나르기 위해선 새벽 2시에 집을 나서야 했다. 왕복 40km를 걸으려면 짚신도 두 개가 필요했고 도시락도 두 개를 준비해야 했다. 그 중 7km는 똑바로 나무를 지고 나를 수 없을 정도로 험난하여 몸을 옆으로 하여 조심히 날라야 했다. 그렇게 힘들게 사흘 동안 모은 서까래를 나무시장에 가져가 보기 좋게 진열해 놓으면 집장수들이 먼저 알아보고 사다 보니 언제나 나무가 잘 팔리곤 했다.

그렇게 힘든 두 해를 보내고 난 뒤 모친과 그는 시장에서 고등어, 참외 등을 짊어지고 마을을 돌면서 보부장사를 해 아홉 식구의 생계를 유지했다. 군대에 가기 전까지 양돈 군납업을 비롯해 담배, 해산물, 찐빵, 엿장수까지 도둑질 말고는 돈 되는 건 뭐든지 안 해본 일이 없을 정도로 열심히 일했다. 그는 어떠한 고통, 불행, 그리고 위기가 닥쳐오더라도 절망하지 않고 굳은 의지로 근면 성실하게 살았다.

그는 시골 구석구석을 떠돌며 온갖 장사를 하는 동안 요령 있는 장사꾼이 되어가고 있었다. 펼친 좌판 앞을 오가는 사람들 모두에게 항상 활짝 웃는 얼굴로 친절한 인사말을 건넸다. 파는 물건이 무엇이든 질이 떨어지는 물건을 속여서 파는 일만은 절대로 하지 않했다. 그리고 신용만은 반드시 지키는 그런 장사꾼이 되려고 노력했다. 시장에서 온갖 장사를 하며 지내는 동안 나름대로의 장사 수완도 익혔다. 그 수완 중에서 가장 소중한 것이 바로 '신용'임을 알았다.

그렇게 장사하여 가족들 생계를 유지하다가 1957년 군에 입대하였다. "먹지도 못하고 일을 하다 보니 스무 살이 넘어도 키가 안자라 155㎝에 불과했어요. 군대에 가서야 키가 172㎝까지 자랐죠. 그래도 어려서 단련된 체력과 끈기가 소중한 재산이 됐어요."

청년 최수부는 3년간의 군 복무를 마치고 1960년 제대하고 일자리를 구하기 위해 여기저기 찾아 다녔다. 그러나 실업자가 넘쳐나던 당시의 나라 형편상 취직하기가 여간 어려운 것이 아니었다. 배우지도 못하여 영업사원으로도 채용 해 주는 곳이 없었다. 그 내 동생에게 들어온 제약회사 외판원 일을 동생이 안한다고 하여 대신 경옥고를 파는 고려인삼 대리점에서 면접을 보게 되었다.

"외판원을 하고 싶으니 꼭 시켜달라고 부탁을 했어요. 그렇게 하고 싶으면 한번 해보라고해서 카탈로그 꺼내놓고 한 시간 가량 교육 받고는 설명서랑 샘플 받고서 그날 나오면서 부터 외판을 시작했어요. 영업 첫날 아침부터 저녁까지 잠시도 쉬지 않고 종로와 광화문 일대의 모든 상점과 사무실을 샅샅이 들려서 '좋은 보양제가 있으니까 오늘부터 써보십시오' 하고 열심히 설명했습니다. 집집마다 방문했는데 한 집도 주문해주는 사람이 없어 마지막으로 양복점에 들어갔어요. 양복집하면 먼지가 많고 하니까 보약을 쓰서야 된다고 설명했더니 그 자리에서 드셔보고는 하나를 주문했어요. 그래서 사장님 혼자 드시지 말고 사모님 것까지 두개를 사시라고 권유했더니 그 비싼 것 두개를 주문받는 순간 꿈인가 생시인가 할 정도로 기뻤습니다. 그렇게 주문을 받고서는 다음날 더 일찍 회사에 출근하여 청소를 해놓고 카탈로그를 챙겨 더욱 열심히 외판을 했어요. 영업을 하러 갔다가 문전박대를 당하고 나온 사무실이나 상점도 자주 들르고, 그 때마다 진심이 담긴 인사를 하고 안부를 물었어요. 비록 약을 사주지는 않아도 결코 섭섭해 하거나 원망하지 않고, 언젠가는 그 사람도 내 고객이 될 수 있다는 믿음으로 성의를 다했어요."

그는 매일 가방에 약을 넣고 두 달에 한 번씩은 구두 밑창을 갈아야 할 정도로 열심히 뛰어다녔다. 물건을 팔 수 있는 곳이라면 가정집 시장 관공서 어디든 발 벗고 찾아갔다.

"하루는 재무부 이재 국장 방에 찾아가서 '좋은 약이 있어 국장님께 소개해 드릴라꼬 왔심니더' 라고 했더니 국장이 비서를 불러서는 약장수 따위를 왜 들여보내느냐고 호통을 치더라고요. 그날은 그냥 쫓겨나올 수밖에 없었어요. 그날 밤 잠을 한숨도 못 자고 다음날 다시 이재 국장을 찾아가 '국장님처럼 존경받는 분이 사람을 면전에 두고 무시할 수 있느냐'고 따졌어요. 그랬더니 그 국장이 정중히 사과를 하고 약도 무려 6개나 사주더라고요."

"한번은 상임위원회가 열리고 있는 국회 회의실을 찾아가 잠깐 휴식시간을 틈타 홍보 전단지를 돌린 적도 있어요. 그걸 본 국회의원들은 하도 어이가 없어 화를 내지도 않았어요. 당시 상임위원장을 맡고 있던 의원은 '내 의원생활 십 수 년 동안 국회 회의실에 물건 팔러 들어온 사람은 당신이 처음이오'라고 하더라고요."

'집념과 끈기만 있으면 못할 것이 없어요.'

외판생활에서 거창한 철학을 가지고 있던 것도 아니고 그렇게 해보니깐 장사가 되더라, 그렇게 하지 않으면 장사가 안 되더라 하는 경험을 하고 장사 수완들을 익혀 나간 것이다. 그는 외판생활에서 신용, 믿음, 친절을 배웠다. 가난했던 젊은 시절, 튼튼한 두 다리와 성실, 신용을 무기로, 성실하게 일을 해서 남보다 돈을 많이 벌었다.

"이 시절 다른 모든 사원들 수당을 합친 것보다 내가 더 많은 수당을 받았어요. 입사한 지 몇 달 만에 지금으로 치면 월 소득 1000만원이 넘는 고소득자가 된 거지요. 어렸을 때부터 장사로 잔뼈가 굵어서 그런지 물건을 파는 게 두렵지 않았어요. 배고픔 때문에 후천적으로 장사꾼 기질이 생기지 않았나 싶어요."

경옥고 가격은 당시 돈 2만환. 웬만한 월급쟁이의 한 달 월급 수준이다 보니 팔기가 쉽지 않았다. 그러나 그는 몇 달 만에 15만환이 넘는 월급을 올리는 고소득자가 됐다. 그는 남들보다 더 일찍 사무실을 나가서 더 늦게 사무실로 돌아왔다. 그의 영업 성공 비결 중 하나는 사후관리에 있었다.

"남들은 주문만 받고 앉아서 배달시키고, 반품을 받아요. 하지만 나는 물건을 직접 배달하고 다음날 고객을 찾아가서 제품을 먹었는지 확인해 봤죠. 먹지 않으면 포장을 뜯어서 먹도록 하고, 수시로 들르면서 효과를 보고 있는지 물어보며 정성을 다했어요."

그가 익힌 영업 비결, 그 첫째는 집념과 끈기를 가지는 것. 그 다음 당당한 자세와 남다른 배짱. 그리고 고객과 외판원으로 만난 사이가 오랜 친지나 이웃처럼 느껴지게 하는 인간관계였다.

그는 외판원이었지만 영업만 하지 않고 주말이면 직접 공장에 가서 약을 빚고 제분을 했으며 포장도 했다. 그러면서 자연스레 경옥고 제조기술에 필요한 것들을 습득하였다.

당시 3년 연속 판매 왕에 올라 수당도 남보다 많이 받고 특히 차비를 줄이고 담뱃값을 아끼며 점심값을 절약하여 적금을 들어 3백만 환의 큰돈을 모을 수 있었다. 저축이 늘면서 꿈도 커져 갔고, 특히 대리점을 개설하면서 창업을 꿈꾸기 시작했다. 남이 만든 약을 팔기만 하는 것보다 직접 만들어 파는 게 더 돈을 많이 벌 수 있을 것 같았다.

그는 창업하기 전 소년 가장이 되어 나무장사에서 '경옥고' 외판원에 이르기까지 수많은 직업을 거쳤다. 비록 학교는 초등학교 중퇴지만 이 같은 시련의 연속인 인생대학에서 사람의 심리며 사회생활에 대하여는 한마디로 도가 텄다.

"현장에서 배운 경험은 학교에서 배운 지식과 비교할 수 없어요.

대학의 심리학과에서는 이론만 가르치지만, 저는 물건을 살 필요도 없는 사람을 일일이 설득하면서 그들의 심리를 꿰뚫게 되었지요. 특히 '경옥고' 외판원을 하면서는 공장장 겸 약사였고, 또 고객에게 상품을 파는 최고의 판매원이었지요. 이때 배운 경험을 토대로 오늘날의 광동제약을 만들었습니다."

최수부 청년은 1963년 외판원 시절의 힘난한 경험과 몸소 체험한 지식을 바탕으로 '경옥고' 제약허가를 받아 광동제약사를 창업했다. 용산구 동빙고동에 땅을 매입해 가건물을 지어 그곳에서 경옥고를 달여 팔았다. 광동제약이라는 사명은 한약재가 많이 나기로 유명한 중국의 광둥 성에서 따온 것이다.

그는 약사와 공장장 역할을 제대로 수행하기 위해 『동의보감』 등 한방에 관한 서적을 몇 번씩 읽으며 한약재와 처방에 대한 지식을 쌓아갔다. 사실 『동의보감』을 뒤적이며 틈틈이 공부를 해온 것은 처음 경옥고 외판원을 시작할 때부터 생긴 습관이었다.

당시 공장에 자체 제분기가 없어 그는 경옥고를 만들기 위해 인삼을 가지고 제분소에 가서는 몇 시간이 걸리든 모든 약재가 고운 가루가 되어 나올 때까지 그 자리를 지키곤 했다. 그는 경영자이면서도 고객들을 직접 찾아다녔다. 자전거에 수십 개씩 경옥고를 싣고 운반도 하고, 수금된 돈을 맞추고 정리하는 일도 했다. 정직과 신용으로 영업을 하여 광동제약사는 착실한 성장을 거듭하였다.

하지만 순풍에 돛 단 듯 평탄한 성장의 길만을 걸었던 것은 아니었다. 한 번은 바뀐 관리약사에게 명의변경을 하라고 증지 값을 주었는데 개인용도로 사용하고 명의를 변경하지 않은 바람에 무허가 업소로 판정받아 제약 허가가 취소되는 일이 있었다. 한편 무심코 약정국 장실에 경옥고를 팔러 갔다가 약은 행상으로 못 팔게 법으로 규정되어 있는데 이를 어겼다 하여 또 한 번 허가가 취소되기도 했다. 또한 경옥고가 잘 팔리자 경옥고 판매업체가 우후죽순으로 늘어나 경쟁이 심해졌고 다른 회사가 경옥고에 인삼 대신 도라지를 넣는 바람에 양질의 재료만을 쓰던 광동제약의 경옥고까지 판매가 부진했고 외상대금 회수도 되지 않아 어려움을 겪는 고초를 당하기도 했다.

회사 문을 닫을 위기 속에서도 광동 경옥고의 믿음을 지켜낸 정직과 오랜 세월 쌓아온 소비자들과의 신뢰가 있어 위기를 극복할 수 있었다. 한약재와 한방의 우수성을 믿는 고집스러움과 정직과 신뢰가 다시 기회를 얻어지게 하였다. 기회는 준비된 자에게 오는 것이며, 그 준비된 자에 의해 만들어짐을 증명하듯 위기를 돌파하였다.

경옥고 대신 건재약방에서 지어주는 십전대보탕, 녹각 대보탕 같은 것을 비닐봉지에 각기 정량의 깨끗한 약재들을 넣어 팔았다. 불신에 찬 소비자들에게 직접 눈으로 보고 확인할 수 있는 제품을 만들어 판 것이다. 첫 제품이 나간 후 불과 몇 개월 만에 전국적으로 판매매출이 큰 폭으로 늘어나고 경옥고도 점차 과거 수준의 매출을 회복했다. 24시간 내내 만들어도 다 소화하지 못할 만큼 장사가 잘 되었다.

1970년대를 맞으면서 광동제약사는 고유의 한방을 과학화하여 우수한 의약품을 만들기 위해서 영등포구 시흥동에 새로운 공장 부지를 마련했고, 개업한 지 꼭 10년에 주식회사로 면모를 갖췄다.

광동제약주식회사의 새로운 미래를 열 첫 작품으로 우황청심원을 제조하였다. 우황청심원을 구성하는 생약 제제는 사향과 우황을 비롯해 30여 종류인데, 사향노루의 향낭(향주머니)을 말려서 만드는 사향과 소의 담낭·담도(膽道)·간 등에서 병적으로 생기는 응결물인 우황은 그 진품을 구하기 어려울 만큼 귀한 약재였다. 우황청심원의 효능이 알려지자 호응이 좋았고 효과를 알아본 덕분에 매출이 성공적이었다.

그 후 쌍화탕을 팔고 있던 수도제약을 사서 합병한 뒤에 광동쌍화탕을 만들었다. 최고 품질의 재료로 만들었으므로 이를 먹어 본 약사들이 진짜 제대로 된 쌍화탕이 나왔다고 인정, 인기가 높았다. 당시 시중에 나와 있는 쌍화탕의 두 배가 넘는 가격이었지만 1975년에 시작한 쌍화탕사업은 십년 만에 쌍화탕시장을 백배로 늘리는 성공을 거두었다.

우황청심원과 쌍화탕의 성공으로 광동제약은 그 명성이 크게 알려지면서 대리점을 하려는 사람이 많았다. 그런데 77년 당시 야당 국회의원 비서를 하던 사람이 대리점을 내달라고 하여 개설을 허락했다. 그런데 물건을 팔고도 돈을 입금하지 않아 약을 주지 안 했더니 국회의원에게 광동제약을 음해하는 온갖 거짓 정보를 제보하였다. 그 말을 들은 의원이 국회에서 광동제약이 약사법을 위반하고 탈세까지 하고 있다고 폭로하여 법원에서 영장이 발부됐고, 최 회장은 무죄 판결이 날 때까지 99일간 억울한 수감 생활을 하기도 했다.

광동제약은 어려움을 겪으면서도 주력 상품인 쌍화탕과 우황청심원, 경옥고는 꾸준한 사랑을 받고 경옥고의 일본 수출도 성사시켰다. 한편 한방 의약품으로 '편자환을 개발하여 큰 호응을 얻었다.

그런데 어떤 제품이 잘 팔리면 값 싼 유사제품을 만들어 유통시키는 업체들이 많아져 품질이나 가격에 문제가 생기게 된다. 경옥고도 그랬는데 쌍화탕 역시 유사품이 쏟아졌다. 이런 상황에서 광동 쌍화탕이 살아남을 길은 결국 품질의 차별화, 그 품질을 유지하기 위한 가격 차별화, 소비자가 완전히 새로운 약품으로 인식될 제품명의 차별화였다. 특히 쌍화탕이라는 이름을 포기하면 획일적인 표준 소비자 가격에 얽매여서 품질을 낮추어야 하는 상황을 극복하고, 동시에 제품의 차별화를 널리 알릴 계기를 마련할 수도 있었다. 1984년 광동 쌍화탕은 '광동탕'이라는 이름으로 새롭게 태어났다. 더욱 좋은 약재를 쓰고 제조 방식도 업그레이드시켜 품질을 고급화했으며, 생산가에 맞추어 소비자 가격을 300원으로 인상하였고 고객들의 큰 호응을 얻었다.

1990년대 이후 광동제약은 새로운 도약의 기회를 찾기 시작했다. 대단위 공장을 준공하여 생산 능력 면에서 혁신을 이루고 우황청심원을 일본으로 수출하는 판로도 열었다.

그러자 우황청심원을 만들던 조선무약에서 쌍화탕을 만들어 팔기 시작했고 이에 뒤질세라 광동제약 역시 우황청심원을 만들어 팔기 시작했다. 그렇게 시작된 두 업체의 시장쟁탈전은 과당경쟁으로 치달았고 그 전쟁은 97년까지 12년 간 지속되었다. 1997년 IMF가 터지자 조선무약이 먼저 부도를 냈고 광동제약 역시 어렵게 버티다 1998년 1차 부도를 맞았다. 광동제약도 말 그대로 '상처뿐인 영광'이었다. 그는 당시 주거래은행에 "사향(麝香)" 500킬로그램을 담보로 급전을 빌려 부도 위기를 모면했다. 그렇지만 1차 부도가 남긴 후유증은 컸다. 원료 공급업체는 '현금을 줘야만 물건을 주겠다'고 압박했다. 그래도 그동안의 신뢰로 상황을 수습하고 전 사원이 회사 살리기에 동참하여 1998년분 상여금 전액을 반납키로 결의하기도 했다. 광동제약은 언제나 정직한 자세로 소비자를 먼저 생각하는 정성과 신용을 중요시하는 영업을 통해 어려움을 극복해 냈고 노사가 함께하는 노력에 힘입어 모든 어려움을 털어내고 새로운 21세기를 맞을 수 있었다.

더욱 수년전 광동제약 우황청심원의 TV 광고에 '최 씨 고집' 최수부 회장이 직접 나와 "우황, 사향만큼은 30년째 제가 직접 고릅니다"라고 광고하여 광동제약과 그 제품에 대한 신뢰를 한층 두텁게 했다. 그 후 한 공중파 방송에서 '최수부 특집 방송' 때 '원가를 낮추기 위해 품질을 버리지는 않는다'는 최 씨 고집의 얘기에 '저런 사람이 경영하는 광동은 믿을 만한 회사겠구나'란 시청자들의 반응이 쏟아졌다.

방송을 통해 그의 정직한 신뢰의 사업이야기가 알려지면서 제품 판매가 잘되어 빚을 청산할 수 있었다. 이렇게 2000년에 흑자경영의 발판을 마련한 광동제약은 2001년 출시한 비타500으로 새로운 전성기를 맞이하였다.

"몸에 좋은 비타민C를 음료수처럼 편하게 마실 수 있게 만들면 대박이 될 수 있다는 감이 왔습니다. 관건은 시고 떫떠름한 비타민C의 맛을 잡는 것이었죠."

알약이나 과립 형태기 전부였던 비타민C를 드링크제로 만들기로 했지만 '입안에 착 감기는 비타민C'를 만드는 건 쉬운 일이 아니었다. 개발팀에서 시제품을 만들어 올릴 때마다 최 회장은 "이 정도론 안 돼"라며 퇴짜를 놓았다. 그러기를 50여 번. 최 회장의 '까다로운 혀'를 통과한 '마시는 비타민'은 '비타500'이란 이름으로 세상에 나와 박카스를 앞지르는 판매기록을 세우고 효자상품이 되어 '대박' 신화를 창조했다. 2005년 선보인 '광동 옥수수 수염차' 역시 500억 원이 넘는 매출을 기록하고 있다. 2000년 779억 원 수준이던 광동제약 매출은 이제는 3000억 원 수준으로 불어났다. 최 회장은 "인생의 기회와 성공의 기회는 힘들고 괴로워도 인내심을 가지고 견디고 살아남은 사람들에게 찾아오는 것"이라고 말한다.

최 회장은 칠순을 넘긴 나이에도 우황청심원의 핵심 약재인 웅담, 우황, 사향 등을 직접 고른다. 좋은 약재를 정성스럽게 고르는 일이야말로 소비자에 대한 최고의 예의이고, 정성을 다하는 것만큼 훌륭한 영업 기술은 없다는 신념 때문이다. 이런 그의 성실한 노력은 소비자의 감동을 끌어냈고, 광동제약에 대한 변함없는 신뢰를 쌓아왔다. 최 회장은 지금도 매주 경기도에 있는 공장을 찾아 약재 견본을 일일이 확인하고, 기준에 덜 차는 것은 반품한다. 견본품뿐 아니라 공장으로 들어가는 약재도 무작위로 추출해 견본과 같은 것이 들어갔는지 재확인 작업을 거친다.

"제약 사업은 인명을 다스리는 사업입니다. 관리를 까다롭게 하지 않으면 인류에 반하는 거죠. 한방약품은 양약과는 달라서 원료가 되는 약재에 따라 품질이 엄청나게 차이가 나거든요. 그래서 약재 고르는 일만큼은 내 생명이 다할 때까지 누구에게도 양보할 수 없어요."

그러기에 광동제약의 제품들은 한 번 출시되면 오랫동안 소비자들로부터 사랑 받으며 장수하는 상품들이 유난히 많다. 이는 명품 약을 만들기 위해 창업 이래 지금까지 최 회장이 직접 좋은 약재를 고르는 정성과 끈임 없는 노력, 신용을 지키기 위한 성실을 생활신조로 하고 있었기 때문이다.

　최 회장은 신약을 개발, 국내 2~3위권의 종합제약회사로 도약하기 위해 미국의 유명 연구기관을 비롯한 국내외 연구기관들과 관련 프로젝트를 진행하고 있다. 광동제약은 장기적인 성장기반을 구축하고 총 매출의 5% 정도인 250억 원을 R&D 자금으로 대폭 늘려 전문의약품 개발과 국민건강 향상에 기여하기 위해 '종합 휴먼 헬스케어' 기업을 만들 계획이다. 광동제약은 사회사업도 많이 하고 있다. 1984년부터는 심장병어린이를 돕는 자선 마라톤을 후원하여 심장병어린이 수술하는 데 동참해 오고 있다. 1994년엔 한방병원을 개설해 매년 장애인과 지방 소외지역을 대상으로 의료봉사를 하고 있다. 한편 2007년부터는 '가산문화재단'을 설립하여 고향인 경북 김천과 광동제약 공장이 위치한 경기도 평택의 어려운 환경의 중고생을 대상으로 장학금을 지원하고 있다. 그리고 IMF 사태로 회사 경영이 어려울 때 고통을 함께 참아준 직원들에게 감사하는 마음으로 주식 10만 주를 내놓았다.

　최수부 회장의 성공비결 첫 번째 성공비결은 위기를 기회로 만든 것이다. 두 번째 성공비결은 "열 번 찍어 안 넘어가는 나무 없다."라는 신념(信念)이다. 세 번째 성공비결은 "신용은 생명이다."라는 신조(信條)이다.

최수부 회장의 '뚝심경영'

1. 한우물만 판다.

최 회장은 평생 동안 한방 외길만 걸어왔다. 그 업종이 너무나 소중해서 한눈을 팔 수 없었고, 자신이 몸담은 울타리 안에서 해야 할 일이 많다고 여겼기 때문이다.

2. 집념과 끈기만 있으면 못할 것이 없다.

외판원 시절 문전박대를 당해도 다음날 다시 들렀다. 들릴 때마다 진심이 담긴 인사를 하고 약을 사주지는 않아도 원망하지 않고, 언젠가는 그도 내 고객이 될 수 있다고 믿었다. 이런 집념과 끈기가 그를 저력 있는 경영자로 키워냈다.

3. 물건을 파는 순간, 고객과의 관계는 시작이다.

영업사원의 역할은 물건을 파는 순간 끝나는 것이 아니라 그때에야 비로소 시작이다. 고객이 제대로 약효를 보게 약을 정성껏 제때 정량을 지켜 먹는지 관심을 보이며 꾸준히 찾아갔다. 그처럼 정성을 다한 결과가 신뢰로 이어졌다.

4. 하늘이 두 쪽 나도 지켜야 할 기업인의 자존심과 의무

광동제약의 '편자환'에는 중국 인삼인 전칠을 넣어야 효능이 있는데 이를 수입 금지 조치하려는 관계기관에 항의를 해 전칠의 수입을 그대로 이루었고, 편자환도 정상적으로 생산할 수 있었다. 그는 어떤 순간에도 기업인으로서의 자존심은 지켜야 하고 세금 납부의 의무 또한 중요하게 여겼다.

5. 위기와 시련을 성공의 기회로 삼는다.

다른 업체가 경옥고에 인삼 대신 도라지를 넣어 판 '가짜 경옥고 사건'으로 광동제약이 곤욕을 치른 적이 있었다. 그는 고민 끝에 처방에 따라 약재의 종류와 함량을 정한 후 투명한 봉투에 담아 파는 이동 건재상으로 대성공을 거뒀다.

6. 같이 먹고 같이 산다.(직원의 기를 살려라)

평소 직원들을 챙기고 배려하는 일에 신경을 쓰고 직원들과 많은 대화를 나누면서 어려움을 해결해 준다. 중졸 직원들을 위해 인근 고등학교와 연계하여 야간 특별 학급을 운영했고, 아파트를 분양 받아 영업사원들을 위한 숙소로 썼다.

7. 기회는 그냥 오는 것이 아니라, 제 손으로 만드는 것이다.

그는 항상 새로운 제품을 꿈꾼다. 그렇게 해서 나온 것이 비타 500이다. 비타 500은 엄청난 속도로 팔려 대성공을 거둔 빅히트 상품이다.

최수부 회장의 학력은 초등학교 4학년 중퇴이지만 최고경영자가 된 후 고려대, 서울대, 연세대의 경영대학원을 거쳤고, 순천항내에서 명예 경영학박사 학위까지 받았다. 최수부 회장에게는 삶이 곧

학교였고, 시장이 곧 교과서였다. 그는 자녀들에게도 '사람됨'을 강조하며 '함께 나누는 삶'을 가르쳤다. 과외 한 번 시키지 안했어도 딸 둘은 이화여대, 하나는 연세대, 그리고 막내아들은 서울대에 들어갔다. 최수부 회장은 1996년 국민훈장목련장, 1998년 모범납세자 선정 표창, 2002년 남녀고용평등 우수상, 2003년 한국 CEO 대상, 2005년 동암 약의 상 등을 수상한 바 있다. 저서로는 〈뚝심경영〉이 있다.

자장면으로 우뚝 선 역전의 명수
남 상 해 - 하림각 회장

하림각 남상해 회장은 중국음식점 배달부에서 시작하여 오늘날 세계 최대의 중국 음식점을 경영하는 감동의 주인공이다. '자장면'을 '고급음식'으로 탈바꿈해 세계 속에 당당히 성공신화를 이룩한 그의 파란만장한 인생은 많은 이들에게 귀감이 되고 있다. 그의 삶이 조명 받는 것은 험난한 여건 속에서 어려움을 딛고 좌절을 성공으로 역전시킨 점도 있지만 항상 꿈을 잃지 않고 살아온 삶이기에 더욱 값진 것으로 평가되고 있다.

남상해 회장은 1938년 경남 의령에서 7남매 중 4남으로 태어났다. 부친이 일본 홋카이도에서 교편을 잡고 있던 관계로 가족과 함께 일본으로 건너가 일본에서 초등학교를 2학년까지 다녔다. 1945년 해방이 되자 귀국. 귀향하였으나 교편을 잡으며 선비 정신만으로 세상을 살아온 부친은 강해도 살기 어려운 당시 상황에서 억센 생활인으로 거듭나기엔 힘겨웠다. 해방 공간의 가난은 사실 그 무렵 민족 선체의 사연이기도 했지만, 그렇다고는 해도 그의 가족이 겪은 가난은 예사로운 정도가 아니었다.

  어머니께서 읍내에서 구멍가게를 운영하였으나 여의치 안 해 고향을 떠나 충남 보령으로 이사를 하였다. 아버지와 7남매를 어머니 혼자 거두기에는 역부족이라 양식거리라고는 허구한 날 솔잎에 쑥이었다. 초근목피(草根木皮)가 실제 상황인 지경에서 7남매 중 3명의 형제가 굶주려서 한 달 사이에 죽어갔다. 어머니는 자식이 굶어 죽은 날에도 남은 식구들을 거두어 먹이기 위해 엿 광주리를 이고 장사를 나가야 했다. 자식들의 시신을 묻다 쓰러진 아버지는 오랫동안 병석에 누워있는 신세가 되고 말았다.

  굶기를 밥 먹듯 하던 가족들은 생과 사의 길목에서 생이별을 해야 했다. 언제 또 누가 죽을지 모른다는 두려움 속에서 마침내 어린 상해는 생명을 위협하는 가난으로만 채워진 그 촌구석을 떠나 서울로 가야겠다는 결심을 굳혔다. 굶어 죽어도 서울 가서 죽자는 식의 절박한 탈출이었던 것이다.

  그 때 상해의 나이 고작 열 살, 아는 사람 하나 없는 서울 하늘아래서 열 살짜리의 서울 생활은 고통과 좌절 그 자체였다. 서울역 대합실에서 노숙을 하고 구걸 생활에서 구두닦이 보조, 신문팔이, 물장사를 전전하며 온몸이 으스러지도록 일했지만 서울이라고 해서 나아진 것은 하나도 없었다. 시시각각으로 생명을 위협하는 굶주림만으로 절망이 바닥에 닿고 있었다. 그 어린 나이에 자살을 결심할 정도였다. 창신동 산비탈에 몸 하나 간신히 누울 공간만큼 판 굴속에서 누비로 비바람을 막고 꿀꿀이죽으로 목숨을 이어가는 처지었다.

  "어느 날 결국 살아봤자 고생만 하고 형제들한테 도움도 못 줄 것 같다는 생각이 들더군요. 더 살아서 뭣하나 하는 생각에 쥐약을 구해 죽기를 결심하기도 했습니다. 약물을 타서 마시기 직전, 그 순간 '다다시야' 하고 제 일본식 이름을 절박하게 부르는 소리가 신기하게도 들려 왔어요. 그것은 살아있음을, 희망을 버릴 수 없다는 목소리였던 것 같습니다."

다시 정신을 차리고 이를 악 물고는 더 이상 이렇게 사는 것은 미래가 없다는 것을 깨닫고 소년은 '하루 세끼나 제때 한번 먹어보고 죽자.'라는 생각으로 중국음식점 문을 두드렸다. 명동 한복판에서 한 화교가 경영하던 중국집에 들어가 중국인 주인에게 무슨 일이든 하겠으니 취직을 시켜달라고 졸랐다. 주인이 그의 삶에 대한 결연한 모습을 보고 받아주어 중국집 '보이'로 취직을 하였고 그의 자장면 인생은 그렇게 시작되었다. 그 때 그의 나이는 열 한 살이었다.

소년이 중국집에서 처음 한 일은 배달인데 그간 제대로 먹지도 못한 어린 상해에게 중국음식점 배달통은 버거웠다. 몸무게만큼이나 무겁던 당시의 나무 배달통은 주린 배를 채우려 무작정 들쳐 멜 수 밖에 없었다. 배달통을 들고 다니는 것도 힘들었지만 그 외 청소, 재료 다듬기, 온갖 뒷수발과 잔심부름이 모두 그의 몫이었다. 자정이 넘어서야 잠자리에 들어 새벽 4시면 어김없이 일어나야 하는 생활이었다. 물론 월급 따위는 사치스런 얘기였고 우선 먹고 자는 것이 해결된 것만으로도 엄청나게 출세를 한 셈이었다. 중국집에 취직을 하면서부터 남상해의 천부적인 근면함과 성실성은 곧 주인의 눈에 띄어 신임을 얻었다. 끼니만 해결하러 들이긴 중국집에서 그는 8개월 만에 난생 처음 월급이란 걸 받았다. 온갖 고생을 견디며 생활 한지

1년 후 배달 전문에서 주방 보조로 승격이 되었다. 그러나 주방보조 일도 힘들기는 마찬가지였다. 종일 설거지하고 국수 가락을 건져 내고 나면 통통 불어난 손가락 끝에는 구멍이 나기도 했다. 특히 주방 보조 일을 하면서 자장면 만드는 것을 배우려 했으나 주방장은 만에 하나라도 요리법을 배울까 경계를 하였다. "그 당시 주방장은 아들한테도 요리법을 가르쳐주지 않았어요. 맞아가면서 어깨 너머로 배웠지요. 남들 잘 때 혼자 연습하고 연습 했어요"

"말도 잘 통하지 않는 중국인들 밑에서 허리가 휘어지게 일을 했지요. 정말 힘든 기간 이었지요. 배 굶지는 않겠다는 막연한 생각에 무작정 이 업종을 택했지만 주방보조와 과중한 잡일로 고난의 시절을 무려 7년간이나 보냈습니다. 그 때 고달픈 몸을 위로해 준 게 무엇인 줄 아십니까? 언젠가는 중국집 사장이 되고 말겠다는 꿈이었어요. 당시 그 꿈은 제 지친 몸과 마음을 추스르는 힘이 되어주었습니다"

그래도 먹고 자는 것이 해결되고 월급까지 받으니 욕심이 하나 둘 생겨났다. 중국집에서 힘든 일을 하는 동안에도 밤중에 호롱불을 켜고 한글을 깨치기 위해 주경야독에 몰입했다. 그의 열정이 중국집 주인을 감동시켜 그 덕분에 그는 바쁜 저녁시간에도 야학을 다닐 수 있게 되었다. 그가 공부를 하면서 무엇보다도 획기적인 것은 비로소 '꿈'을 가지기 시작했다는 사실이었다.

낮에 일하고 밤에 공부하여 결국 그는 21세에 마포에 있던 한강복지중학교를 졸업하였다. 10년 넘게 배달원과 주방보조로 일하던 그는 22살에 육군에 입대해서 25살에 제대를 하였다. 제대 후 일하면서 또 공부하여 28세에 성동구 소재 성광종합고등학교 졸업장도 손에 쥐었다. 경제적으로 안정을 찾은 그는 차츰 만학의 길로 접어들어 늦은 나이인 39세에는 노량진에 있는 총회신학대학교 종교 철학과를 졸업, 까막눈이던 무식쟁이가 대학까지 마치게 되었다. 그는 서울대 행정대학원 국가정책과정 수료와 함께 미국 루이지니아 종합대에서 명예 경영학 박사 학위를 받기까지 했다.

그는 중국음식점에서 일하면서도 언젠가는 이보다 훨씬 큰 중국음식점의 주인이 되겠다는 꿈을 항상 가지고 있었다. 군을 제대하고 1년쯤 지났을 무렵 국제관광공사에서 요리사 모집이 있다는 소식을 들었다. 생계유지를 위해 끊임없이 일을 하면서도 그는 시험 준비를 열심히 하였다. 직접 요리 연습을 하지 못하는 시간 동안엔 항상 가상의 주방을 머릿속에 차려놓고 연습을 했다. 갖가지 음식의 조리 과정을 머릿속으로 생생하게 재현해내는 훈련을 한 것이다. "요리에 들어가는 조미료 알갱이 숫자까지 머리로 셀 정도로 연습했어요."

다른 일을 하면서도 모든 신경을 시험에만 집중하고 있었다는 것을 알 수 있다. 그 당시 관광공사에 선발되어 연수를 거치면 고급 호텔 조리부에 파견된다고 하여 5명 모집에 응시자가 300여명이나 몰려들었다. 한국인은 남상해가 유일했다. 나머지는 모두 중국인들이었다. 그는 60대 1의 치열한 경쟁을 뚫고 중식부 전문가 과정에 당당히 가장 좋은 성적으로 합격을 하였다. 그는 피나는 연수생 교육을 1등으로 수료하고 마침내 국내 특급 호텔인 워커힐 호텔의 조리부장으로 발령을 받았다. 삶의 역전이 시작되는 순간이었다. 국내 최고 조리시설에서 고액의 일급을 받는 지위로 도약한 것이다. 그의 삶은 드디어 정상 궤도에 오르게 되었고 안정된 생활을 바탕으로 29세 되던 해 중매로 결혼도 했다. "인생의 기회는 누구에게나 오는 거라고 난 믿습니다. 때를 기다리고 있는 사람에게는 그게 더 잘 보이는 법이구요." 남상해는 1962년부터 워커힐 조리부장으로 최고의 중국요리를 하며 실무경험을 착실히 쌓아갔다. 중국음식에 일류 요리사가 된 그는 안정된 직장에서 평생 근무할 수 있음에도 그 조리부장 자리를 떠나려 마음먹었다. 어릴 때부터 꿈꾸어왔던 자신의 중국집을 갖겠다는 사업 추진 때문이었다. 1967년 서른이 되던 해에 많은 사람들이 부러워하는 국제관광공사를 과감히 퇴사하였다.

남상해는 그 후 을지로 명보극장 옆에 10평 규모의 중국 음식점 '동승루'를 개업하였다. 종업원에서 경영자로의 변신이 시작된 것이다. 자신의 첫 중국집인 '동승루'를 열었으나 처음에는 매우 힘들었다. 그 곳은 그 자리에서 개업했던 사람들이 다 망하고 나간 자리였다. 망하는 귀신이 붙었다는 얘기까지 돌았다. 하지만 그에게 '폐업의 법칙'은 통하지 않았다. 6개월이 지나자 맛있는 중국집이라는 입소문을 타고 손님들이 모여들기 시작했다. 장사가 너무 잘돼 사람들은 줄을 서서 자리가 나기를 기다렸다. 확실한 맛과 감동적인 서비스, 적절한 홍보가 성공의 원동력이 된 것이다. 그는 종업원들에게 "무조건 친절하라"는 주문을 끊임없이 했다. 바쁘다는 핑계로 친절함을 버리는 것은 곧 소중한 고객을 잃는 것과 마찬가지라고 여긴 탓이다.

그는 이 성공을 바탕으로 중국음식점 업계의 블루오션에 대한 꿈을 꾸기 시작했다. 32세에 초동 스카라 극장 뒤 중국집 '신해루'도 개업하여 '동승루'와 함께 경영하였다. 그는 어느 곳 보다 맛있고 깨끗하며 친절한 음식점을 만들겠다는 포부로 열심히 일했다. 자장면도 '값싼 점심 메뉴'가 아니라 '고급 음식'이 될 수 있다는 생각을 하였다. 그는 이 고급화 전략을 여의도에서 실현시켰다. '열빈'이라는 이름의 이 고급 중국음식점은 중국집에 대한 사람들의 선입견을 바꿔놓기에 충분할 정도로 대성공을 거뒀다. 그는 사업추진이 치밀했다. "위기가 기회"란 말을 신뢰하고 그럴수록 준비를 더 철저히 했다. 음식점 창업을 할 때는 현장 답사를 꼼꼼히 하고 해당 동네 주택 수를 파악, 그 중에 외식을 할 수 있는 사람이 몇 퍼센트나 될지, 그들의 소득 수준도 파악하여 전체 상황을 분석했다. 주변 가게와 이웃 주민들로부터 정보를 얻기 위해 많은 발품을 팔았다. 하지만 이보다 더 중요한 것은 자신이 하는 음식 요리가 최고여야 한다는 확신이었다.

"무보수라도 고수 밑에서 요리법을 배워야 하고 만약 남에게 주방을 맡기려면 자신도 주방장만큼 요리를 할 줄 알아야 한다"는게 그의 자장면 경영학이다

그 다음으로 그가 개척한 또 다른 블루오션은 중국음식점으로 규모의 경제를 실현하는 것이었다. 세계 최대 규모의 하림각이 세워지기 전의 전초전 격으로 남산 중턱에 '다리원'이라는 대형 중국집을 세웠다. 성공가도를 달리던 그였지만 대형 중국집을 차리기엔 자본금이 넉넉한 편은 아니었다. 남 회장은 허름한 아파트 9채를 전세로 구입해 중국집으로 리모델링하는 방법을 택했다. 주위에선 이렇게 큰 중국집이 이문을 남길 수 있겠냐며 걱정했지만 최고의 맛과 서비스는 음식점의 규모와 상관없이 그를 배반하지 않았다.

고급 중국 음식점의 개념이 일반화되지 않았던 시절, 그의 구상은 확실히 앞을 내다보는 모험이자 도전이었다. 그리고 이 모험과 도전을 궁극적인 성공으로 연결시키는 그의 전략은 치밀하고 열성적이기 이를 데 없었다. 요컨대 그는 음식점을 성공시키기 위한 요체를 오랜 경험과 많은 공부로 훤히 꿰뚫고 있었을 뿐더러 몸을 아끼지 않고 완벽하게 실현해 왔던 것이다.

또한 음식점 사업은 사업 수완만으로는 안 되는 일이다. 무엇보다도 중요한 것은 음식의 맛인 것이다. 이 음식의 맛에 있어서도 그는 다른 음식점과의 차별화에 주력했다. 중국 음식은 기름기가 많은 것이 특징인데 이 점이 우리나라 사람들 취향과 잘 맞지 않는다고 생각, 요리에 사용하는 기름은 식물성 씨앗 기름만을 사용하고 육류의 경우는 기름기를 거의 완전하게 제거해서 내놓았다. 느끼하지 않고 아주 담백하게 요리한 것이 사람들 입맛을 사로잡는데 성공적이었다.

그는 그동안의 음식점 경영을 기반으로 1987년 세계적으로 유명한 오늘날의 '하림각' 문을 열었다. 600평으로 시작해 지금은 5개동 9200평으로까지 확장됐다. 주방장급 요리사 10명을 포함해 100여 명의 종업원, 한꺼번에 3000여 명의 손님과 1500여 대의 차량을 수용할 수 있는 매머드급 중국음식집이다. 한꺼번에 규모를 확장한 것이 아니라 시장 상황을 파악하면서 조금씩 사업장 규모를 확장해 지금에 이르렀다. 그는 근래 '하림각 컨벤션'을 새 단장 하고 명호를 'W컨벤션센터'로 바꿨다. 동시예식, 분리예식 모두 가능한 피로연장 22개소(1500석) 규모를 갖추고, 100~1000명 규모의 대규모 모임을 위한 대형 연회장을 마련했다.

"먹는장사는 망하지 않는다는 얘기가 있는데 천만의 말씀이에요. 만사에 그냥 앉아서 이뤄지는 게 어디 있어요. 나만 해도 새벽 4시에 일어나기를 평생을 해왔고, 한 평생 춘장 볶는 냄새에 절어 살았습니다." "조금만 신경을 놓고 있으면 순식간에 망가지는 게 요리입니다."

그가 말하는 실수는 차원이 다르다. 그의 요리세계에서 맛이란 조미료 알갱이 하나로 왔다 갔다 하니까 말이다. 남상해 회장은 경영자이기에 앞서 오랜 경력을 지닌 일급 조리사로서 중국 음식에 대한 해박한 지식을 자랑하는 사람이다. 그에 따르면 우리에게 가장 친근한 중국 음식인 자장면은 우리나라에서만 맛볼 수 있는 '한국적인 중국 음식'이라고 한다. '차오장뎬'이라 해서 이의 원조쯤 되는 중국음식이 없는 것은 아니지만 맛은 전혀 다르다고 한다. 우선 중국 음식의 특징인 과다한 기름기를 줄이고 장에다 물을 섞어 독특한 향을 줄이는 한편 양파를 듬뿍 넣어 단맛을 더 나게 하고 한국인의 입맛에 맞는 당근이나 감자를 재료로 첨가시켜 독특한 요리를 창조해 냈다는 것이다. 이 같은 특별한 요리법이 하림각의 중국 요리가 지니는 가장 큰 특징이다. 요즘엔 이 한국적인 중국 음식이 본고장인 중국에 수출까지 된다고 한다. 중국집마다 자장면의 맛에 차이가 있는 것은 춘장을 어떻게 볶느냐와 어느 정도의 양을 넣느냐에 따라 맛이 달라진다고 한다. 그는 "춘장 맛을 잘 낼 줄 아는 사람이 제일로 예쁘다"고 한다.

"히림각(賀琳覺)이란 '좋은 손님이 많이 와서 즐겁게 식사를 하고 돌아가면 훌륭한 음식점으로 오랫동안 기억하게 되리라'는 뜻입니다. 그리고 최대한 정성들여 모시는 것이 중요한 서비스 정신이랄 수 있지요. 우리나라를 비롯하여 세계인이 와서 기분 좋게 먹고, 돈도 기분 좋게 내면 고객의 만족도 크겠지요"

남 회장은 어떤 손님이든 무조건 최고의 서비스로 맞이하라고 종업원들에게 주문하고 지금까지 변함없이 지켜져 오고 있다. 그는 "바쁠 때일수록 더 친절하라"고 강조한다. 이러한 서비스철학을 갖고 있는 탓인지 남 회장은 셀프서비스 음식점을 이해하지 못한다. 그가 생각하는 서비스는 종업원이 손님을 미소로 맞이하고, 손님이 원하는 것이 무엇인지 정확하게 파악하는 것이기 때문이다. 그래서 그는 종업원을 뽑을 때 그 사람이 얼마나 성실히 손님의 요구사항을 메모하는지를 유심히 살핀다고 한다. 자신이 직접 종업원들에게 서비스 교육을 하는 것도 모자라 정기적으로 신라호텔에 서비스 위탁교육을 보내고 있다.

"서비스는 손님을 남기고, 손님은 매출과 직결된다"는 것이 그의 생각이다.

닥치는 대로 일 하며 자신과의 힘겨운 싸움을 시작해 가면서도 한 번도 꿈을 잃지 않았던 남상해 회장은 항상 꿈을 갖고 그것을 이루려는 의지의 도전이 있었다.

"제가 어려운 환경 속에서도 좌절하지 않았던 것은 꿈이 있었기에 가능했던 것입니다. 맛있는 음식을 마음껏 먹어보고 싶다는 꿈, 내 가게를 갖겠다는 꿈, 그리고 고객들에게 맛으로 즐거움을 주겠다는 꿈, 이러한 꿈들이 저를 지탱할 수 있었던 원동력이 되었습니다"

그는 철가방을 들고 다닐 때도 내일의 꿈, 앞으로 1년 후의 꿈, 그리고 10년 후의 꿈을 가슴속에 새겼다고 한다.

"나는 매일 아침 주린 배를 안고서도, 마음속으로는 커다란 기와집을 지었어요. 꿈은 크게 가지라는 말처럼 비록 현실은 누추하지만 상상 속에서는 누구 못지않은 부자를 꿈꾸었습니다. 큰 건물을 보면 내가 마치 그 건물 주인이 된 것처럼 생각했습니다. 단순히 꿈을 꾸는 것에 그치지 않고 마치 손으로 만져질 것처럼 생생한 모습으로 상상하고 그려냈던 습관을 가지고 있었습니다. 정말 열심히 일하면서 낮에는 물론 밤새도록 잠을 설칠 정도로 이런저런 상상을 했습니다."

"남들이 알면 단지 가난한 소년의 허황된 치기(稚氣)라고 생각했을지도 모르지만 내게는 사막의 오아시스처럼 희망으로 향하는 문이었습니다. 비록 상상 속에서나 가능했던 것이지만 그러한 막연한 꿈은 삶에 지친 나를 지탱해준 힘이었고, 어려움을 이겨내도록 한 긍정적인 열정이었습니다."

남 회장은 바로 그 꿈을 통해서 더 나은 미래를 키워나갔던 것이다. 살아오면서 그는 최소한 하루 한 두 번씩 거르지 않고 다짐하는 일이 바로 꿈을 꾸는 일이었다. 꿈은 좋은 것이지만 노력이 따르지 않으면 공상임을 잘 알고 있는 그는 꿈을 이루기 위해 야무진 도전정신을 구현한 것이다. "'인생역전'이란 말이 있지요. 인생엔 역전의 미학(美學)이 있어 살만한 의미가 있답니다. 내게 주어진 혹독한 조건들을 보기 좋게 돌려 버릴 역전의 힘을 기르며 오늘도 꿈꾸며 살아갑니다. 꿈은 이루어집니다."

"두 아들 놈을 모두 주방으로 들여 접시 닦는 일부터 가르쳐요. 아이들에게 줄 수 있는 가장 큰 재산이 꿈꾸는 법을 가르쳐주는 게 아닌가 싶어서요." 남 회장은 땅 투기는 고사하고 그 흔한 주식 한번 사본 일이 없는 사람이다. 그는 지금도 꾸는 꿈이 있다. 세상에서 제일 큰 중국집을 대대손손 가업으로 물려가는 일이다. 2남 1녀를 뒀는데 두 아들은 모두 하림각에서 일하고 있다.

하림각 직원들의 평균 근무기간은 많게는 50여년, 짧게는 20~30년이 넘는다. 한 직장에서 여러 사람이 몇 십 년을 함께 한다는 것은 사람과 사람사이의 정과 인연이 남다른 직장임을 짐작케 한다.

남상해 회장의 자장면 경영학 7계명

1. 대통령 앞에서도 절대 기죽지 말라

음식은 생명의 일부이다. 그러므로 음식을 만드는 사람들은 귀한 일을 하고 있는 것이다. 자부심을 가져라. 자부심이 없으면 장사를 오래 못한다.

2. 항상 장사가 안 될 가능성을 염두에 두라

음식점을 차리려면 먼저 그 동네 주택수와 세대수를 파악하고, 그 중 외식을 할 수 있는 사람들이 몇 퍼센트 정도 되고, 평균 연령 층과 성비도 고려해 두라. 미리 음식점에 취직해서 장사에 대한 감을 익히는 것도 좋다.

3. 매일 아침 일찍 시장으로 출근하라

재료구입은 장사의 시작이다. 거기서 실패하면 결국 장사는 멍이

들게 마련이다. 재료 구입은 주인이 직접 해야 하며, 좋은 물건을 싸게 구입할 수 있는 새벽시장을 공략하라.

4. 음식 배달원에게도 꼭 위생복을 입혀라

위생은 음식점의 기본이다. 음식 배달원에게도 위생복을 입혀서 청결한 이미지를 최대한 부각시켜라.

5. 바쁠 때일수록 더욱 친절하라

바쁠 때일수록 손님들에게 친절하면 그것은 바로 고객감동으로 이어진다. 그리고 곧장 매출의 증가로 나타난다.

6. 맛을 높이기 위한 실험을 계속하라

음식은 다른 생명의 일부를 만드는 것이므로, 정성이 최고이다. 그 다음으로 제일 신경써야 할 것은 기름이다. 중국 음식이 워낙 기름기가 많기 때문에 어떻게 하면 기름을 적게 넣고, 어떻게 하면 재료에 있는 지방을 최대한 빼면서도 제대로 된 음식을 만드느냐가 성공을 좌우한다.

7. 고객을 만족시키기 전에 먼저 종업원을 만족시켜라

종업원에게 제대로 된 대접을 해주어야 그들이 진심으로 고객들에게 최선을 다하게 된다. 하늘이 무너져도 솟아날 구멍이 있다.

남성해 회장은 인제부딘가 자신의 관심을 사회봉사 활동에 집중하고 많은 봉사단체를 이끌며, 선두에서 봉사를 실천하고 있다.

"내가 어렵게 살아왔기 때문이기도 하지만, 인생이라는 게 좋은 일만 하기에도 너무 짧아요. 좋은 일 하기에 삶이 모자라면 죽어서라도 해라. 난 이렇게 말하고 싶어요" "베풀 줄 모르는 자는 큰 꿈을 가질 수가 없습니다. 푸는 재미, 쓰는 재미가 돈을 벌어 쌓아 놓는 것보다 훨씬 즐겁다는 것을 깨달았습니다"

현재 남 회장이 관여하는 각종 단체는 100여 개를 훨씬 넘고 있다. 그 대부분이 겉으로는 별로 빛이 안 나는 사회 봉사단체들로 그는 수많은 단체를 이끌며 활성화와 발전에 견인차 역할을 하고 있다. "사회적 봉사활동에 적극적으로 나서면서 욕망의 대상이 아니라 온정의 수단으로 돈의 참된 가치를 깨달았고 그 가치를 제대로 쓸 줄 알면서 더 큰 돈을 벌게 됐습니다"

남 회장은 자신이 사는 지역사회의 노인들을 위해 매년 어버이날이 들어있는 5월 한 달 동안 자신이 운영하는 중국음식점 '하림각'에서 위안잔치를 베푼다. 대략 1년에 1만 명 정도 대접해 드리고 있다. 1984년부터는 서울시 새마을회와 시중 4개 은행과 공동으로 매년 3박 4일간 '전국 도서벽지 어린이 서울체험' 행사를 통해 그동안 1만 여 명을 초청했다. 어린이들은 도착 첫날 하림각에서 탕수육과 자장면으로 점심을 먹고 서울시내 현장학습 체험을 한다.

남상해 회장은 어린이들에게 "나는 과거 어린 시절 굶기를 밥 먹듯 할 때 자장면을 실컷 먹고 싶었는데, 오늘날 세계에서 제일 큰 중국집을 운영하고 있습니다. 어린이 여러분도 큰 꿈을 가지고 노력하면 꼭 이룰 수 있을 것입니다. 산간벽지에서 생활이 불편하더라도 꿋꿋하게 열심히 공부하길 바랍니다"고 격려한다.

남상해 회장은 밑창이 다 헤어진 신발 하나를 간직하고 있다. 그는 "고생하던 시절을 잊지 않고 늘 자신을 경책하면서 살기 위해 소중히 간직하고 있다"고 한다.

모진 가난을 딛고 꿈을 실현하기위해 70여 년간 그가 걸었던 파란만장한 인생 역정은 우리에게 깊은 감동과 교훈을 선사한다. 역전의 명수의 이야기를 통해 우리 모두 삶의 용기와 희망을 얻을 수 있어야 하며 다음 말을 되새겨본다.

"성공과 실패의 선택은 자기 자신에게 있다. 그 어떠한 희생을 치르고서라도 성취할만한 가치가 있는 것이 성공이라면 죽을힘을 다해 노력해야 한다. 그래야 후회하지 않는다. 성공하지 못한 인생이라고 가치가 없는 것은 아니다. 정말 가치가 없는 것은 후회하는 인생이다. 힘들면 주저앉고, 남 탓이나 하고. 그것은 정말 가치 없는 인생이다."

남상해 회장의 저서는 그의 성공스토리를 담은 〈나는 오늘도 희망의 자장면을 만든다〉(2000년), 청년실업, 경제 한파 시대에 메시지를 던지는 〈역전의 명수, 남상해를 아십니까〉(2006년), 모진 가난을 딛고 절망을 희망으로, 좌절을 성공으로 바꾼 '남상해식 자장면 성공학' 〈기적의 자장면〉(2009년)등이 있다.

반신 불구를 극복한 발명왕 사업가
최 진 순 - 청풍 창업 회장

　　　　　　최진순 회장은 섬유사업을 하다 화재사고로 그 때 얻은 중풍과 합병증을 치료하기 위해 반신 불구가 된 몸을 이끌고 음이온공기청정기를 만들어 세계시장을 장악한 청풍 창업주이다. 대한상공회의소에서 선정한 전국 최고의 중소기업인 베스트 CEO 중 한분으로 자신의 업종에서 최선을 다해 성공한 입지전적인 인물이다. 특히 최진순 회장은 세계 최초로 국제발명품대회에서 8회 연속 금상수상으로 기네스북에 오르기도 한 발명왕 사업가이다.

　뿐만 아니라 최 회장은 건강 때문에 낙향하여서도 고향의 약수와 특산물을 이용, '강화 찬우물 고향(高香)막걸리'를 개발 생산하여 막걸리 붐의 중심에 서 있는 인간 승리자이다.

　최진순 회장은 1940년 강화도에서 9남매 중 셋째로 태어났다. 남달리 생활력이 강한 스타일의 그는 중 학생 때부터 부산에서 실을 사서 강화도 시장에 팔았던 부친을 도와 장부를 들고 수금에 나서면서 자연스럽게 이재에 눈을 뜨기 시작했다. 고1 때는 실 장사를 하던 아버지가 인수한 직물공장의 일을 적극 도와드려 공장은 빠르게 성장하기도 했다. 당시 일본에서만 생산되던 '갑사'를 국내 최초로 생산해 돈도 많이 벌어 들였다.

씨름을 잘하시는 부친의 영향을 받아 그도 유도를 배워 상대를 한번 잡으면 끝까지 절대 놓치지 않고 밀어붙이는 끈기와 지구력, 그러면서도 부드러운 유연성을 가졌다. 그는 유도 특기생으로 한양대에 입학하였으나 섬유공학을 전공하고 65년에 졸업하였다. 그는 손수 기계를 고칠 수 있고 섬유에 대한 전문기술까지 습득하여 직물공장 전문가로서의 능력을 쌓았다. 67년에는 결혼도하여 안정된 생활을 하면서 부친의 일을 도왔다.

그러나 큰 형이 학교를 졸업하자 상황은 달라지기 시작했다. 공장을 직접 일구고 가꾼 것이 셋째인 자기이지만 아버지는 장자우선 원칙에 따라 큰형을 사장으로 앉혔다.

형이 책임자로 있는 직물공장에서 계속 도와주고만 있을 수 없어 독립하기로 결심하고 부친에게 말씀드렸지만 허락을 받지 못하였다. 그러나 자립을 하기 위해서는 부모님 곁을 떠나야 했기 때문에 68년 만삭의 아내를 데리고 본가를 나왔다. 오로지 혼자의 힘으로 그동안 연구한 새로운 기술들을 활용해 섬유업으로 꼭 대성하고 말겠다는 강인한 결심과 함께 그에게는 새로운 삶이 시작되었다.

그의 수중에는 사업을 시작할 수 있는 경제적 여건이 마련되지 않은 상태였다. 아내는 우선 처갓집에 맡기고 그는 무작정 공장 용지를 알아보기 위해 여기저기 열심히 다녔다. 많은 사람들을 만나서 이야기를 나누고 답사 끝에 태릉 근처 불암리에 터를 잡기로 결정했다.

마침 근처에 사용하지 않고 내버려 둬둔 땅이 있어 그 일부를 1년 후 보상하겠다는 약속과 함께 외상으로 임차했다. 또 주위 가게에서 시멘트와 못 등을 외상으로 구입했다. 손수 모래로 벽돌을 만들고, 집의 벽을 만들고 판초 우의로 지붕을 만들고 해서, 살 수 있는 집을 마련하였다.

그리고 공장을 짓기 시작했는데, 사실 그는 그때 당시 거지라는 소리까지 들으며 비참하게 생활해 가면서 공장을 지었다. 하지만 그래도 그가 하고 싶은 일을 하고 있었고, 잘 할 수 있다는 자신감이 있었기 때문에 두려움이나 부끄러움은 전혀 없었다.

공장은 지어졌는데 섬유 공장에 필요한 기계를 구입할 수 있는 돈이 전혀 없었다. 첫째 딸 출산 때문에 친정에 가 있던 아내의 폐물을 팔아 돈을 마련하였다. 마련된 20만원의 돈으로 충청도로 내려가 공장에 설치할 기계를 찾아 헤매었다. 이 중 한 공장 주변에 10여대의 기계가 그냥 놓여 있는 것을 발견하고 너무 기쁘고 반가웠다.

공장 사장을 바로 찾아가서 섬유업을 시작하고 싶다는 이야기와 함께 어느 정도 돈을 주고 외상으로 기계를 빌려 공장 부지가 지어져 있는 불암리로 올라왔다.

전기 시설이 전혀 없었던지라, 그가 직접 손수 발동기를 이용해 전기를 만들고, 공장 기계를 가동했다. 돈이 없었던 그는 신용에 의한 외상거래와 지인들의 도움으로 사업을 꾸려나갔다. 기계가 돌아가자 그는 돈을 버는 즉시 빚을 갚아나갔다.

"사업은 돈을 버는 것이 아니라 사람을 얻는 것이죠. 사업에 있어서 신용은 목숨과도 같은 것입니다."

68년 '임성직물' 설립을 시작으로 경영 일선에 뛰어들었던 초창기에는 어려움이 많았으나 1970년대 중반이 되자 그의 섬유산업은 번창을 거듭했다. 공장 터를 크게 넓히고 건물도 증축했고 직원들도 늘어났다. 공장이 날로 번창하자 성공이 눈앞에 보였다. 그러나 고생 끝에 낙이 온다는 말은 그에게 해당되지 않았다. 그 때 아버지가 교통사고로 돌아가시고, 지인에게 돈을 빌려줬다 사고가 나는 바람에 어려움을 겪었고 엎친 데 덮친 격으로 공장에 화재까지 발생했다.

"불을 끄다가 3m 높이에서 굴러 떨어졌죠. 하지만 여기서 끝낼 순 없다는 생각이 들었습니다."

어떻게 하면 이 난관을 헤쳐나 갈 수 있을까 고민하다가 그는 깁스를 하고 나와 다시 공장을 재건하기 시작했다. 그리고 채권자들을 일일이 찾아가 자초지종을 설명했다. 지금 현재 처한 상황과 향후 어떻게 헤쳐 나갈 것인지를 정말 정직하게 있는 그대로 진심을 다해 얘기했다. 진실이 통했는지 그들은 그에게 '사장님은 거짓말을 한 적이 없기 때문에 믿고 기다려 주겠다' 고 했다. 어느 누구도 빚 독촉을 하는 사람이 없었다. 그는 이 때 다시 한 번 사업을 하면서 신용과 믿음이 얼마나 중요한 것인지를 깨달았고, 사업이 다시 정상화 궤도에 오르면 배로 이 은혜를 갚을 것이라고 굳게 다짐했다.

다행히 신용을 밑천으로 화재가 난 공장은 다시 복구를 하였고 공장은 다시 가동되어 빚도 갚고 정상화되었지만 그는 가장 소중한 건강이 나빠졌다. 과로로 당뇨에 중풍까지 찾아와 몸의 왼쪽을 완전히 쓸 수 없게 되었다. 그는 실의에 빠져 나날을 보냈다.

그래도 살고 봐야 한다는 생각에 그가 사는 길을 찾고 있을 때 일본 바이어에게서 "산에 올라가 음이온을 쐬라"는 조언을 들었다. 중풍에 음이온이 좋다는 소리를 들은 후 그는 하루도 빠짐없이 음이온이 있는 곳을 찾아 여기저기 걸을 수 있는 곳까지 걸어 다니려고 노력했다. 숲이 있는 산을 많이 찾아갔다. 음이온의 효과는 대단했다. 그는 그 후 직접 음이온을 만들기로 결심했다.

"내가 음이온을 연구한 것은 국민건강이나 환경보호 같은 거창한 목표보다도 단지 내 자신의 건강 때문이었죠."

1983년 3월 전 재산을 털어 음이온발생기 업체 삼우전자를 설립하고(94년 (주)청풍으로 개명) 제품 개발에 나섰다. 당시 국내에는 음이온이란 단어가 생소한 때라 외국서적을 읽고 불편한 몸을 이끌고 백방으로 수소문을 해가면서 대학 교수, 전자연구소를 찾아다니며 독학으로 연구에 박차를 가했다. 반신불수의 몸으로 많은 어려움이 있었지만 포기하지 않고 음이온공기청정기를 만드는 데 올인 했다. 그 결과 그는 1989년 국내 최초로 음이온이 발생하는 공기청정기를 발명하는 데 성공하였고 그의 하반신 불수가 됐던 몸도 기적같이 걸을 수 있게 되었다.

음이온은 나무가 울창한 숲 속이나 파도가 이는 해변에서 자연스럽게 생기는 것이다. 최진순이 발명한 제품이 바로 '음이온 공기청정기'로 이런 공기를 인위적으로 만드는 제품이다. 하지만 음이온에 대한 인식부족으로 물건이 팔리지 않아 빚더미 위에 올라앉는 위기에 처하게 되었다. 그가 공기청정기를 개발할 당시에는 우리나라에는 '공기청정기'에 대한 개념 자체가 없던 상태였다. 환경의 중요성과 향후에 부각 될 환경산업의 성장성을 예측하는 사람도 없었다.

공기청정기 제품은 개발이 완료 되었지만, 시장 자체가 전혀 형성 되어 있지 않았기 때문에 제품 판매를 할 수 없었다.

소비자에게 제품의 필요성을 알리면서 판매를 해야 하는 공기청정기 제품에는 그만큼 새로운 기반을 마련하는 것이 필요했다. 입에서 단내가 나도록 얘기를 하고 제품의 필요성을 전달했지만, 소비자가 바로 움직여주지는 않았다. 소비자에게 보여줄 수 있는 입증 자료도 없었던 터라, 그가 선택한 것은 제품의 우수함을 인정받을 수 있는 기틀을 마련하는 것이었다.

가장 좋은 방법은 국내에서도 인정받고 있는 해외 유명 발명품 대회에 참여해 제품의 우수성을 인정받고, 이를 소비자 및 유통 채널을 설득하는 방안으로 활용해 보자는 것이었다. 또한 이 기간 국내 시험기관에 의뢰해 제품의 우수성과 관련한 입증 자료를 마련하며 국내외로 인정받은 제품이라는 이미지 만들기 작업에 돌입했다.

마침내 세계 발명품대회에 제품을 출시해 금상을 수상하였다. 그 후 부터는 국내 공기 청정기 판매가 놀라울 정도로 급상승하였다. 얼마 전만 해도 일부 사람들의 전유물로 여겨지던 공기청정기는 웰빙 바람을 타면서 그의 작품은 꾸준히 매출 신장세를 보였다. 웰빙(Well being)가전 이라고 불리는 음이온 공기청정기는 생활의 질을 중시하는 시대적 흐름과 함께 급격한 매출증가세의 가도를 달렸다.

특히 최근 혼탁한 공기와 '새집중후군' 이 사회적인 문제가 되면서 청정기를 찾는 사람들은 날이 갈수록 늘고 있는 추세이다. 가족의 건강을 위힌 제품을 민들고, 고객 만족을 위한 다양한 서비스를 통해 고객의 입에서 입으로 제품과 서비스에 대한 만족이 알려져 공기청정기 시장의 선두 주자가 되었다.

"사람이란 정말 자기의 의지대로 할 수 있습니다. 제가 중풍에 걸렸다고 그냥 누워있었더라면 지금과 같은 성공이 아닌 전혀 다른 삶을 살아가고 있었을 것입니다. 요즘 젊은 세대들은 너무 나약한 것 같습니다. 할 수 있다는 의지를 가지고 끝까지 노력해야 합니다. 저는 저의 자식들에게도 독립심을 키워주기 위해 유학비용을 지원해 주지 않았습니다. 대학생쯤 되면 이제 스스로 독립심을 키울 나이입니다. 저 역시 학생 시절부터 아버지의 사업을 도왔는데 새로운 기술을 발명하기 위해 1주일 정도를 밤새가면서 공부하고 연구하던 노력들이 지금에 와서 큰 도움이 되는 것 같습니다."

중소기업인 ㈜청풍이 공기청정기 시장의 61~65%를 차지한다는 것은 결코 쉽지 않은 일이다. 1999년부터 해외시장에 진출해 온 청풍은 현재 중국, 일본 등 아시아 지역과 유럽, 중동, 브라질 등 해외 20여 개국에 제품을 수출하고 있다. 이 중 중국 북경과 상해에서는 수입 브랜드 중 시장점유율 1위를 차지하고 있다. 공기청정기의 본토인 일본 시장 진출에도 성공하여 상승세를 타고 있다

최 회장은 외국에서 공장까지 다 만들어 줄 테니 기술만 갖고 들어오라는 제안을 많이 받았다. 그러나 이 같은 제안에 단 한 번도 관심을 기울인 적이 없다. 외국으로 나가는 업체들이 많지만 이는 결국 기술이전을 노리는 외국의 노림 수 임을 잘 알고 있기 때문에 청풍은 어떤 유혹이 있어도 외국에 현지공장을 만드는 일이 없을 것이라 한다.

청풍공기청정기는 꾸준히 업계 1위의 자리를 지킬 수 있는 것은

제품력을 기반으로 강점을 극대화한 마케팅의 공이 크다. 이 회사가 만드는 공기청정기는 공기정화기와는 근본적으로 다르다. 공기정화기는 모터를 돌려 실내에 떠다니는 먼지를 걸러주는 반면 공기청정기는 공기 중의 양이온과 음이온의 균형을 맞춰 몸에 좋은 상태의 음이온 농도를 유지해주는 기기다. 공기 중의 양이온은 부동(不動) 상태이지만 음이온은 활발히 움직인다. 이 음이온은 여기저기 흡수가 잘되어 없어지는 성향이 있어 이를 적절히 보충해주는 것이 매우 중요하다. 청풍의 공기청정기는 1㎥당 50만~1백만 개의 음이온을 만들어 내고 있다고 한다. 필터 걸러내기 방식이 아닌 음이온 방식으로 공기를 정화시키는 시스템에서 비롯된다. 플라즈마 원리를 이용, 인체에 유익한 음이온이 흘러나오도록 설계해 실내에서 자연풍을 느낄 수 있도록 만든 것이다.

이 같은 설계는 공기 중에 있는 유해한 양이온을 중화시키는 것은 물론 미세먼지를 제거, 탈취·항균 역할 등을 가능케 한다. 이밖에 필터를 교환할 필요가 없다는 점, 물을 이용한 세척만으로 집진 판의 청결을 유지할 수 있다는 점, 초절전형으로 한 달 전기사용료가 5백 원 정도에 그친다는 점 등 여타 공기청정기에 비해 탁월한 장점을 지니고 있다.

97년 최 회장의 셋째 딸이 회사 홈페이지를 만들었는데 공기청정기에 대한 뜻밖의 반응에 놀랐다. '집에서 악취가 사라졌다'는 경험담이 게시판에 오르기 시작했고, 하루 수백 명이 게시물을 읽고 청풍 구입에 나섰다. "입금할 테니 물건을 보내 달라"는 요청이 빗발쳤다. 홈페이지는 회사 매출의 60%를 책임지는 온라인 쇼핑몰로 변신했고 매출은 매년 100%씩 성장했다.

또한 회사에서는 공기청정기의 효능을 알리기 위해 '청풍의 체험 마케팅'을 하였다. 직영점과 인터넷 쇼핑몰 청풍닷컴에서 고객 체험단을 모집, 신제품을 저렴하게 구입하는 대신 제품을 사용해 보고 느낀 장단점이나 의문사항 등을 사용후기로 올리게 하였다.

청풍의 체험 마케팅은 무엇보다 기술력에 자신이 있기에 가능한 일이였다. 체험 마케팅은 주부들에게만 머무르지 않고 국제공항 흡연실 즉 인천국제공항, 싱가포르 창이공항, 중국의 북경공항, 일본 오사카 간사이공항 흡연실 같은 사회 곳곳에 청풍을 느낄 수 있는 공간에 청풍의 첨단제품을 무료로 설치했다.

"우선 아무리 무료 설치라도 세계적인 국제공항에서 받아 줬다는 것만으로 기술력과 품질력을 인정했다는 의미가 있고요. 또 은연중에 브랜드에 대한 친밀도와 호감도가 높아지고 결국 기업 이미지 재고에도 영향을 미쳐 잠재 고객을 확보할 수 있다는 점에서 의미가 큽니다. 브랜드 인지도를 높이기 위한 다각적인 노력 중 한 가지죠."

그 외 고아원, 양로원, 학교, 병원, 서울 대학로 공연장, 남이섬, 소방서 등 사회기관에 공기청정기를 수백 대를 기증했다. 공기청정기의 필요성을 인식한 요즘에는 피부로 느낄 수 있는 공간이 바로 체험마케팅 장소가 되고 있다. 공기청정기가 필요한 공공시설에 자사 제품을 무료 설치함으로써 더 많은 사람에게 청정한 공기를 선사한 것이다.

"돈과 명예는 좇으면 달아납니다. 일에 파묻혀 열심히 매진하다 보면 돈과 명예도 따라오게 마련이죠."

최진순 회장은 하반신 불구의 몸으로 불행을 불굴의 도전정신으로 극복하고 음이온 청정기를 발명하여 세계를 놀라게 한 발명왕 사업가로 입지를 구축하였다. 의료, 건강, 환경을 한 번에 해결 할 수 있는 공기비타민이라고 불리는 음이온 공기청정기를 개발 한 그는 세계 최초로 국제발명품대회에서 8회 연속 금상 수상으로 기네스북에 오르기도 하였다. 국제발명 수상가협회 수석 부회장, '독일 뉘른베르크 국제 발명품 대회 환경부문 금상', '스위스 제네바 국제 발명품대회 금상', '미국 LA 국제 신기술 발명전시회 대상', 96년 발명의 날에 국무총리상, '2000년 신지식인 선정', '2000년 100대 우수 특허제품 대상', '20세기를 빛낸 발명인 대상 수상' 등의 업적을 이루었다. 최 회장은 국내 공기청정기업계를 대표하는 인물. 공기청정기 관련 지식재산권도 40여건이 넘을 정도다. 기존 '공기정화기'에서 '공기청정기' 라는 용어를 정착시킨 장본인도 최 회장이다.

이회사가 99년과 2002년 품질경쟁력 50대 기업에 선정된 것은 물론 2001년 동탑산업훈장과 대한민국 특허기술대전 은상을 수상할 정도로 알찬 기업으로 성장한 기저에는 이 회사의 창업자인 최 회장의 발명가로서의 집념과 신념이 있기에 가능했다.

"제가 사업가이기도 하지만 사업가 이전에 발명가 즉 엔지니어입니다. 언제나 꾸준히 연구하려고 하죠. 제가 몸이 안 좋을 때에도 오직 음이온 개발에만 힘썼기 때문에, 지금의 모습에 이를 수 있었다고 생각합니다. 실력이 있고 의지를 가지고 노력하면 성공하게 돼있습니다. 매출액의 10%를 연구 개발에 투자하고 있는데 제가 그 돈으로 여생동안 편안히 먹고살 수 있지만 전 영원한 발명가이기에 기술

개발을 멈출 수가 없는 것이죠."

청풍은 가족의 건강을 생각하는 세계 1위의 청정 환경 전문기업을 목표로 하고 있다. 최 회장은 새로운 아이디어가 떠오르면 며칠이고 밤을 새며 집중하는 것은 물론, 한 제품을 위해 10년씩 매달리기도 한다.

"어떤 일을 하든지 한 우물을 파서 한 가지 분야에 가장 최고의 전문가가 돼라. 항상 연구하고 업그레이드된 제품만을 생각하면서 한 발 한 발 위로 올라가야 한다. 한 가지를 생각하는 중에 다른 것을 생각하면 정신과 능력이 양분돼 몰입할 수가 없다."

최 회장은 정직을 좌우명 삼아 40여년을 기업인으로 뛰다보니 내부고객인 직원들은 물론 외부고객인 소비자와 거래업체 등으로부터 큰 도움을 받을 수 있었다. 그의 깨끗한 이미지는 청풍을 운영하는 경영관에도 그대로 나타난다.

직원들로부터 '자율성을 최대한 존중하고 사람을 애정으로 대하는 분'이라는 평판이 자자한 그는 "청풍에는 결재 판이 없다. 모두가 스스로 알아서 자신의 일을 하는 공동체 분위기라서 지금까지 입사한 사람들 중 한 명도 나가는 사람이 없었다"고 자랑삼아 이야기한다.

최 회장은 사업을 하며 당뇨와 혈압에 시달리고 2번의 심장병 수술과 한쪽 눈의 실명 등으로 2002년 4명의 딸 중 오래 동안 회사 일을 해온 셋째 딸에게 회사를 물려주고 고향인 강화로 낙향하였다. 강화로 내려올 당시 최 회장은 몸이 많이 좋지 않은 상태라 요양이 필요하여 공기 좋고 물 좋은 고향에서 안정하며 지냈다. 그러던 중

옛 부터 불로장수할 수 있다는 말이 돌 정도로 물맛이 좋은 찬 우물 약수를 맛보고는 그 순간 '아, 이 물로 뭔가를 해야겠다'는 발명가의 호기심이 발동하였다. 평소 내재된 발명가 기질이 나타나 고향에서 좋은 물을 이용해 새로운 일을 계획하며 활력을 얻어야겠다고 결심을 한 것이다. 자신도 예상치 못한 술 만드는 분야의 도전이다.

"이 나이에 집에서 쉰다는 건 죽는 날 기다리는 것밖엔 안 되더라고요. 근데 새 과제를 만났으니 기뻤죠. 본래 뭔가에 몰두하면 꼭 꿈을 꿔요. 그리고 문제 해결책도 꿈을 꾸면서 얻고. 이 찬우물 약수로 약주를 만들어야겠다는 생각도 다 그런 과정에서 나온 결과에요. 사람이 먹는 것은 모든 물이 맛을 좌우하는 법이거든요. 그런데 좋은 물은 있으니 술을 빚으면 딱이다 싶었던 거지요. 그리고 또 내가 원래 술을 좀 즐기는 편이거든요. 기분이 좋거나 나쁠 때 항상 사람들 곁에 술이 있잖아요? 그래서 오랜 세월 서민을 위로해 온 막걸리를 만들겠다 결심한 거죠."

그날 이후 최 회장은 당뇨로 건강이 나빠 술을 멀리 해야 하는 자신이 마실 수 있는 좋은 술 만들기를 목표로 삼고 연구개발에 열중하였다. 자신이 마셔서 좋은 술이면, 다른 사람들에게 좋은 건 더 말할 나위 없으리라 생각했다. 그는 2006년 약수터가 있는 인근 부지에 공장을 짓고 제품 개발에 착수했다. 발명가답게 막걸리 생산 기계는 물론, 회사 건물 짓기까지 손수 진두지휘했다. 지하저장고 역시 그의 아이디어로 그가 직접 만들었다.

양조 회사 이름은 그의 고향이자 공장이 있는 인천시 강화군 신원면 냉정리의 약수이름을 따 '찬우물' 로 지었다. 일본에서 제조기를 도입해 제조시험에 성공한 후 쌀을 이용해 본격적으로 막걸리를 생산해 냈다. 그는 첫 시제품을 생산하면서 생각해낸 것이 강화도 특산품을 이용한 '강화 산 찬우물 고향(高香)막걸리' 생산이었다. 청정지역 강화 찬우물 303m 지하 암반수로 건강을 위한 술을 만든 것이다.

찬우물 막걸리는 발효제로 누룩대신 유산균을 막걸리 1L 한 병에 일반 요구르트(65ml짜리) 100병~120병에 들어있는 유산균과 맞먹는 양의 유산균과 신맛을 내는 유기산, 구연산, 사과산 등이 풍부하게 들어 있다. 따라서 적당히 먹으면 체내 피로 물질을 제거하고 건강한 생체 리듬을 갖게 해 주는 웰빙 건강식품이다. 맛 또한 뛰어나 인기를 얻고 있는데, 쌀 막걸리 외에도 강화도 특산품을 이용해 특별한 맛과 향이 나는 인삼막걸리, 강화토종순무 막걸리와 쑥을 이용한 사자발약쑥 막걸리가 있다.

찬우물의 막걸리는 발효균과 고두밥을 섞어 제조하는 비법과 20일간 숙성을 시켜 트림과 숙취 등 단점으로 지적됐던 부분을 말끔히 없앴고 유통기간을 6개월까지 장기간 가능하게 했다.

이들 제품들은 인천광역시에서 3년 연속 품질우수 제품으로 인정받았고 2008년 한국관광평가연구원에서 '혁신관광 한류 브랜드 대상 수상, 2009년 대한민국 막걸리 축제 대상도 수상한 바 있다. 특히 일본 도쿄에서 열린 제23회 세계천재대회에서 대상을 수상함으로써 세계로 크게 알려지고 자연스레 막걸리 붐 중심에 서게 됐다.

최 회장은 강화에서 생산되는 복분자나 오가피, 포도 등을 이용한 막걸리도 만들기 위해 개발에 박차를 가하고 있다.

"내가 발명한 모든 것은 사회에 환원할 겁니다. 내 자식에게만 물려주겠다는 생각은 애초에 없었어요. 뭔가에 의존하는 삶을 가르치고 싶지 않아요. 배울 게 있으면 배우고, 이후에는 본인 노력으로 일궈가라는 거죠."

최 회장은 '나눔 경영'을 손수 실천하며 사회공헌활동과 후진양성을 위해 많은 장학사업도 벌이고 있어 주변의 귀감이 되고 있다.

"돈 버는 것만이 목적이 아닌 국민들이 먹고 건강해 지는 술, 위를 보호해 주는 막걸리, 알코올음료라고 얘기 할 수 있는 건강한 전통주를 만드는 것이 내 인생의 마지막 사업입니다."

그가 생각하는 최고의 술은 '마시면 취하되 뒤끝 없는 맛있는 물'이다. 그의 발명 기질은 양조업에서도 유감없이 발휘되어 벌써 탁주 및 그 제조방법에 대한 술과 관련한 특허가 20여개나 된다.

발명가 최진순 회장은 한국 발명가 협회로부터 생존인물로는 유일하게 흉상을 증정 받은 바 있으며, 현재 400개의 특허를 보유하고 있다. 최진순 회장은 2008년 1월 청도이공대학에서 창의적인 21세기형 발명가로서 그 공로를 인정받아 명예경영학 박사학위를 수여받기도 했다.

최 회장은 몸이 불편해도 발명에 대한 창의력은 계속 샘솟아 그는 회장님이라는 호칭보다 발명가라는 호칭이 어울리는 '발명왕 사업가' 다. 최순진 회장은 병도 고치고 돈도 번 인생역전의 승리자이다.

농촌을 개척 발전시킨 매실 명인
홍 쌍 리 - 청매실농원 대표

　　홍쌍리 여사는 전라남도 광양, 백운산 자락에 자리한 청매실 농원의 대표이다. 또한 우리나라 최초로 식품 명인으로 지정 받은 매실 전문가이며, 땅을 살리고 풀을 살리는 환경농법을 실천하는 농사꾼이다. '농사는 예술작품이요, 옛 사람들 방식대로의 밥상은 무병장수의 약상(藥床)이다.' 는 좌우명으로 청매실을 주원료로 다양한 자연 먹거리의 고품격 식품을 연구 개발하는 분이다.

　청매실농원 홍쌍리 명인의 일생, 격동의 한국 근대사 속에 꿋꿋이 자신과 가족을 지켜 오며 농촌을 개척 발전시킨 한 여인의 인생승리는 삶 자체가 감동적이다.

　홍쌍리 여사는 1943년 밀양에서 3남 5녀 중 셋째로 태어났다. 집안이 살만했는데도 그 당시에는 아들만을 선호하여 딸은 찬밥신세라 초등학교만 졸업하고 중학교도 못 다녔다. 여자라고 말도 크게 못하게 하고 밥상에 제대로 앉아서 밥도 못 먹었다. 더욱 계집애가 정월에 태어났다고 미움도 많이 받았다. '쌍리' 라는 이름도 처음엔

'상리(相理)'였다. 아버지가 호적에 올리려고 면사무소에 갔는데, 담당 공무원이 "여자 이름인데 쌍둥이 쌍(雙)자가 어떠냐, 부지런하게 두 몫의 일을 하라는 뜻이 더 좋다."고 권해 계집애 이름이 아무려면 어떠냐고 '쌍'으로 바뀌었다.

그녀는 23세 때에 부산에 살다가 기차도 전기도 전화도 없는 다압면 섬진마을로 시집왔다. 도시에 살다가 적막한 산골에 오니 너무 외로워 살수가 없을 것 같았다. 산골에 적응하기도 힘든데 허리가 휘도록 고된 산골살림에 정신이 없던 어느 봄날 마음도 달랠 겸 뒷산을 500m 정도 올라가 봤다. 그곳에서 이슬이 방울방울 맺힌 백합화를 보았는데 그 꽃을 툭 치니 눈물을 흘리듯 물방울이 땅에 떨어졌다.

"외로운 산비탈에 홀로 핀 백합화야 네 신세나 내 신세나 어쩌면 이렇게 같으냐. 그래도 니는 너의 향 때문에 이 산천이 너의 향과 모습을 좋아하지만 나는 사람이 그리워 못살겠다."

그녀는 그렇게 푸념을 하며 매화꽃 향기가 그윽한 길섶에 앉아 하염없이 눈물을 흘렸다. 이때 꽃잎들 속에서 "엄마, 울지 말고 나하고 살아."라고 하는 가냘픈 목소리를 들었다. 마음을 가다듬고 매실을 하나 따들고 문질렀더니 손에 묻은 흙과 때가 말끔히 씻겨나가 매실에 호기심이 갔다. 매실을 만지며 주변을 이리저리 바라보니 앞에는 지리산, 뒤에는 백운산 가운데는 섬진강이 흐르는 이곳이 너무나 아름다웠다. 그 때 언 듯 이런 곳에 정원 같은 아름다운 농원을 만들면 어떨까 하는 생각이 드는 순간 앞의 지리산과 솜이불처럼 포근한 섬진강이 새삼 친숙하게 느껴졌다.

그가 시집 왔을 무렵, 집 뒷산에 밤나무와 매화나무가 5000여 그루의 묘목이 심어져 있었다. 시아버지 김오천 선생이 일본 징용을 갔다가 오면서 과실묘목들을 논밭이 없는 섬진강변 백운산 기슭에 심은 것이다. 그 당시 밤은 1가마를 팔면 쌀 2가마를 살 수 있을 정도의 '돈 되는' 농사였다. 하지만 매화는 시고 떫은 맛이 강해 밤에 비하면 천덕꾸러기 취급을 당했다. 시아버지는 밤농사로 농가 소득을 올렸고 군에서 송덕비도 세워주고 박정희 대통령의 훈장까지 받았다. 그 당시만 해도 그곳은 제일 못사는 면, 논밭이 없고 악산만 있고 땅 값이 제일 싼 면이었는데 어느 정도 살 수 있는 기반을 닦아 놓으신 분이 시아버지이다. 홍 여사가 매실에 관심을 갖게 된 것은 판매하고 남은 매실을 시아버지가 오랫동안 불에 고아 매실고를 만들어 두고 설사나 식중독, 복통을 호소하는 식구들과 마을 사람들에게 나눠주었는데, 효과가 좋아 몇 년째 지켜보면서 '매실에는 뭔가 있다'는 믿음을 갖게 되었다. 그때부터 그녀는 매실에 매력을 느끼고 매실 예찬론자가 되었다.

"도시에서 살던 제가 처음 시댁으로 시집왔을 땐, 농사일이 서툴러 눈물깨나 흘렸지요. 그럴 때마다 제게 위안이 된 것이 매화꽃이었습니다. 강바람에 매화꽃잎이 흩날리면 춘삼월에 눈이 오는 착각을 불러일으킬 만큼 아름답습니다. 꽃이 좋아 마음까지 기대게 되었지요. 그렇게 꽃으로만 만났던 매화였는데, 시아버님을 통해 여러 가지로 유용한 식물임을 알게 됐고, 관심을 갖게 됐습니다."

매실에 매혹돼 있던 새색시 그녀는 시아버지에게 밤나무보다는 매실나무 농사를 짓는 것이 훨씬 앞으로 전망이 있고 좋다고 조르기 시작했다. 매실이 소득과일에서 외면 받고 있던 60년대이니 시아버지는 '돈 되는 밤나무를 베고 돈도 안 되는 매실나무를 왜 심냐' 며 완강히 반대를 했다. 그러나 한번 하기로 결심한 일은 쉽게 포기하지 않는 그녀는 이를 설득하기 위해 시아버지에게 저녁마다 안마도 해드리고 노래도 불러드리며 정성을 다해 설득하고 졸랐다. 매일 밤 시아버지를 졸라 그 노력으로 다음날 몇 그루 밤나무를 베어낼라치면 나무 넘어지는 소리를 듣고 시어머니는 '돈이 되는 밤나무를 베어내고 매화를 심는다' 고 야단을 쳤다. 뿐만 아니라 동네 사람까지 몰려와 타지에서 시집온 고집 센 며느리가 시부모 거역하고 집안 박살낸다고 타박을 했다.

  1968년부터 본격적으로 매실나무를 심고 가꾸던 그녀에게 견디기 어려운 큰 시련이 찾아왔다. 결혼 후 광산 개발에 손을 댄 남편의 사업 실패로 45만 평의 산과 토지가 모두 남의 손에 넘어가고 하루의 끼니를 걱정하는 상황까지 몰렸다. 빚쟁이는 시도 때도 없이 들이닥쳐 빚 독촉을 해대고 돈을 못 받은 빚쟁이들에게 매일 시달림을 당하던 남편은 화병으로 몸져 누었다. 그런 최악의 시기에도 그녀는 빚을 갚고 자신의 아이들에게 밥을 먹여야 한다는 생각으로 악착같이 일하며 살았다.

  그 당시 유일하게 남은 것이라곤 빚쟁이들도 외면한 집 부근의 경사 높은 산뿐이었다. 그녀는 매화동산의 꿈을 꺾지 않고 어린 아들 형제까지 일손으로 부리며 똥지게로 매실나무에 거름을 주면서 지성으로 매화나무를 심고 가꿨다. 자신은 큰 머슴 두 아들은 작은 머슴으로 함께 동네 똥오줌을 퍼 날랐다. 오죽하면 아들들이 '우리 엄마는 계모야' 라고 했겠는가. 아이들에게 정말 미안하였지만 그럴수록 더 독한 마음으로 사랑은 마음에 담아두고 곁으로는 아이들이 더 강한 사람이 되도록 키웠다.

그 어려운 상황에서도 항상 시아버지 말씀을 명심하며 내일을 향해 노력했다.

"빚이 있어도 내 손에 500원이 있고 누가 1000원짜리 땅을 내놓으면 다시 500원을 빚내서라도 땅을 사라"

그녀는 시아버지가 하셨던 말씀에 따라 사람이 못 살 것 같은 돌투성이 산자락을 사서 개발하여 백운산 기슭에 매화나무를 한 그루 한 그루 늘려 나갔다. 산비탈에 매화나무를 심으며 수많은 날들을 눈물로 지새우고 몇 번이나 그곳에서 도망치고 싶었지만, 3월이 되면 희부옇게 피어나는 매화는 그녀의 안쓰러움을 치유해주고 붙들었다.

그녀는 매화가 만발한 산자락을 보며 이 세상 사람들을 정성과 사랑으로 그녀의 품 안으로 찾아올 수 있는 매화동산을 만들기로 마음을 다지곤 하였다. 매화나무를 소득원으로 가꾸겠다는 꿈과 집념을 가지고 매화 밭을 만들기에 정성을 다 쏟은 것이다. 매실로 꼭 성공하겠다는 꿈을 안은 그녀는 돌산을 오르내리며 돌산 기슭의 척박한 땅을 손이 닳도록 일을 했다.

"이 손이 호미가 되고 괭이가 되었어요. 섬진강 물도 나의 눈물보다 더 많지 않을 거예요."

그녀는 산비탈에서 밤나무를 하나하나 베어내고 몸소 앞장서 불도저처럼 일을 하였다. 그런데 심은 매화나무가 폭풍으로 산사태가 나고 나무가 휩쓸려가는 아픔을 여러 번 겪기도 했지만 좌절하지 않고 다시 나무를 심고 또 가꾸는데 온 힘을 다했다.

그녀는 "힘들다 소리 하지마라. 인생에는 고비가 있고 파도가 있어야 재미있지 않겠느냐?"고 스스로를 위안했다.

그녀는 이 세상에 태어나 후회하지 않는 가장 아름다운 농사꾼으로 살겠다는 마음으로 매화나무를 심고 지상천국의 청매실농장을 만들겠다는 일념으로 열정을 다 하였다. 더욱 33년이나 남편의 병수발을 하면서 세 명의 자식 농사와 함께 그 힘든 매실농사를 어느 누구보다 성공적으로 이뤘다.

"저보고 불도저 같다 하지요. 산도 불도저로 밀어붙이면 평야가 되고 옥토가 되듯이, 어려움을 잘 헤쳐 나왔기에 오늘이 가능했다고 생각합니다."

그렇게 정신없이 살면서 고생해서 이룬 청매실 농원에 대해 그녀는 "일생을 바쳤더니 지독한 악산이 천국이 되고 돈보다도 더 소중한 사람들이 많이 찾아와요." "우리 매실 나무 중 내 눈물 안 먹고 자란 나무들은 하나도 없어요. 내 괴로움과 기쁨을 흙이 갚아주었지요. 내 자식들은 바쁘면 찾아오지 않지만, 내 새끼(꽃)들은 눈만 뜨면 아무 조건 없이 나를 좋아하고 반겨주지요. 딸들이 많다 보니 나는 늘 열아홉 살 가시나 같아... 머리에 허연 꽃이 핀들 무슨 상관이야?" 지금도 그녀는 몸뻬바지에 구멍이 숭숭 뚫린 밀짚모자를 쓰고 날마다 밭으로 나선다. 이때는 항상 카메라와 메모지, 전정가위를 휴대한다. '어미와 자식'의 반가운 만남을 위해서다. 꽃이 예쁘게 미소 지으면 서슴없이 카메라에 담고, 삐죽 나온 가지가 불편하다 싶으면 주저 없이 가위를 들이민다.

그녀는 매화뿐만 아니라 향기 가득한 다른 꽃들을 1만 1300그루의 매화나무 아래 상사화 2000여 송이를 심은 것을 비롯해 구절초 4000평, 초롱꽃, 금낭화 등의 꽃 수천 송이를 심었다. 자운영 꽃밭만도 3000평이나 되며, 보리를 만 평 심었다. 진달래, 개 꽃 등 다양한 야생화와 함께 복숭아꽃, 살구꽃, 아기 진달래도 심었다. 매화 밭 6만 평 외에 야생화 밭 3만평을 더 가꾸고 있는 것이다. 지상천국과 같은 아름다운 농원을 만들어 놓았다. 그녀의 개척자 정신과 도전, 창의력이 다압면 섬진마을을 매화마을로 만들고 매화 천국의 부자마을로 일으켜 세우는데 주춧돌 역할을 한 것이다. 홍쌍리 여사의 매화마을에 대한 꿈과 이것을 꾸준히 실천한 집념이 없었다면 다압면 섬진마을은 예나 다름없는 섬진강변의 가난한 농촌마을이었을 것이다. 우리나라는 국토의 70%가 산으로 되어 있어 쓸모없는 땅이라 할 수 있으나, 무엇인가 새로운 꿈과 집념을 가지고 도전하는 자에게는 꿈을 이루는 인간승리가 있다는 것을 홍여사는 몸소 본보기가 되었다. 섬진강변의 척박한 땅에 매화꽃나무를 심고 가꾸어 관광소득과 농가소득을 올리는 홍쌍리 여사의 인간승리 선구자정신을 본받아 주변사람들이 감동하여 따르게 되었다. 주변 마을 사람들도 매실이 소득자원이 되면서 부지런히 매실나무를 심고 가꾸어 오늘날 다압면 섬진마을은 전국에서 유명한 매화꽃마을의 브랜드를 갖게 되었으며 잘 사는 마을이 되었다. 섬진강이 한눈에 내려다보이는 다압마을 500여 농가에서 한해 1,200t의 매실을 생산한다. 광양매실이 전국 매실의 절반을 차지하는 것이다. 그래서 지금은 이 면에 와서 돈 자랑하면 안 될 정도로 이곳은 부유하게 잘사는 마을이 되었다. '청매실농원'은 오래전부터 남녀노소 없이 전국에서 찾아오는 사람들의 발길이 연중 끊이질 않는다. 특히 봄에 매화축제가 열릴 때는 매화마을과 섬진강 일대가 인산인해를 이루며 한해 150만 명의 관광객이 다녀간다고 한다.

홍 여사는 이 세상에서 가장 존경하고 위대하게 생각하는 분이 시아버지이다. 시아버지께서 88년도에 돌아가셨는데 산소도 집 가까이에 모셨다. 남편이나 자식에게도 못하는 말을 낮에는 사람들이 많이 왕래하여 밤에 산소에 가서 시아버지께 고하고 위안을 받으며 용기를 얻는다고 한다. 육신은 안게시지만 영혼은 함께 한다고 생각한다. 산소이지만 시아버지를 뵙고 오면 다시 힘을 얻어 희망을 향해 열심히 일할 수 있다고 한다.

홍여사가 가장 싫어하는 말은 '인생은 빈손으로 왔다가 빈손으로 가는 것'이라는 말이다. 그녀는 '일하기 싫으면 먹지도 말라고 하며 게으른 병은 약도 없다'고 질타한다. 이 세상에 태어났으면 무엇인가 남겨 놓고 가야하며 그 사람이 죽더라도 언제나 그리움이 남고 언제나 생각나는 사람으로 살아야 함을 강조한다. 육신은 없어졌어도 매화를 보면 홍쌍리가 생각나고 보고 싶게 무엇인가 남는 사람으로 살고 싶다고 한다. 뿌리가 있는 꽃은 매년 다시 피어 사람들을 기쁘게 하듯이 자신도 그리움이 남는 꽃처럼 살고 싶다고 한다.

홍 여사는 농사꾼이 최고라고 생각한다. '흙의 주인은 백만장자가 부럽지 않다. 만화방창 흐드러지는 매화꽃이 귀여운 딸이요, 거기에 열리는 튼실한 매실은 효성 지극한 아들이다. 여기에 하늘에서 내려준 아침 이슬조차 소중한 보석인데 무엇이 더 부러울까.'라며 매실

농사를 자랑스러워하고 있다.

그녀는 젊었을 때 수술을 두 번이나 받고 38살에 루마치스로 2년 7개월간 지팡이를 집고 다니고 교통사고로 7년 동안 몸이 굽는 불편한 생활을 하기도 했다. 당시 의사는 살면 천명(天命)이고 죽으면 자기 명(命)이라고 했다. 가까스로 살아난 이후, 홍 여사는 고기를 입에 대본 적이 없다. 김치 국물 하나라도 약(藥)이 되는 것을 만들어 먹는다는 홍 여사는 매실 농사 외에도 콩 5,000평, 배추 3,500포기를 직접 재배한다. 도시민들은 벌레 있는 배추를 싫어할지 모르지만, 농약 안친 배추에서 시퍼런 벌레가 나오는 그런 채소를 먹는다.

"관절염 앓던 시절, 밥도 못하고, 머리도 못 감고, 목욕도 못했지. 어디 한 군데 안 아픈 마디가 없었으니까. 비가 오면 더 죽겠고…. 당시 체중이 75kg이나 나갔는데, 단식해서 뱃속 청소를 하고 나니 지금 몸무게 55kg이 되었어. 독하게 매일 쑥뜸을 뜨고, 매실을 먹으면서 2년 7개월 만에 다 이겨냈지. 온 동네에 나 독하다고 소문났으니까."

그녀는 오토바이 사고가 난 후에는 누워서 대소변을 받아낸 적도 있었다. 이러한 시간을 거치며 자연스럽게 밥상에 관심을 갖게 되었다. 자연요법으로 유명하다는 일본, 인도 등을 여러 차례 방문하면서 진리를 깨달았다.

"나는 38년째 고기를 안 먹는다. 그래도 산에 올라갈 때 나 따라올 사람 아무도 없지. 도시 사람들은 입에서 녹는 것만 좋아하는데, 암도 낫게 해준다는 현미처럼 거칠거칠하고 딱딱한 음식을 먹어야 건강해지는 거지. 우리 예전에 먹던 음식으로 말이야. 신선한 채소는 꺾었을 때 질긴 섬유질이 드러나고, 뽑아서 내려오면 2분도 안 돼서 시들거든. 벌레 먹은 거, 시들시들한 거를 먹어야 해."

그녀는 옛 사람들의 식단으로 돌아가야 약상이 된다면서 농약을 치지 않는 유기농법을 고집하며 옛날식 먹거리를 먹고 부터 몸도 건강, 마음도 건강해 졌다고 한다. 그녀의 허리는 굽은 듯 하지만 얼굴만큼은 50대다. 비결은 "밥상보다 더 좋은 예방주사는 없다."며 "사람들은 날마다 옷을 갈아입고 목욕을 하는데 왜 뱃속은 씻겨주지 않느냐."고 반문한다. "매실을 으깨어 그릇을 닦으면 뽀송뽀송해져. 그렇듯 기름진 음식을 먹고 나서 매실을 먹으면 뱃속의 기름기를 잘 씻어주지."라며 매실이 '물 해독', '피 해독', '음식 해독' 등 세 가지 해독작용을 한다고 강조한다.

섬진강이 바로 바라보이는 언덕 마당에는 매실농가의 상징인 매실 독 2500여개가 장관을 이루며 놓여있다. 장독에는 매실된장, 매실 고추장, 장아찌 등이 햇볕의 사랑 아래 익어가고 있다. 매실 명인으로 널리 알려진 홍 여사는 자연건강법의 전도사이기도 하다. 오랜 세월 이런저런 병으로 고생해 온 그녀는 조상들의 지혜가 담긴 토종 밥상과 매실요법, 각종 자연요법을 결합한 나름의 건강법이 최고 명약임을 역설한다.. 그녀는 자신의 건강을 위하여 20여 년 간 자연 건강법 전문가들에게 배우고, 이를 직접 실천하면서 스스로 깨달은 바를 더한 자연 건강법의 지혜로 일궈온 먹을거리를 지금도 계속 연구 개발하고 있다. 음식으로 못 고치는 병은 의사도 고치지 못함을 강조한다.

"우리 집 음식은 모두 소금, 간장 그리고 된장만으로 맛을 내. 설탕이나 조미료는 일체 들어가지 않아. 소금은 5년 되면 단맛을 내고, 간장은 10년 되면 사탕이 되지." 홍 여사의 식탁에서 빠질 수 없는 음식은 새콤달콤한 매실장아찌다. 매실의 풍부한 과육은 씹는 맛이 그만이다. 그녀는 밭에서 직접 따온 상추와 깻잎에 밥과 된장을 충분히 얹어 먹는다.

"나는 매일 이렇게 먹어. 사람들이 매실 농장 주인이니 얼마나 잘 먹을까 하지만 나는 고기 한 점 없이 이렇게 내가 밭에서 키운 채소들로 반찬을 해 먹지. 장에 가는 건 직원들 고기 사러 갈 때뿐이야. 손님이 와도 달라지는 건 없어. 그래도 내 밥을 먹고 간 사람들은 이게 그리워서 또 온다오."

"흙이 죽으면 사람도 죽지. 흙 살고, 풀 살고, 인간이 사는 '약상'인 밥상을 차려야 해. 그렇지 않으면 우리 새끼들까지 다 망가지는 거야."

매실의 효능은 해독작용과 변비 억제, 간 보호 등의 효능을 꼽을 수 있다. 독성 물질을 분해하는 성분이 들어 있기 때문에 음식에 매실을 넣으면 식중독이나 배탈을 예방하는 데 효과적이다. 또 매실에는 장 안에 나쁜 균의 번식을 억제하고 장내 살균성을 높이는 성분이 들어 있어 장의 염증과 발효를 막고, 장의 연동운동을 활발하게 한다.

홍 여사는 젊은이들에게 말한다. 첫째 2등 인생 되지 말라. 전쟁에는 2등이 없다. 전쟁에서 2등하면 나라를 뺏긴다. 1등을 하도록 노력해야 일등에 가깝게 살 수 있다. 둘째 자격증을 많이 따지 말라. 한 가지 자격증이라도 제대로 살려 전문가가 돼야한다. 셋째 적당한 파도를 넘어봐라. 세상살이가 그렇게 순탄하지만은 않다. 역경을 극복해 봐야 겁나고 무섭고 두려움이 없는 것이다.

 각 분야에서 인생역전에 성공한 위대한 인물들은 고난과 불행을 불운으로 생각하지 않고 남다른 도전과 열정의 노력으로 성공의 꽃을 피운 공통점이 있다. 홍 여사 역시 오로지 맨손으로, 자신의 의지로 무에서 유를 창조한 인간승리를 한 존경의 념을 갖게 하는 분이다.
 홍 여사는 몇 년 전 남편과 사별하였고 슬하에는 2남 1녀를 두었는데 장남은 매실농원의 후계자로 일하고 있고, 둘째 아들은 고등학교 교사로 있다.
 홍쌍리 여사는 새 농민상 수상(96년), 전통식품 명인지정(97년), 가공식품부문에서 대통령상과 석탑산업훈장 포장(98년), 신지식 농업인선정(99년) 등 그 외 여러 상을 받았다. 홍 여사는 〈매실해독 건강법〉〈매실 미용건강 이야기〉〈매실 아지매 어디서 그리 힘이 나능교〉〈밥상이 약상이라 했제〉의 저서가 있다.

긍정이 걸작을 만든 도전하는 승부사
윤 석 금 - 웅진그룹 회장

　　　　　　윤석금 웅진그룹 회장은 남다른 아이디어 와 돌파력으로 사업을 일군 도전하는 승부사이다. 1980년대 이후 창업자로는 유일하게 자수성가로 재벌기업을 만든 분으로 세일즈맨들 사이에서 신화적인 존재로 일컫는다. 7명의 직원으로 시작한 웅진을 현재 직원 4만 8천명, 14개 계열사, 매출 5조 2000억 원에 자산 기준 재계 30위권에 이르게 성장시킨 윤 회장은 창업 CEO의 선두주자로 유명하다.

　　윤석금 회장은 1945년 충남 공주 유구읍 만천리의 가난한 농가에서 9남매의 장남으로 태어났다. 동생이 여덟이나 되는 대 가족에 4대째 농사를 짓고 있지만 농사거리가 적어 끼니를 거를 정도로 어려워 세 끼 쌀밥 먹어 보는 게 간절한 꿈이었다. 중학교 졸업 후 가정형편으로 학업을 중단하기도 했다. 학창시절 돈을 잘 벌려면 상업학교를 다녀야한다고 생각하여 강경상고에 입학했다. 학비와 생활비는 각종 아르바이트로 충당하였다.

고등학교를 졸업하고 가족의 생계를 위해 그는 1965년 서울에 올라와 창경원(지금의 창경궁)에서 사진사를 하였다. 당시 동물원이 있던 창경원은 서울의 관광 명소였다. 이곳에서 그는 고물 사진기를 들고 관람객들의 사진을 찍어 팔았다. 창경원에는 많은 사진사들이 고객 유치를 위해 서로 경쟁을 벌였다. 그는 그들과 다르게 해야 한다는 생각에 무작정 관광 온 사람들의 스냅 사진을 찍어서 화판에 붙이고 다니면서 그들이 사진을 사도록 만들었다. 이처럼 그는 남들과는 다른 생각으로 새로운 길을 모색하고 노력한 것이 훗날 세일즈로 성공할 수 있었던 좋은 경험으로 도움이 되었다.

그는 어려운 가운데서도 고학으로 건국대 경제과를 졸업하고 음료 대리점을 시작했으나 자본 부족으로 1년 만에 문을 닫았다. 사업 실패한 후 힘든 나날을 보내다 1971년 어느 날 우연히 세일즈맨 모집광고를 보고 찾아간 곳이 브리태니커 한국지사였다. 매니저와 면담 후 사무실에서 잠시 기다리고 있는데 훤하게 잘생긴 청년이 눈에 띄었다. 그 청년과 대화 중 그는 영어도 잘하고 입사한 지 보름 정도 된 친구였는데 그동안 '한 세트도 못 팔았다' 는 것을 알게 되었다.

'나는 충청도 촌놈에 영어 실력도 없으니 더 이상 기대할 것이 없겠구나….' 하고 서둘러 하숙집으로 발길을 옮겼다. 그런데 마음이 편치 않았다. 고민 끝에 다시 한 번 사무실을 찾았다. 사무실에 앉아 있는데 직원 한 명이 매니저와 말하는데 '오늘은 두 세트 밖에 못 팔았습니다.' 라고 하는 것이었다. 순간 귀가 번쩍 뜨였다. 당시 브리태니커 사전은 무려 27만 원으로 한 세트를 팔면 양복 한 벌 값 정도가 세일즈맨에게 수당으로 떨어졌다. 마음에 불이 일었다.

'이제 나의 목표는 브리태니커 사전을 가장 많이 파는 사람이다' 라고 결심했다. 세일즈 업무는 그의 숨은 재능을 맘껏 발산할 수 있었던 천직이 되었다.

출장을 다닐 때면 언제나 여관비와 이발비 그리고 이튿날 아침을 먹을 수 있는 최소한의 돈만 준비했다. 출장지에서 계약을 하지 못한다면 그냥 굶겠다는 각오였다.

그는 열심히 뛰어다니며 노력하여 전국 판매인 500명의 세일즈맨 가운데 1위를 놓치지 않았다. 입사 1년 만에 브리태니커 미국 본사에서 54개국 세일즈맨 중 최고 실적을 올린 이에게 주는 벤튼상을 수상하기도 했다.

그도 세일즈를 하면서 영업이 항상 잘 된 것은 아니고 수많은 실패를 겪기도 했다. 젊은 사람에게서 모욕적인 말을 듣고 자존심을 크게 다친 적도 있고, 나이 들은 사람에게 모욕을 당하고 눈물을 감추었던 적도 많았다. 노골적으로 불쾌감을 드러내는 이도 많았지만 그럴수록 더 단단한 마음으로 판매에 임했고 어떤 수모에도 결코 포기하지 않았다.

그는 '경쟁에서 나만 힘든 것이 아니라, 다른 사람도 힘들겠지. 다른 사람도 이겨내는 데 내가 못할게 없다' 는 생각을 하면서 이겨냈다. 긍정적인 사고에 더해서 느낀 하나는 협상력이 참 중요함을 깨달았다. 물건을 팔 때 처음부터 사겠다는 사람은 거의 없었다. 하지만 설득해서 점점 마음을 열어서 그 물건을 가지고 싶은 충동을 만들게 핵심 요지를 잘 설명하는 대화가 중요함을 알고 많은 노력을 했다.

사실 처음엔 세일즈가 어색하고 설명도 잘 못하였다. 그러나 이왕 시작한 것 제대로 해 보겠다고 결심하고 요령 있게 할 수 있는 일종의 매뉴얼을 만들어 숙달될 때까지 반복 연습을 했다. 동시에 매일 30분씩 거울 앞에 서서 신뢰감을 줄 수 있는 얼굴을 만들기 위해 수도 없이 표정 짓기를 연습했다. 몇 달 하고 나니 자연스럽게 자신의 얼굴에 밝은 인상이 생겨나고 자신감이 생겼다. 그러고 나니 신기하게도 그때부터 물건도 잘 팔려나갔다.

처음에는 자신감이 없던 그가 일을 하면 할수록 소극적이던 자신이 변화하고 있다는 것을 느꼈다. 그 일에 적응하기 위해 노력하고 있는 자신의 모습에 스스로도 놀라웠다. 고객을 설득하면서 그는 인내심과 끈기를 지닌 사람으로 탈바꿈하고 있었다. 이 같은 발군의 실력으로 그는 초고속으로 승진해 입사 10년도 안 돼 상무 까지 되었다.

젊은 시절의 직업은 그를 '앞으로 어떤 어려움이 닥쳐도 세상에 극복하지 못할 어려움은 없다'고 믿는 강인한 사람으로 단련시켰다. 그리고 '언제나 잘할 수 있다, 모두 다 잘될 것' 이라는 자신감과 긍정적인 생각을 지닌 사람으로 만들어 주었다. 고생스런 사회 초년병 시절 눈물을 감추고 꿈을 키웠던 결과이다.

세일즈맨 경험은 윤석금 자신의 인생관도 바꿔놓았다.

"이전에는 제 처지를 비관하며 부정적인 생각을 많이 했었는데 세일즈를 하면서 제 자신부터 180도로 바뀌었습니다. 긍정적인 생각을 갖고 밝은 얼굴로 고객을 만나야 책을 팔 수 있게 되다 보니 스스로 긍정적인 인간이 되기 시작했습니다."

더운 날 땀이 뻘뻘 나면 그는 '내 몸 안의 노폐물이 다 빠지고 있으니 얼마나 좋아' 라고 생각한다고 한다. 그는 자신이 세일즈맨 출신임을 자랑스러워하고 있다.

이때 이화여대생이었던 부인 김향숙 여사도 만나 결혼하였다. 결혼 후 윤 회장은 브리태니커에서의 탄탄대로를 뒤로 하고 창업을 꿈꾸기 시작했다. 판매뿐 아니라 제작과 디자인 등 출판의 전 과정을 스스로 체험해보고 싶었다. 회사에서는 비상이 걸렸다. 판매의 귀재인 그를 잃고 회사의 미래를 장담할 수 없었기 때문이다. 그는 주변의 억센 만류를 뿌리치고 자신의 사업을 위해 퇴직하였다.

1980년 4월 1일 남대문로 대우빌딩 12층에 작은 사무실을 얻어 7명의 사원과 함께 도서출판 헤임인터내셔널을 출범시켰다. 백과사전 세일즈 경험은 기업을 일구게 된 기초가 됐으며 그가 기업을 경영하는 데 큰 도움이 됐다. '헤임인터내셔널' 이 '웅진출판' 으로 이름을 바꾸면서 법인 초기 설립자금이 7000만원이었다.

그는 무슨 일이든 사람을 잘 채용하는 것이 제일 중요했으므로 좋은 책을 만들 능력 있는 사람을 찾기 위해 서울대에 가서 학생들 중에 괜찮은 사람을 추천해 달라고 하였다. 학생 운동에 가담해 퇴학당한 학생들이 몇 명 있다고 하여 그들을 채용했다. 졸업장이 없어 취업이 어려웠던 그들은 일터가 생기자 아주 열심히 일했고, 덕분에 회사는 양질의 책들을 내놓을 수 있었다. 일할 기회가 주어진 그들은 자신이 가진 능력을 마음껏 발휘했다. 회사 입장에서나 그들 개인에게나 분명 좋은 기회였다. 첫 상품은 일본에서 인기를 끌고 있던 영어회화 교재 '메슬', 영어회화가 녹음된 테이프를 수입한 뒤 한글판 해설서를 덧붙여 냈다. '메슬'은 한 세트가 55만원에 이르는 고가품이었지만 세련된 편집과 내용으로 불티나게 팔렸다.

그해 7월 또 한 번의 기회가 찾아왔다. 국가보위비상대책위원회가 과외금지 조치를 단행했다. 윤 회장은 '과외가 금지되니 집에서 공부할 수 있는 학습 테이프를 만들면 어떨까?' 라는 아이디어를 갖고 곧 제작에 돌입했다. 이 상품이 과외금지 조치 속에서 고교 학습 참고서의 대명사가 된 '혜임 고교학습' 이었다. 발매 당시 판매가 부진하자 윤 회장은 과감하게 일간지에 전면 컬러 광고까지 냈다. 당시 전면 컬러 광고는 재벌 대기업이 아니면 꿈도 못 꾸던 형편이었다.

또한 판매방식을 바꿨다. 사용자인 학생들이 낮에는 다 학교에서 공부하고 있었고, 부모님들만 상대로 판매를 한다는 것은 한계가 있었다. 고등학생쯤 되면 학생의 의견을 듣지 않고는 부모가 제품을 사지 않아 밤에 학생과 부모가 다 집에 있을 때 세일즈를 하였다. 낮에는 세일즈맨이 놀고, 밤부터 세일즈를 시작한 것이다.

'혜임 고교학습'의 성공으로 사업 기반을 잡은 윤 회장은 평생의 꿈이었던 아동 전집물 개발에 착수했다. 회사이름도 '웅진'으로 바꿨다. 윤 회장의 고향인 공주의 옛 이름이기도 하고 진취적이고 웅장하다는 느낌이 들어 개명했다고 한다.

아동도서사업은 '웅진'에 공전의 히트를 가져다주었다. 84년 총 제작비 8억 원이 투입돼 36권으로 완간된 '어린이마을'은 출판사상 전무후무한 700여만 권, 450억 원의 판매액을 기록했다.

언론에서는 '교과서로 사용해도 좋을 도서' 라는 찬사를 보냈다. 당시 외국동화를 번안하거나 카피한 책만 떠돌던 한국에서 고유의 생태와 문화자연을 담은 '어린이마을'의 출간은 한국의 출판사를 뒤흔든 '역사적 사건'으로 회자되었다.

또 어느 날 신문을 보니까 월간 잡지 1년 정기구독료를 선불을 받는 것이었다. 그래서 그가 생각해 낸 것이 학습지를 만들어서 1년 선불을 받기로 결정했다. 지금말로 하면 창조경영이라고 할 수 있다. 다른 학습지와 완전히 차별화 시키는 전략을 사용했다. '기존 학습지를 능가하는 학습지를 만들면 승산이 있다'고 판단, 한국 최초로 고비용의 올 컬러 학습지를 만드는 모험을 감행하였다. 당시 다른 학습지들이 한 페이지 당 사진과 그림 비용으로 5000~1만 원을 들였다면 그는 3만~15만 원의 개발비를 투자했다. 품질의 고급화와 차별화 때문이었다. 그렇게 만든 것이 바로 〈웅진 아이큐〉다. 위험이 높았지만 반응은 엄청났다. 불과 1년 만에 정기 구독자가 42만 명을 돌파했다. 이런 발상의 전환으로 기업발전의 기틀을 세울 수 있었다.

출판 사업이 탄탄한 성공 가도를 달려온 것은 모든 책의 기획 개발 단계에서부터 철저하게 차별화 전략을 썼기 때문이다. 화려한 색감, 일러스트 등 고객들의 작은 마음 씀씀이까지 읽어내어 경쟁 상대와 차별 점을 모색한 것이다. 그런 것을 소중히 살려나가는 일은 정말 중요하였다. 작은 상점이라도 장사가 잘되는 곳은 상품 진열 방법이나 손님을 대하는 태도 등 다른 상점과 무언가가 분명 차이가 있어 경쟁에서 우위를 차지하는 것과 마찬가지이다.

창립 7년 만에 출판업계 1위를 달성하게 만든 '웅진아이큐' 덕분에 160억 정도의 선금으로 여유자금을 확보했다. 구독자에겐 매달 지금까지 나온 학습지와 차별화를 시켜 한 달에 한 권씩 알찬 학습

내용을 보내주어 인기를 얻었다.

이 자금은 사업을 확장하는 데 큰 바탕이 되었다. 웅진식품, 웅진코웨이 등으로 확장되었다. 세일즈맨으로 출발해서 출판, 음료 및 정수기 분야에서 중견 기업으로 자리 매김한 윤 회장은 역경이란 성공에 이르기 위해 치러야 하는 시험과목임을 잘 아는 경영자다. 사실 이 땅에 크나큰 업적을 남긴 사람이거나, 또는 오늘날 성공적인 삶을 사는 많은 이들은 역경에 대해 열린 마음을 갖고 있다.

웅진식품 역시 초기 적자로 허덕이고 있을 때 부장 한 명이 음료사업을 되살리겠다고 해서 그를 사장으로 파격적인 승진을 시켰다. 그는 민간에서 전통적으로 만들어온 마실 거리에서 착안해 쌀뜨물 같은 음료를 개발해 "아침 햇살"이라는 이름으로, 또 매실로 만든 "초록매실"을 개발하고 '가을대추' '하늘보리' 등 새로운 카테고리의 음료 시장을 발굴해 마케팅을 실시한 결과 공급이 수요를 따라 가지 못할 정도로 히트를 쳐 회생 가능성이 없던 웅진식품을 업계 3위로 올려놓았다. 지금의 통합 브랜드 "자연은"까지 네이밍으로 인한 매출효과도 상당하다.

IMF 때 웅진그룹도 여러 모로 어려움에 직면했다. 특히 정수기 사업부문인 웅진코웨이개발의 경우, 정수기가 고가인 탓에 거의 판매가 되지 않아 큰 어려움에 직면했다. 매월 수 십 억의 적자가 발생했으며, 판매원들의 사기는 꺾일 대로 꺾였다.

그는 '위기의 순간에는 늘 기회가 존재한다' 라는 평소의 신념을 가지고 있었고, 평소의 신념대로 지금까지의 사고방식을 바꾸는 발상의 전환을 시도했다.

윤 회장은, 어차피 팔리지 않을 거라면 빌려주는 것은 어떨까 생각했으며, 업계 최초로 정수기 임대(rental) 사업을 시작했다. 결과는 대성공이었다. 웅진코웨이개발은 어려운 시기에도 불구하고 성장했으며, 오늘날 웅진그룹의 효자 기업이 되었다. 전화위복이었다. 실제 1999년 6610억 원이던 웅진의 매출은 이 같은 임대 영업기법에 힘입어 불과 1년 만에 1조1200억 원으로 두 배 가까이 성장했다. IMF가 웅진그룹에는 '블루오션'을 열어준 셈이 됐다. 정수기 임대제를 도입한 것 모두 실천하는 긍정이 없었다면 불가능한 일이었다. 그는 고객을 방문하는 '웅진 코디'가 곧 웅진이라고 생각해 인사법, 표정, 화장법, 언어 구사까지 심혈을 기울여 교육시킨 것으로 알려져 있다. 웅진그룹이 크게 성장 한 뿌리는 투명경영, 창조경영, 혁신경영의 3가지 원인들이다. 투명경영은 신뢰를 만들고 '또또사랑'을 실행하는 것이고. 창조경영은 아이디어를 통해서 지속적인 성장을 추구하기 위한 모태이고. 혁신경영은 혁신적인 분위기를 유지해서 기업의 운영에 불필요한 요소를 줄이고 생산성을 높이는 것이다. 즉 웅진의 '상상오션'과 같은 것들을 실행할 수 있는 분위기와 통로를 만드는 것이다.

'또또사랑'이란 윤 회장이 처음 사업을 시작했을 때 돈도 없고, 브랜드도 없는 상태에서 직원들이 어떻게 하면 신이 나게 일 할 수 있을까를 고민한 끝에 경영정신을 올해도 사랑하고 내년에도 사랑하고, 또 사랑하며 경영하자는 뜻으로 정한 것이다.

'직원들 스스로 신이 나서 즐겁게 일하도록 만드는 것'이 사업에 성공하는 길이라고 생각하여, 자신이 하고 있는 일을 사랑하는 기업

문화를 만들어갔다. 이것이 웅진의 신기(神氣)문화다.'

　윤 회장은 웅진그룹의 성공 비결은 적극적인 자세라 한다."나는 매사에 적극적입니다. 적극적인 사람은 그 얼굴이나 행동에서 힘을 느낄 수 있습니다. 무엇을 이루는 사람은 대부분 적극적인 사람이죠. 이런 적극적인 성격이 나의 경쟁력이 됐고, 내가 거둔 성공의 밑바탕이 됐습니다. 또 적극적이다 보니 자연히 긍정적이 됐죠." 윤 회장은 자신의 책 '긍정이 걸작을 만든다'에서 창의적인 아이디어가 사업의 성공으로 이어지는 세 가지 조건을 소개하고 있다. 첫째, 창의적인 아이디어를 뒷받침해 줄 강력한 실천이 뒤따라야 한다. 정수기 임대에 대한 아이디어는 그가 떠올렸지만 코디 제도 같은 강력한 실행방안으로 이를 뒷받침한 것은 웅진코웨이의 실행 팀이었다. 둘째, 모방도 창의적인 아이디어를 현실화하는 좋은 방법이다. 단 모방이 기존의 것을 뛰어넘을 때 비로소 창의적인 생각이 실현된 것으로 평가할 수 있다. 경영의 신으로 추앙받는 파나소닉의 창업주 마쓰시타 고노스케가 꼭 그랬다. 기존 제품의 좋은 점을 살리고 거기에 자신의 반짝이는 아이디어를 얹어 사용자의 편의성과 제품의 효용성을 높였고, 이런 부가적인 아이디어가 고객 만족을 끌어냈다. 셋째, 창의적인 아이디어를 현실과 접목시키려면 발로 뛰어 정보를 축적하라. 그는 창업 초기 해외 출장을 가면 하루 종일 서점에서 시간을 보냈다. 베스트셀러를 살피면서 소비자의 성향을 파악했고 점원과의 대화를 통해 그 책들이 잘나가는 이유 즉 마케팅 정보를 수집했다.

윤석금 회장의 신조

＊나는 나의 능력을 믿으며 어떠한 어려움이나 고난도 이겨낼 수 있으며 항상 배우는 자세로 더 큰 사람이 될 것이다.

＊나는 늘 시작하는 사람으로 새롭게 임할 것이며 나는 끈기 있는 사람으로 끝까지 성공시킬 것이다.

＊나는 항상 의욕이 넘치는 사람으로 나의 행동과 언어 그리고 표정을 밝게 할 것이다.

＊나는 긍정적인 사람으로 마음이 병들지 않을 것으로 남을 미워하거나 시기 질투하지 않을 것이다.

＊나는 나이가 몇 살이든 스무 살의 젊음을 유지할 것이며, 세상에서 태어나 한 가지 분야에서 전문가가 돼 나라에 보탬이 될 것이다.

＊나는 정신과 육체를 깨끗이 할 것이며 나의 잘못을 고치는 사람이 될 것이다.

＊나는 나의 신조를 매일 반복해 실천할 것이다.

윤 회장의 삶 전체에는 긍정이 흐른다. 그는 '긍정은 어려움에 처하더라도 그것을 헤쳐 나가겠다는 의지를 갖는 것, 할 수 있다는 자신감을 갖는 것'이라고 말한다. 창의와 열정도 긍정적인 생각에서 시작된다는 것이 그의 지론이다. 그래서 매일 아침 거울을 보며 스스로에게 자신감을 주고 열정을 다짐하는 일을 30년 넘게 지속하고 있다. 윤 회장은 기업을 일구어낸 과정을 재미있고 솔직하게 풀어내는 명강사로도 유명하다. 그의 강의는 장안에 화제가 되어 정부기관, 기업, 대학에서 강의 요청이 쇄도하고 있다.

윤석금 회장은 1980년 웅진씽크빅 설립 후 웅진식품, 웅진코웨이, 웅진에너지, 극동건설 인수, 웅진케미칼 인수, 웅진폴리실리콘 설립 지금도 새로운 일에 도전하고, 더 나은 미래를 위한 꿈꾸기를 계속한다. 환경 경영을 통해 웅진그룹을 세계 최고의 환경기업으로 성장시키겠다는 꿈을 펼쳐가고 있다. 최근에는 미술을 공부하며 아름다움을 보는 눈과 따뜻한 감성을 키워가고 있다.

윤석금 회장은 서울시 문화상(출판 부문) 수상, 보관문화훈장 수훈, 한국의 경영자상 수상, 이웃사랑 유공자 국민훈장 포장 수상, 언스트앤영 최우수기업가상 소비재부문상, 지속가능경영대상 대통령 표창, 매경이코노미 선정 '한국의 경영대가'에서 기업가 중 1위를 차지했고, 최근 영국 선데이타임스에서 발표한 친환경인사 69위에 이름을 올렸다. 서울과학종합대학원대학교 명예박사이기도 하다.

사랑, 긍정, 꿈, 열정, 적극성의 대명사인 윤석금 회장의 경영 인생 30년은 열정을 불태우며 성장을 거듭해온 한 개인의 역사인 동시에 웅진이라는 기업의 역사이기도 하다. 긍정적인 자세로 새로운 것에 도전하고, 꿈을 실현해내는 그 만의 업무 추진 노하우, 위기 속에서 기회를 찾는 승부사로서의 면모를 유감없이 발휘한 윤 회장의 일과 인생의 행로는 우리에게 성공인생을 잘 안내하고 있다.

IT로 자수성가한 자선사업가
김 윤 종 - SKY글로벌회장

'가난에서 벗어나고 싶다'는 일념으로 혈혈단신 미국으로 건너간 청년이 IT 업계에서 아메리칸 드림을 이뤄 아시아의 빌 게이츠가 된 성공신화의 주인공, 도미 20년 만에 아시안계 최고의 억만장자가 되어 30년 만에 한국으로 돌아와 나눔의 정신을 실현하는 자선사업가 그가 바로 김윤종(스티븐 김)회장이다.

김윤종 회장은 1949년 서울에서 태어났으며 어린 시절 아버지의 사업 실패로 셋방살이를 전전하며 적지 않은 고생을 해야 했다. 서강대 전자공학과를 아르바이트를 하며 어렵게 다녔다. 졸업 후 더 큰 기회와 도전을 위해 1976년 2천 달러를 어렵게 모아 미국으로 건너갔다. 그가 미국에 가서 가장 먼저 한 것은 칼스테이트 LA 야간대학교 컴퓨터통신학과 입학이었다. 돈이 없었기 때문에 낮에는 자동차 부품업체에서 하루 8시간씩 서서 일하고 밤에는 공부를 하며 3년 만에 석사 과정을 마쳤다.

"대학원 졸업하면 미국에서 중산층으로 살아갈 수 있다는 꿈을 갖고 열심히 일하고 공부했습니다. 지금 생각하면 공부하기 어려운 환경이었기 때문에 더 집중하며 열심히 했던 것 같습니다."

그는 졸업 후 대기업 엔지니어로 취직했다. 엔지니어만 1천 명이 넘는 큰 회사였다. 그는 그곳에 가면 새로운 것도 많이 배우며 기회가 더 많을 것이라고 생각했다. 하지만 그것은 착각이었다. 아무도 그를 눈여겨보거나, 관심 갖지 않았다. 심지어 그가 맡은 일이 끝나도 일거리를 주지 않았다. 알고 보니 엔지니어를 고용하면 국가에서 지원금이 나왔기 때문에 그와 같은 엔지니어를 많이 고용한 것이었다. 대기업에서 자신이 하나의 부속품에 불과하다는 것을 깨달은 그는 과감하게 중소기업으로 자리를 옮겼다.

"중소기업으로 자리를 옮기자마자 저를 책임연구원으로 앉히고는 완제품을 만들도록 시키더라고요. 그래서 공장도 다니고 제품 설명을 위해 영업점도 다니며 회사가 어떻게 돌아가는지, 시장이 어떤 것을 필요로 하는지 배웠습니다. 대기업에 비해 일은 훨씬 많았지만 제가 할 수 있는 일이 많다 보니 의욕이 앞서 열정을 가지고 열심히 일했습니다."

중소기업에서 회사를 키우는 데 공을 세워 연봉이 두 배로 올랐다. 그는 거기서 안주하지 않고 친구 집 차고를 빌려 광섬유 네트워킹 업체인 파이버먹스(Fibermux)를 창업했다. 직원 한 명 없이 혼자서 1인 10역을 해냈다.

"1984년 3명의 투자자들로부터 십만 달러를 투자 받고는 혼자 차고에서 시제품 개발을 시작했습니다. 그렇게 1년이 지나자 드디어 시제품은 완성됐습니다. 투자를 더 받아야겠는데 어디에 손을 벌여야 하는 건지 모르겠더라고요. 그때 떠오른 사람이 전에 일하던 중소기업의 전문경영인 사장이었습니다." 자신의 전 사장에게 가서 자신의 시제품을 보여주며 조언을 구했다. 시제품에 관심을 보인 그에게 마케팅과 영업을 부탁하며 회사 지분의 20%를 주겠다는 조건으로 그를 영입했다. 경영을 해본 인물이 합류하면서 회사는 일사천리로 뻗어나갔다. 그래도 결코 쉽지는 않은 과정이었다. "투자 받는 게 얼마나 힘든 일인지 그때 많이 깨달았습니다. 제가 어디 가서 투자 설명이라도 하면 다들 일본인이냐고 했어요. 한국이란 나라를 잘 몰랐죠. 알려진 거라곤 영양탕이니, 남한이니 북한이니 이런 부분만 알려져 있었거든요. 그렇게 잘 알지도 못하는 아시아인이 투자하라고 하니 결정하기 어려운 것이 당연했죠. 어떻게든 잘 해낼 거라는 열정을 보이는 수밖에 없었죠. 노력 끝에 30명에게 30만 달러의 투자를 받아내는 데 성공했습니다."

그는 자신의 제품이 완성되자 먼저 NASA 연구소를 찾아가서 제품을 소개하고 테스트를 받기로 했다. 그 후 2주 만에 10만 달러의 주문이 들어왔다. 생산 단가가 10분의 1에 불과했으니 9만 달러의 순익을 남긴 셈이다. 1984년 130만 달러에서 둘째 해에는 250만 달러로 매출이 쑥쑥 올라갔고 1990년에는 5천만 달러 매출을 올리며 급성장했다.

소비자를 찾아가서 원하는 것을 묻고 그 과정에서 얻은 아이디어로 탄생한 'MAGNUM'이란 제품을 출시했더니 시장 상황이 완전히 달라졌다. 그 후부터는 매출이 1000만 달러 단위로 높아졌다. 이렇게 회사를 성장시켜 나가게 됐다.

파이버먹스는 NASA의 인정을 받은 후 급속히 성장하고 그의 열정과 도전은 더욱 박차를 가하였다. 김 회장은 나스닥을 나가려고 준비하다가 중동전쟁이 터져 무산되었다. 근데 그것이 오히려 운 좋게 풀렸다. 5천 4백만 달러라는 거금에 회사 매각이 이뤄졌기 때문이다. 두 번째 기업은 컴퓨터 네트워크 시스템 업체인 '자일랜'으로 창업 처음부터 글로벌 마켓을 겨냥하고 제품을 개발해서 성공했다

"예전에는 경험 없이 배워가면서 회사를 운영했는데 이제는 처음부터 제대로 일해보자고 생각했습니다. 시장을 보니 컴퓨터 네트워크에 있을 변화가 눈에 보이더라고요. 그래서 1993년 '자일랜'이라는 회사를 창업했습니다. 첫 회사를 창업했던 분들에게 25배의 이익을 나게 해주자 두 번째 창업 때는 500만 달러를 금방 유치할 수 있었습니다. 돈이 어느 정도 안정적으로 모이자 '인재'에 가장 많은 투자를 했습니다. 사람이 가장 중요하다는 것을 첫 번째 창업을 통해 깨달았기 때문입니다." 인재들과 함께 혁신적인 제품 개발과 세계 시장 공략으로 '자일랜'은 미국 역사상 가장 급성장한 회사 중에 하나가 됐다. 창업 3년 만에 나스닥에 상장 첫날 26달러에서 시작한 주가가 54달러로 마감되는 기적의 주인공이 되었다.

"1996년 3월의 어느 날. 자일랜이 나스닥에 상장된 이날은 내 평생 가장 기억에 남는 하루였다. 자일랜은 상장되기 전부터 업계의 주목을 받았다. 자일랜의 상장은 나스닥 시장의 최대 이슈였다. 상장 주가도 26달러로 매우 높게 매겨져 있었다. 아침부터 나는 긴장된 마음으로 컴퓨터 단말기를 통해 계속 시황을 살펴보고 있었다. 맨손으로 미국에 발을 디딘지 20년 만에 꿈꿔보지도 못했던 현실을

눈으로 보게 된 것이다. 오늘 하루를 위해 고생한 세월이 그간 얼마였던가. 조바심과 불안함으로 나는 전날 밤 한숨도 잘 수 없었다. 그런데 이게 웬일인가. 거래가 시작되자마자 자일랜의 주가는 무섭게 올라가기 시작했다. 주식을 사겠다는 주문이 쏟아져 들어왔다. 주가는 30달러 선을 금세 넘더니 어느새 40달러 선까지 치고 올라갔다. 오후가 되면서도 사자는 주문은 끊이질 않았다. 나와 회사 직원들은 처음엔 어안이 벙벙하다가 시간이 흐르며 완전히 축제 분위기에 휩싸였다. 투자자들은 물론이고 업계 관계자들의 전화도 빗발쳤다. 기나긴 하루가 지나고 나스닥에서의 첫날이 끝났다. 이날 자일랜의 종가는 무려 54달러. 상장 첫날, 단 하루 만에 100% 이상 주가가 폭등한 것이다. 나스닥 시장에서도 유례가 없었던 일로 센세이션을 일으킨 엄청난 데뷔였다." '자일랜' 회사는 직원 1,500명과 60여개의 해외지사를 거느린 명실상부한 글로벌 기업이 되어 연간 매출 3억 5천만 달러를 달성하는 회사로 발전하였다.

"저는 분기마다 전 임직원들을 모아 놓고 회사가 돌아가는 상황을 솔직하게 보고합니다. 회사 실적은 물론이고 회사가 겪는 일과 해결 과정 등 시시콜콜한 이야기까지 모두 하지요. 저는 리더십의 핵심 키워드는 '일체감'이라고 생각합니다. 제가 대기업에 취직했을 때 느꼈던 부속품에 불과하다는 좌절감을 우리 직원들에게는 느끼게 해주고 싶지 않았기 때문입니다. 그래서 틈만 나면 사업장 곳곳을 돌아다니며 직원들을 격려합니다. 직원들이 궁금해 하는 일을 저에게 스스럼없이 묻고 저는 이에 대해 소상히 답해줍니다."

김 회장은 직원들이 궁금해 하기 전에 회사에 대한 정보를 공유함으로써 자신의 할 일에 더 몰두 할 수 있도록 했다. 또한 자신의 사무실을 누구든 쉽게 드나들 수 있도록 열어 두었다. 김 회장은 주말에 직원이 일하면 자신도 사무실에 나와 직원들과 함께 일했다. 주말에 골프를 치거나 집에서 쉬는 일은 거의 없었다. 김 회장은 아무리 먼 나라로 출장을 가더라도 비즈니스가 아닌 3등 칸을 타고 다니며 솔선수범했다. 사장과 직원 모두 한 배를 타고 계급장 없이 같은 목표로 일하고 있다는 것을 보여준 것이다. 불만에 가득 찬 사람은 자신의 역량을 50%밖에 활용할 줄 모르지만, 소속감을 가진 직원은 200% 이상의 역량을 발휘할 수 있다는 것이 김 회장 리더십의 기본 바탕이다. 김 회장은 또한 회사가 공정해야 일할 맛 나는 회사가 된다고 강조했다. 여기서 '공정하다' 라는 것은 똑같이 월급을 주는 것을 말하는 게 아니다. 공정한 대우는 연구하는 직원과 그렇지 않은 직원을 차등하여 월급을 주는 것이다.

"회사를 다니고 있으니 먹고 사는 데 지장이 없다는 마인드는 절대 안 됩니다. 철저한 능력 평가와 함께 회사는 회사의 성공을 직원과 나눠야 합니다. 회사의 성공이 자신의 성공과도 이어져야 합니다. 회사가 커지면 직원의 주머니도 커져야죠. 회사는 성장하는데 직원의 봉급이 그대로라면 일할 맛이 안 나는 건 당연하죠."

그의 성공요인을 꼽으라면 3가지로 즉 패러다임 예측능력, 유능한 인재 확보, 뚜렷한 목표의식이다. 그의 사업인생에는 두 번의 전환기가 있었는데, 그것은 IT산업의 패러다임 전환기와 일치한다. 첫 번째 기업인 파이버머스를 창업한 시기는 구리선에서 광케이블로 통신의 패러다임이 바뀌던 시기였다. 그는 광케이블 제품을 개발하여 미 항공우주국(NASA)에 납품함으로써 품질을 인정받았고, 마침내 초기 자본의 25배가 넘는 5,400만 달러에 회사를 매각했다. 두 번째 기업인 '자일랜'을 창업한 시기도 IT산업의 패러다임 전환기와 맞물렸다. 개인용 컴퓨터가 상용화되는 것을 보면서 그는 네트워크 커뮤니케이션 시스템 시장이 엄청나게 커질 것을 예측하고, 차별화된 최첨단 제품을 만들었다. 나스닥 상장 성공, 1999년 유럽 최대 통신회사인 프랑스 '알카텔 회사와 M&A 계약을 체결, 20년 만에 자신의 기업을 20억 달러(약 2조5천억 원)에 매각함으로써 김 회장뿐 아니라 회사의 지분을 갖고 있던 100명이 넘는 직원들 모두 백만장자가 됐다. 창업 초기 투자자들 역시 100배의 이익을 거두어 미국 IT산업과 금융계를 놀라게 했다. 이 모든 행로는 시장을 예측하는 능력과 행동으로 옮긴 열정이 어우러져 이뤄진 것이다. 그는 창업하는 IT마다 잇따라 성공시켜 '벤처 창업의 교과서'로 통하기도 했다. 그는 유능한 인재를 등용하는 데 주저함이 없었다. 자일랜 창업 당시 존 베일리라는 인재를 영입하기 위해 6개월 동안 십고초려를 마다하지 않은 일이 대표적인 사례이다. 또한 그는 항상 목표의식으로 전력을 다했다. 그 결과 파이버먹스와 자일랜을 경영하던 15년, 60분기 동안 한 번도 패한 적이 없었다. 이는 실패에 대한 두려움, 살아남아야 한다는 절박함이 낳은 결과였다. 경영학을 공부해본 적도 없는 그가 실전에서 터득한 경영철학은 미국의 기업인들에게 귀감이 되었다.

 그의 인생은 열정과 도전의 연속으로 그 과정은 숨 막혔지만 그 열매는 달콤했다. LA타임스 캘리포니아 주 최고 고속 성장기업상, 남가주 초고속 성장 기술기업상, 어니스트&영 선정 '올해의 최고 벤처기업인상'을 수상, 동양인으로는 드물게 미국 최고의 CEO로 인정 받았고, 자수성가한 억만장자가 되었다.

2007년 1월, 30여년의 미국 생활을 청산하고, 아내와 세 아이를 동반해 영구 귀국함으로써 다시 한 번 세상을 놀라게 했다. 미국에서의 인생을 다 정리 하고는 지금 '꿈. 희망. 미래 재단'을 설립 하여 장학사업과 사회복지 사업에 연간 20억 원을 지원하고 있다. 그의 인생은 이처럼 열정과 도전의 연속이었으며 그는 항상 달성하기 버거운 목표를 세우고 전력을 다해 목표를 달성해냈다.

도전 정신으로 성공의 신화를 이룬 김 회장은 사람들에게 '자기개발계획에 충실해라. 머물러 있지 말고 도전하라. 주어진 상황에서 최선을 다 해라. 나는 주어진 운명에 충실했다. 다만 그 운명이 나를 이끌기 보다는 내가 운명을 주도하려고 노력했다."고 말한다." 젊어서는 버는 돈이 내 돈이고, 늙어서는 쓰는 돈이 내 돈이죠." 김 회장은 미국에서 자수성가해서 이룬 재산을 자신이 설립한 '꿈 · 희망 · 미래 재단'을 통해 아낌없이 쏟아 붓고 있다. 그의 사회 환원의 길은 LA오페라를 위한 자선 음악회를 개최하면서 시작되었다. 모은 기금을 한국 출신 음악가들에게 지원한 것을 계기로 1년에 5만 달러를 지원하기 시작했고, 나눔의 의미와 보람을 깨닫게 되었다.

지금 김 회장은 사회사업을 하며 돈을 잘 쓰는 일에 주력하고 있는데 "벤처투자회사인 SKY 운영은 돈을 묻어두는 투자일 뿐, 본업은 사회사업이며 사회사업이야말로 돈을 많이 번 내가 인생을 최고로 즐기는 방법이며 정말 행복하다."고 한다. 구체적인 사회사업에 대해 김 회장은 말한다.

"2001년부터 장학 사업을 통해 불우청소년들을 고등학생 때부터 용돈과 등록금을 대주기 시작해 대학에 가면 전액장학금을 줍니다. 지금 한국에 200명, 연변 조선족 400명 등 600명에게 상시로 주고 있으며 앞으로는 100명 정도를 더 늘릴 계획입니다. 장학 사업에 주력하는 이유는 돈을 쓸 때는 최소한의 투자로 최대한의 산출을 내야 하는데 이런 점에서 교육만큼 효율적인 투자는 없다고 생각합니다. 북한 나진·선봉에 먼 길을 걸어 장에 다니는 주민을 위해 버스 7대를 사주고, 타이어 교환 등 매년 7만 달러를 쓰고, 빵 공장을 만들어 한해 1억5000만원을 들여 5000명이 매일 빵을 먹을 수 있게 지원하고 있습니다. 나는 돈을 벌 때는 정말 숨도 못 쉴 만큼 일만 했습니다. 돈을 쓸 때는 지루하게 쓰는 방법과 행복하게 쓰는 방법이 있는데 여행 등 자신을 위해 쓰는 일은 금세 지루해지지만 3만원이면 1년 내내 한 어린이가 빵을 먹을 수 있는 것처럼, 돈이 귀하게 쓰이는 걸 보면 돈을 번 것에 대한 보람과 행복을 함께 느끼게 됩니다."

"자신이 현재 살아있음으로 해서 단 한 사람의 인생이라도 행복해지는 것, 이것이 진정한 성공이다"라고 말하는 그의 인생은 놀라움과 감동의 연속이다.

김 회장은 자신의 성공스토리를 "꿈 희망 미래"라는 책에 담아 발간하였다. 그 책 속에 있는 글귀를 보면 :

'가난과 싸워 이겨본 사람은, 그 과정에서 몸에 익히게 된 강한 정신력과 의지를 가지게 된다. 그리고 그런 헝그리 정신이 있다면 공부를 하던 일을 하던 반드시 성공할 수 있다. 어려운 환경을 타고나는 건 자신의 선택이 아니다. 그렇지만 그 환경을 어떻게 이겨내고 극복할 것인가는 전적으로 자신의 의지와 선택에 달려 있다. 가난한 부모님은 내게 단 한 푼의 재산도 물려주지 못했지만 나는 돈보다 훨씬 값진 것을 유산으로 물려받았다. 가난 속에서도 남에게 베풀 줄 아는 배려심과 가난 속에서도 현실을 긍정적으로 바라볼 수 있는 마음가짐, 바로 이 배려와 긍정의 힘이 오늘의 나를 만들었다.' (1부 돈보다 값진 유산)

'창업으로 내 인생은 완전히 바뀌었다. 내가 창업을 하지 않았다면, 나는 내 안에 경영자로서의 능력이 있다는 것을 알지 못한 채 일생을 마쳤을지도 모른다. 사업을 해서 크게 성공하지 않았다면 사회복지에 뛰어들 일도, 강연을 하며 바쁘게 살아가는 지금의 내 삶도 없었을 것이다. 일단 시작했기 때문에 허기와 갈증을 달래기 위해 나는 적극적으로 노력했고, 지금의 내가 이룬 모든 것들도 가능해졌다.' (2부 끝없는 도전)

'모든 어려운 상황과 조건에서도 이를 뛰어넘을 수 있는 힘은 성실과 노력뿐이다. 세상에서 성실과 노력 없이 공짜로 얻어지는 일이란 없다. 비즈니스도 인간관계도 마찬가지다. 첫 번째 창업, 파이버먹스의 성공에서 내가 얻은 교훈도 바로 이것이었다.' (2부 끝없는 도전)

김 회장의 저서 《꿈 희망 미래》는 맨손으로 아메리칸 드림을 이루고 억만장자가 되어 30년만 만에 영구 귀국하여 사회사업과 후배양성에 열정을 쏟고 있는 김 회장의 성공신화를 통해 우리에게 꿈과 용기를 불어넣어 주고 있다.

누구도 말릴 수 없었던 지독한 열정이 빚은 그의 성공신화는 '살아남고 싶다는 절박함, 편안함에 안주하지 않는 도전정신' 이것이 그의 인생을 성공으로 이끈 원동력이다.

"남들이 행복해지는 걸 볼 때, 나도 행복해진다"는 김 회장은 2조 원의 재산가로 선택한 성공의 종착역은 연간 20억을 기부하는 자선사업가로 고국에서 나눔을 실천하는 우리 시대의 '노블레스 오블리제'의 모범적인 인물이다.

김 회장은 현재 '꿈 희망 미래 복지재단' 이사장, SYK 글로벌 대표이사, 서강대 MBA과정 초빙교수로 활동하고 있다. 아름다운 세상 건설을 위해 끊임없이 도전하는 그는 이 시대의 젊은이들에게 꿈과 희망, 그리고 빛나는 미래를 선물하는 멘토이다. 성공과 나눔의 신화를 새롭게 쓰고 있는 김윤종 회장의 성공 신화가 계속 이어지기를 기대한다.

사환에서 교수, IT 블루오션 개척자
박 대 연 - 티맥스소프트 창업 회장

　　박대연(朴大演) 회장은 1955년 전남 담양의 부잣집에서 6남매 중 장남으로 태어났다. 그러나 그는 아버지가 보증을 잘못서면서 가세가 급격히 기울어져 초등학교만 간신히 졸업하였다. 온 식구가 굶어 죽을 수밖에 없는 처지까지 되어 낳은 지 얼마 안 된 막내 동생은 남의 집에 입양을 보내야만 했다. 아버지는 암으로 돌아가시고 그는 13세 때 편모와 5남매를 책임지는 소년 가장이 됐다. 가족 생계를 위해 월급 3000원(당시 쌀 1가마 값)을 받는 광주의 화물회사 사환으로 일하였다. 부지런하고 똑똑한 소년 박대연은 그 돈으로 식구들을 먹여 살리고 심부름하면서 받은 택시비를 아끼기 위해 무수히 뛰어다녀 주위에선 그가 마라톤 선수가 될 것으로 예상했을 정도다.

　　그는 공부를 하지 않으면 이 신세를 벗어나기 힘들다고 판단하고 '공부를 해야 가족의 미래를 바꿀 수 있다'는 생각에서 광주 동성중 야간부와 광주상고 야간부를 힘들게 다녔다. 낮에는 사환, 밤에는 학생, 집에서는 가장 노릇을 하면서도 학교에선 늘 수석이었다. 시간이 없어 항상 쫓기면서도 손에서 책은 떠나지 않고 항상 책과 함께 하여 전 학년 1등으로 졸업했다. 당시 상고생 사이에서 최고 인기 직장은 은행이었다. 전교 1등을 하면 학교장 추천서를 받아 은행에 취직할 수 있었다. 75년 한일은행(현 우리은행)에 들어가 전산실에서 일하며 소프트웨어와 처음 인연을 맺었고 컴퓨터에 재미를 붙였다. 그의 1등 근성은 여기서도 유감없이 발휘됐다. 남들이 프로그램 1개도 못 짜는 시간에 그는 30개도 넘게 짤 수 있었다. 남들이 못 고치는 컴퓨터 시스템 고장도 그는 뚝딱 잘도 고쳤다. 자꾸 칭찬을 받으니까 신도 났다. 온라인 고객이 한꺼번에 몰릴 때 은행 컴퓨터가 제대로 작동하지 않는 걸 보고 이걸 해결할 수 있는 시스템이 왜 없을까 고민하기도 했다. 더 발전된 새로운 것을 알려면 제대로 컴퓨터 공부를 해야겠다는 생각에 잘 다니던 은행에 사표를 내고 늦은 나이에 미국 유학을 결심했다.

13년 동안 은행에 근무하면서 동생 셋을 대학 공부시키고 결혼까지 시켰다. 동생들 뒷바라지 하느라 힘이 들었겠지만 그는 오히려 동생들에게 고맙다고 한다.

그는 서른이 넘은 나이인데도 유학이 늦었다는 생각은 안하고 이제라도 공부를 하니 얼마나 즐거움이 크겠나 싶어 퇴직금 1300만원을 들고 미국 유학길에 올랐다. 미국 오리건대학교 컴퓨터 공학과에 입학했고, 정규 대학 공부를 하지 못한 그는 캠퍼스를 누빌라치면 온 세상이 내 것 같았고 공부하는 것이 행복하였다. 그런데 설달 그믐날밤 너무 아파 방안을 데굴데굴 구르다 응급실로 실려 간 일이 있었다. 탈장이라 1월1일 수술을 했다. 다음 날이 개학날 이었다. '죽어도 병원 탓 하지 않겠다.' 는 각서를 쓰고 피로 물든 붕대를 칭칭 감은 채 이튿날 퇴원해 강의실로 갔다. 그는 뒤늦게나마 배운다는 기쁨이 너무 커 웬만큼 아픈 것은 참고 공부를 했다.

"내가 가진 돈이 딱 1년 3개월 버틸 수 있는 돈이었거든요. 학부를 1년 3개월 안에 마쳐야 되는데 하루라도 빠질 수는 없었죠. 또 입원비도 없고, 그 일을 겪고 나니까 다음 일은 아무것도 아니더라고요. 힘든 일이 하나도 없었어요."

지도교수도 1년 3개월 안에 학부를 마친 전례가 없다며 "당신같이 미친 사람은 처음 봤다"고 했지만 결국 그는 해냈다. 그는 오리건대 컴퓨터학과에서 한 학기에 24학점을 수강하는 등 지독한 공부로 올 A 성적표를 손에 쥐고 장학금도 나와 계속 공부를 이어 갈 수 있었다. 그는 오리건대학에서 학사와 석사를, 남가주대학(USC)에서 박사학위를 받고 최우수논문상도 받았다.

컴퓨터공학 박사학위를 받고 귀국한 때가 96년. 벌써 나이는 마흔을 넘어서고 있었다. 그는 교수직을 얻기 위해 여러 대학에 원서를 냈다. 나이도 많은 데다 지역 연고나 선·후배도 없어 크게 기대하지는 않았다. 그러다 외국어대 제어계측공학과 조교수로 임용됐다. 유학 시절의 올A 학점과 최우수 논문상 등이 크게 작용한 것이다.

그는 외대 교수로 근무하다 KAIST에서 교수 모집이 있어 응모했다. 그를 인터뷰한 교수는 "KAIST가 어떤 곳인 줄 아느냐"고 질문을 하며 나이도 많은 사람이 감히 이 명문대 교수에 응모 하냐는 듯 무시하는 태도였다. 그래도 그는 실력을 인정받아 1998년 2월 KAIST

전자전산학과 교수로 임용됐고 명교수로 당당히 실력을 발휘했다. 이것만으로도 박 교수의 삶은 충분히 성공적이다. 하지만 그의 삶은 그가 '한국의 빌 게이츠'라는 별명을 얻게 되는 과정이 더 드라마틱하다. 박 교수는 97년 6월 자본금 1억원, 직원 3명으로 소프트웨어 개발업체 티맥스소프트를 창업하였다. 티맥스란 기술최대화라는 뜻의 Technology Maximization을 줄인 말이다. 창업해서 미들웨어 원천기술을 개발하겠다고 나서자 곳곳에서 비아냥해댔다. 미들웨어란 한 기업에 설치된 각종 컴퓨터 프로그램들이 충돌을 일으키지 않고 순조롭게 연결되도록 해주는 소프트웨어. OS(운영체계)와 DB엔진과 함께 IT 3대 기술로 꼽힌다. 미국의 BEA IBM 오라클 등 일부 기업만이 원천기술을 갖고 있다. 일본과 독일 및 한국 대기업들이 수천억 원의 자금을 쏟아 붓고도 개발에 실패한 기술이다. 그러나 그는 1998년에 국제표준에 기반 한 국산 미들웨어 제품의 개발에 성공했다. 미국을 제외한 다른 나라로서는 처음이었다. 그러나 처음 개발한 서버용 미들웨어 '티맥스'를 시장에서는 "국산은 못 믿겠다"며 등을 돌렸다. 박 교수는 포기하지 않았다. 그러던 중 국방부의 경쟁 시연회에서 티맥스가 외국 유수 업체의 제품을 물리치고 당당히 1등으로 선정됐다. 이를 계기로 국내 금융기관과 공공기관이 티맥스를 차츰 채택하기 시작하여 결국 국내 시장점유율 1위에 올랐다. 외국산보다 가격은 싸면서도 안정적인 성능을 내는 좋은 제품이기 때문에 이런 결과가 온 것이다. 또한 DBMS, BPM, ERP, IFRS 등 경쟁력 있는 핵심솔루션을 개발하여 국내 유일의 '기업용 토털 솔루션 공급 업체로 거듭났다.

박 교수는 회사 창업자이지만 "경영은 내가 아니라도 잘 할 사람이 많다며 내가 잘할 수 있는 일은 연구개발"이라며 세계 최고 기술을 가진 회사를 만들기 위해 연구소장 일을 맡았다. 기술에 대한 그의 열정은 타의 추종을 불허한다. 그는 새로운 소프트웨어를 만드는 게 너무 재미있다 보니 다른 것에 눈 돌릴 틈이 없단다. 그는 오로지 자신의 꿈을 향해 달려오느라 결혼도 못했다. 사람들과도 잘 만나지 않는다. 연구에 방해가 되기 때문이란다. 그에겐 휴일이 없고 몇 년 동안 영화도 안 보고. 주말이나 추석 연휴 때도 하루도 쉬지 않고 출근해서 연구한다. 그저 연구만 한다. 먹는 것도, 자는 것도, 하루 한 시간씩 테니스를 하는 것도, 몸을 튼튼하게 해서 연구에 집중하기 위해서다.

박대연 교수는 말한다. "목표를 달성하는 '비결'은 '집중'하는 것이다." 그는 '집중의 화신'이다.

박 교수는 "일이 재미있어 지독하게 몰두하는 사람은 두려울 게 없다. 자신이 가장 좋아하는 일을 찾아 열정을 바치는 것이 행복"이라고 한다. 그는 "소프트웨어 개발은 사람과 돈이 많다고 이뤄지는 게 아니다. 열정을 갖고 혼을 불어넣을 수 있는 사람이 있으면 혼자서도 할 수 있다."고 강조한다. 그러나 그도 힘들 때가 많았다. 미들웨어나 DB엔진 기술을 개발하면서 에러가 나타날 때 물어볼 사람도 없고 원인을 알 수도 없는 고통의 순간을 수없이 겪었다. 하지만 그는 아무리 어려운 순간이 닥쳐도 이겨낼 수 있다는 자신감을 잃지 않았다.

"성공의 비결은 한 번 더 실패해도 포기하지 않고 남보다 한 번 더 노력하는 겁니다."

박 교수는 "혼을 바치면 성공한다."라는 신념으로 산다. 고난과 역경을 통해 그는 삶이 강해져 남에게 짐인 공부도 그에게는 재미였고 사업도 최고가 돼 보겠다는 욕심에다 혼까지 투자하여 성공으로 이끈 것이다. 박 교수는 미들웨어 OS DB엔진 등 IT(정보기술) 3대 기술에서 단기필마로 '극소수 법칙'이 옳다는 것을 온몸으로 증명해 보였다. 티맥스는 이미 세계에서 가장 먼저 J2EE(웹의 세계적 기술표준)인증을 획득함으로써 기술수준이 세계 제일임을 입증했다. 티맥스소프트는 미들웨어, 데이터베이스, 운영체제 등 3대 시스템 소프트웨어의 원천기술을 모두 보유하게 되었으며, 전 세계 선두 기업들과 기술력에서 어깨를 겨루는 세계적인 기술로 주목받는 기업이 되었다. 그는 IT 기술 분야에서 이젠 MS를 앞서 세계 최고 기업으로 키운다는 게 그의 목표다. 그에겐 준비된 답이 있다. 이 회사는 매년 매출액의 20%대에 달하는 과감한 R&D투자를 지속하고 있고 특히 700명이 넘는 국내 최고의 석박사급 연구 인력들이 소프트웨어 개발에 몰두하고 있다.

박대연 교수는 이들과 함께 회사 일에 집중하고 싶다는 일념 때문에 모두가 부러워하는 KAIST 교수직을 2007년에 그만 두었다. 교수직을 떠나는 이유는 "너무 바쁘다"는 것 때문이다. '한국의 빌 게이츠'라고 불리는 그는 소프트웨어 분야의 세계 제1인자가 되기 위해 회사 설립 10년이 지나서 회장에 취임했다. 그 전까지는 연구소장만 맡았었다. "이제 세계 1등을 향한 충분한 기술력을 갖췄으니 경영을 하겠다"는 게 그의 생각이다.

박 회장의 인생역정은 도전정신으로 뭉쳐있다. 그를 높이 사는 것은 끊임없이 도전한다는 것이다.

박 회장은 보다 원대한 꿈을 꾸고 있다.

"앞으로 매출 1조를 달성하면 캘리포니아공대(CALTEC)와 같은 우수한 공과대를 우리나라에 설립하는 것이며 회사를 나스닥에 등록해 자금이 모아지면 꿈의 실현에 착수하겠다."

"21세기는 과학기술자들이 목숨 걸고 나라를 먹여 살리기 위해 노력해야 한다. 다른 사람이 할 수 없는 일을 해 내는 사람이 엘리트다. 서울대나 KAIST 등 일류대학을 졸업한 뒤 개인의 이익만을 위한 평범한 일을 하는 것은 안 된다." 박 회장의 이런 인생철학에 따라 그는 큰 꿈을 실현하고자 애쓰고 있다.

평소 박대연 회장의 고난 극복이나 삶의 자세를 다음에서 엿 볼 수 있다.

1. 어려움을 어려움으로 생각하지 말라. 고비가 없으면 절대 성장할 수 없다. 더 강해질 수 있는 기회로 간주하라.

2. 원하는 일에 혼을 바쳐라. 죽기 살기로 매달리면 반드시 이루어진다. 비록 당장은 아니더라도 다른 곳에서 보상이 굴러들어 온다.

3. 세상을 부정적으로 보는 사람은 피하는 게 상수다. 비판적인 생각은 쉽게 전염되기 때문이다.

4. 머리도 노력하면 좋아진다. 창의력과 아이디어도 노력이 만든다.

5. 반성하는 시간을 갖는다. 무엇이 잘못됐는지 해답이 나올 것이

다. 그 다음은 본인에게 달렸다.

박 회장은 취미생활도 없이 삶의 즐거움을 외면한 채 오로지 연구에서만 보람을 찾는다. 그는 사회적 부가가치를 높이기 위해 개인의 삶을 희생하고 있다. 그는 어머니에게 "아들 하나는 나라에 바쳤다고 생각하시라"고 말해 두었다고 한다. 개인 삶의 행복보다 한국을 선진국으로 만들기 위한 첨단기술 개발과 인재 육성에 여생을 바치겠다는 각오로 오늘도 신화창조의 개척자로 일하고 있다.

박 회장은 1999년 국무총리 표창(미들웨어 개발 공적), 2001년 상애강의상 우수상, 2001년 신지식인상, 2001년 과학기술부장관 표창, 2003년 Best Paper Award 수상, 2005년 은탑산업훈장을 수훈하였다.

국수 왕으로 나눔의 삶을 사는 작은 거인
성 호 정 - 송학식품 회장

　　　　　　송학식품은 우리나라 면류 떡국류 생산 식품 업체의 대명사이다. 송학식품 성호정 회장은 떡 박사이며 국수 왕(王)이다. 성 회장을 국수 왕으로 부르는 이유는 그가 만든 면류 때문만이 아니라 국수를 통해 일군 부(富)를 사회에 환원하는 데 앞장서는 나눔의 삶이 국수 왕으로서의 위상 정립에 더 큰 영향을 미쳤다. 송학은 중소기업이지만 국수, 떡국에서 묻어나는 향기 및 봉사와 사랑의 향기는 어느 대기업보다 더 크고 넓게 퍼져 나가고 있다.

　성호정 회장은 1947년 2남4녀의 장남으로 태어났다. 그는 경북 영천이 고향이지만 부친이 농사는 비전이 없다며 고향 전답을 팔아 대구로 이사했다. 그곳에서 고물상, 이발소 등을 하였으나 실패하고 1957년 부산으로 내려가 정착했다.

　부친은 호정이가 초등학교 4학년 때 밑천이 적게 들고 가난한 시대에 싼값에 사먹을 수 있는 국수가 전망이 있나 생각하고 국수사업을 시작했다. 부산 범일동에 10평짜리 가게를 얻어 국수 기계 한 대를 놓고 송학식품 가게를 개업했다. 송학(松鶴)은 부친의 아호를 딴 것으로 `소나무와 학처럼 오래 살라`는 뜻이 담겨 있다. 당시 국수 기술은 원초적인 단계라 반죽에서부터 국수를 뽑는 기계를 돌리는 일까지 모두 사람이 손으로 해야 했다. 그러다 보니 일손이 부족했던 부모님은 자주 장남인 그를 불러내 일을 돕게 했다. 50년 당시 국수는 값싸게 먹을 수 있는 양식인 까닭에 문을 연지 1년이 채 지나지 않아 가게 앞은 국수를 사려는 사람들이 줄을 이을 정도로 잘 팔렸다.

그가 중학교에 입학하고 얼마 안 있어 다섯 명으로 시작한 공장 직원이 50명으로 늘어났다. 이때 부친은 방앗간도 인수해 운영을 하고 있었는데 공장에다 가게와 방앗간까지 운영하자니 힘에 부치셨던지 방앗간을 팔아 공장을 넓히겠다며 방앗간을 내놓았다. 그런데 매매 과정에서 잔금에 문제가 생겨 시비가 벌어지고 법정 싸움으로까지 번졌다. 부친이 재판에 매달리면서 사업체는 점점 엉망이 돼 갔다. 그런데 엎친 데 덮친 격으로 검찰은 사건이 복잡해지자 원고와 피고를 모두 구속시켰다. 갑자기 부친이 구속되자 어머니까지 뒷일 처리에 매달리게 되면서 공장은 문을 닫게 되었다. 그는 다섯 동생들을 위해서라도 나서지 않으면 안 되었다. 그는 어린 동생들을 데리고 손님들이 밀가루를 가져오면 국수를 빼주고 그 수공을 받아 하루하루 끼니를 때워 나갔다. 이 것 마저 없을 땐 시장에서 시든 채소를 주워서 국을 끓여 먹었고 막걸리 지게미로 빈속을 채우기도 했다. 부친의 소송사건은 3년이 넘게 지나서야 끝이 났다. '송사 3년에 집안 망한 다'는 옛말대로 부친은 공장이며 가게며 모두 빚으로 날리고 빈 털털 리가 되었다. 빈손이 된 부친은 더 이상 그곳에 머물 수 없게 되자 여덟 식구를 데리고 무작정 서울로 상경했다.

"1962년 당시 서울 용산에는 '미나리꽝' 하천 옆에 '하꼬방'이 길게 늘어서 있었다. 갈 곳도, 돈도 없었던 우리 여덟 식구는 이 미나리꽝 옆 판잣집 방 한 칸을 월세로 얻었다. 방이 얼마나 작은지 부모님과 동생 4명은 칼잠을 자고 나와 남동생은 밖에서 별을 보며 자야 했다."

이런 용산에서의 생활은 몇 개월 지나지 않아 끝났다. 조금만 큰비가 와도 집이 모두 떠내려간다는 소리를 듣고 부친은 삼각지로 거처를 옮겼다. 그러나 이곳에서도 단칸방이긴 마찬가지여서 그와 동생은 집밖의 길가에 천막을 치고 한겨울에는 탄약통에 뜨거운 물을 넣어 보온병인양 안고 잠을 자야 했다. 그 당시 비슷한 처지의 사람이 많았기에 창피한 생각은 별로 없었지만 장남인 그로서는 가족 전체를 부양해야 한다는 책임감 같은 것을 강하게 느끼고 있었다. 비만 오면 천막촌이 떠내려가는 열악한 환경 속에서 그의 가족이 생계수단으로 택한 것은 쌀을 압축시켜 만드는 일명 뻥튀기 장사였다. 뻥튀기 기계를 한 대 놓고 가족들이 만들면 그와 동생들은 뻥튀기를 어깨에 메고 다니며 길가의 행인들에게 팔았다. 여름에는 그런 대로 팔렸지만 겨울이 되면서는 영 팔리지 않았다. 수원이나 인천까지 가서 뻥튀기를 팔았다. 새벽에 일어나 밤새 만든 뻥튀기를 자전거에 산처럼 높이 싣고 국도를 따라 수원이나 인천까지 갔다. 자장면 한 그릇으로 허기를 때우고 그곳에서 뻥튀기를 팔고 다시 자전거 페달을 밟아 집으로 돌아오면 밤 12시가 다 돼 갔다. 다음날도 같은 방식으로 수원 인천을 번갈아 다니며 팔았다.

온가족이 뛰어서인지 뻥튀기 기계가 1대에서 2대로, 다시 4대로 늘었다. 그러나 찬바람이 불기 시작하면서 장사는 내리막길로 한계가 있었다. 더욱 날씨는 추위 난방도 안 되는 천막에서 밤새 추위에 뒤척이다보면 잠도 설치고 차라리 아침이 빨리 왔으면 했다.

이때 그는 그의 인생에서 소중하고 따뜻한 사랑을 느끼게 해 준 한 사건이 있었다. 그것은 겨울이 막 다가선 12월 중순이었다. 자고 일어났는데 텐트 안에 보기만 해도 따뜻한 미군용 파카(점퍼)가 가지런히 놓여 있었다. 누가 그를 불쌍히 여겨 놓고 간 것이 분명했다.

"미군 야전잠바는 당시 너무 비싸 내 능력으로는 결코 살 수 없는 옷이었다. 그 잠바를 보면서 결심했다. 내가 앞으로 잘 산다면 이분처럼 남을 도우며 살겠다."

누군가가 놓고 간 야전잠바 하나가 가져다준 충격과 감동은 성호정의 가슴에 감사함으로 남아 '내가 자리를 잡고 성공하면 내가 느낀 감사를 남에게도 나누어 주겠다'고 다짐하고 또 다짐했다. 배를 곯아본 사람만이 빵의 중요성을 깨닫듯 어려움에 처한 사람이 받은 선행은 그 감사가 남다를 수밖에 없다는 것을 절실히 깨달았다.

부친과 그는 뻥튀기 판매로는 더 이상 발전이 없다고 판단하여 부산에서 했던 국수판매를 다시 하기로 결정했다. 4대의 뻥튀기 기계들을 모두 팔아 1970년 신길동 신남 시장에 8평짜리 가게를 하나 얻어 국수 기계 한 대를 들여놓고 온 가족이 국수를 만들기 시작했다. 이때부터 대표자 명의를 성호정 이름으로 올리고 부친의 훈수를 받으며 사업을 했다. 처음은 밀가루 다섯 포로 시작했다. 부산에서 국수공장을 운영한 경험이 있기에 기술은 자신이 있었다. 밀가루 다섯 포로 국수 30관(국수 60다발)을 만들어 자전거에 잔뜩 싣고 무조건 노량진시장으로 향했다. 국수 판매 가게를 찾아다니며 국수를 받아달라고 했으나 모두 거래하는 데가 있다며 거절했다. 아침부터 나가 오후 3시가 되도록 한 다발도 팔지를 못했다. 그렇다고 다시 싣고 들어가자니 부모님은 물론 동생들까지 실망할 것 같아 도저히 발길이 떨어지지 않았다. 한번 부딪쳐보자는 생각에 제일 큰 상점이었던 경남상회를 다시 찾아갔다.

"사장님. 다시 찾아왔습니다. 저희 국수는 찰지고 맛있어서 사람들이 사 갈 것입니다. 부산에서부터 국수를 만들어 제품은 좋습니다. 저희 국수를 받아주시면 대신 밀가루는 여기서 사겠습니다"

새파란 총각이 정중하게 부탁하자 사장은 빤히 쳐다보더니 "내려놓고 가게"라고 짧게 대답했다. 대신 올 때는 밀가루 6포를 자전거에 싣고 왔다. 이때부터 경남상회와 본격적인 거래가 이루어졌다. 그는 매일 자전거에 국수 30관을 싣고 이곳에 납품했다. 5포로 시작한 국수 만들기는 10포, 15포로 점점 늘어났다. 그 당시 국수가 가장 많이 팔리던 곳 중 한 곳은 남대문 시장이었다. 노점 상인들이 점심으로 주로 국수를 많이 사먹어 국수를 삶아 파는 가게들이 많았다. 그는 이곳들을 거래처로 확보하고 하루에 80관씩 배달을 했다. 신길동에서 남대문시장까지 가는데 퇴계로 고개가 만만치 않게 가팔라 자전거를 끌고 오르려면 땀을 뻘뻘 흘리고 너무 힘들었다. 그 당시 국수는 만드는 대로 잘 팔렸다. 그러나 자본이 많지 않았기 때문에 미음껏 물건을 만들이 필수가 없었다.

평소 성호정 청년의 근면 성실한 생활 태도를 눈여겨보았던 첫 거래처인 경남상회 강 사장님이 어느 날 "성군, 자장면이나 같이 하게 점심시간에 나오게" 하는 전갈을 받았다. 그런데 그 자리에 나가 보니 웬 중년 남자가 함께 나와 있었다. 밀가루 도매업을 크게 하는 흑석동 금석상회 김 사장이라고 소개해 주었다. 그 자리에서 경남상회 사장은 "성군이 아주 착실하고 사업도 열심인데 밀가루가 항상 부족한 것 같아. 내가 책임질 테니 밀가루 500포만 성군에게 외상으로 밀어 주게나" 하는 것이었다. 그러자 김 사장은 "강 사장이 책임지겠다고 하면 500포 아니라 5000포라도 밀어주지" 하며 쾌히 승낙을 했다. 식사 한번 대접한 적도 없고 오히려 납품을 해서 도움을 받고 있는 처지에 이렇게 신경을 써주니 얼마나 감사한지 몰랐다. 다음날 가게 앞엔 밀가루 500포를 실은 타이탄 트럭 두 대가 왔다. 밀가루 500포를 내려 쌓아놓자 세상을 다 가진 부자가 된 것 같았다. 이렇게 밀가루를 가득 쌓아놓자 주변 사람들의 시선과 대하는 태도가 달라졌다. 세상인심이 이런 것이구나 하는 걸 뼈저리게 느꼈다. 그는 이때 괄시받지 않기 위해서라도 돈을 벌어야겠다고 다짐했다.

김 사장의 도움으로 마음껏 국수를 만들 수 있게 되자, 그는 작은 국수가게 보다 판매량이 훨씬 많은 큰 판매 상점들을 거래처로 뚫기 시작했다. 처음엔 모두들 거래처가 있다고 거절을 했지만 매일 찾아다니다시피 하며 사정을 하자 한 집 두 집 거래처들이 생겨났다. 금석상회 김 사장은 이후 그가 신용도 좋고 사업을 곧 잘해 나가자 밀가루 1000포까지도 외상을 주며 적극 밀어주었다. 남이 잘 되도록 돕는 것이 사업을 잘 하는 또 하나의 비결임을 깨달았다.

서울 신길동 신남시장에서 시작한 국수공장은 콩나물처럼 쑥쑥 성장했다. 시장조사를 해보니 재래시장이 국수 소비가 많은 것으로 나타나 시장 상점들을 적극적으로 공략했다. 시장 상인들에게 가격을 좀 싸게 주고 '송학' 이란 이름의 친목계를 만들도록 해 운영비를 지원해 주었더니 모두 송학 국수를 취급해주었다. 수금은 꼭 자신이 했는데 그것은 상인들과 얼굴을 익히고 교제하기 위한 것이었다. 이런 적극적인 전략에 힘입어 남대문시장의 23개 국수상점에서 모두 송학 제품을 팔아 주었다. 공장이 점점 커지면서 그가 맡는 회사일의 비중이 더 커졌다. 아침부터 밤늦게까지 일하다보니 식사를 제때에 하지 못하는 경우도 많았다. 정말 눈코 뜰 새 없이 바쁘게 일한 시기였다.

사업에 열심히 매달리다보니 여성과 교제할 시간도 없엇다. 당시 그는 교회 청년회 활동을 했는데 모든 일에 열심인 여성 부회장이 마음에 들어 프러포즈를 하여 승낙을 얻을 수 있었다. 그녀가 바로 75년에 결혼한 아내 오현자 권사다. 가정을 갖게 되니 안정이 되며 사업에 더욱 진력했다. 국수만 만드는 것이 아니라 떡국용 쌀떡도 만들기 시작했다. 제품의 종류는 냉면을 포함해 점점 다양해졌고 사업 규모도 커졌다.

성호정 회장의 사업이 날로 번창하여 나갔지만 좋은 일만 있었던 건 아니다. 그는 어려서부터 힘든 일을 계속 한데다 식사도 거르고 무리를 한 탓에 심한 위장병이 생겼다. 위하수와 위염으로 음식을 제대로 먹지 못해 고생도 많이 했다. 기도원에서 40여 일을 생활하며 몸을 추슬러 건강이 나아져 집으로 돌아오기도 했다. 또한 잠시 동업한 적이 있던 사람이 '송학식품' 이란 상표를 써서 제품을 만들어냈는데 질이 떨어진 제품내용이 매스컴에 나와 송학 제품의 신뢰도가 떨어지고 소비자들에게 엄청난 영향을 주는 큰 사건이 있기도 했다. 뿐만 아니라 동료를 도와주려다 변호사법위반으로 구속되는 사건도 일어났다. 관련 식품업체가 당시 점검을 나온 식품합동단속반에 의해 적발, 영업이 취소되고 사장이 구속될 상황이 벌어졌다. 당황한 사장은 그에게 도움을 요청했고 그 역시 같은 동종업자로서 너무 안타까워 평소 친분이 있던 단속반의 모씨에게 간곡하게 부탁했다. 구속을 면하고 도움을 좀 받았지만 이것이 어떻게 알려졌는지 특별 사정반에 의해 성 회장은 결국 변호사법 위반으로 고발당해 교도소에 갇히고 말았다. 남의 일 때문에 이렇게 된 것이 처음엔 분하고 창피했지만 이내 회개가 터졌다. 그는 3개월 10일간 구속됐다가 집행유예로 출감하였다. 성 회장이 교도소에서 나와 보니 부친은 그동안 제조업 하느라 아들 고생만 시키고 이젠 남의 일 때문에 교도소까지 가게 되었다며 더 이상 제조업은 할 게 못된다고 판단하고는 공장과 시설, 11대나 되는 화물 차량까지 모두 3천만 원에 처분을 해 버렸던 것이다.

"제조는 이제 그만하고 판매만 하자꾸나. 그래야 더 이상 고생하지 않고 편히 지낼 수 있을 것 같다. 아깝지만 잊어버려라" 부친의 권유대로 그는 미아리 쪽으로 이사한 뒤 제조업 대신 농산물 중심의 유통판매장을 열었다. 당연히 자금이 많이 필요했다. 그동안 벌어 마련한 세 채의 집을 담보하고 사채도 좀 빌려 문을 열었다. 그런데 한 달도 안 돼 운영에 두 손을 들고 말았다. 제조업은 만들기만 하면 되는데 판매는 배달과 물품선정이 힘들고 반품시킬 수 없는 종류도 많았다. 장사가 잘 되면 모르는데 시원찮다보니 임대료에 이자가 자꾸 늘어갔다. 계속 이대로 가다간 안 되겠다는 생각에 판매장을 내놓았으나 사는 사람도 없었다. 이자에 이자가 붙고 이렇게 1년 6개월이 흘러갔다. 그러다보니 액수가 너무 높아져 채권자들에게 우선 부동산을 넘기고 남은 빚은 돈 벌면 갚겠다고 약속하고 나니 알거지가 되었다. 완전히 빈털터리가 되어 머물 곳도 없었던 그는 경기도 시흥에 있는 친척 소유의 한 작은 아파트에 들어갔다. 입주 전이라 전기도 안 들어오는 곳이었다. 많은 고민을 한 끝에 송충이는 솔잎을 먹어야 하는 법. 성 회장은 자신이 갈 길은 결국 제조업이라는 확신이 들어 처가에서 1천만 원을 빌려 냉면기계를 1대 사서 바닥부터 다시 시작했다. 시장에서는 그가 다시 국수를 만든다는 소식이 퍼져 고맙게도 옛날 거래처들이 앞 다투어 제품을 팔아주려고 했다. 기계는 1대에서 2대로, 다시 3대로 늘었고 가을이 되면서 떡국 주문이 밀리기 시작했다. 그런데 사업은 또 한 번 어려움에 봉착했다.

다시 사업이 불붙듯 일어나는데 운영자금이 절대적으로 부족했다. 제품의 원료인 밀가루와 쌀은 현금을 주고 많은 양을 들여와야 하는데 제품은 많이 팔려도 수금은 어음으로 들어오기 때문에 물건을 달라는 곳이 많아도 재료를 못 사 도산할 형편이 된 것이다. 그 때 부천에서 해동제약을 운영하던 아저씨를 찾아가 소맥전분 2000포대를 살 수 있는 돈을 부탁했는데 쾌히 수표를 끊어주셨다. 아저씨의 도움이 없었다면 그는 또 사업을 접어야 했을지 모른다. 자금이 확 풀리 그는 사업에 더 열심히 진력한 수 있었다.

가을이 되면서 그는 떡국 떡도 만들기 시작했다. 그러자 옛 거래처들이 떡국 떡도 주문을 해 주었다. 하나 둘 옛 거래처들을 다시 장악하면서 재도전한지 정확히 1년 만에 다시 정상에 오르게 되었다. 그런데 당시 떡국 떡은 건국수와 달리 판매를 할 때 어느 정도 수분이 있는 상태를 유지해야 하기 때문에 방부제를 넣지 않은 상태에선 여름에는 2~3일을 겨울에는 5일을 넘기지 못했다. 늘 오래 보관하는 법에 대한 연구가 머릿속을 떠나지 않던 중 '주정살균법'을 개발하는 계기가 왔다. 1992년 일본에서 열린 식품박람회에 참석했던 성 회장은 일본에서 가져온 찹쌀떡이 10여일이 지나도 변질되지 않고 신선도를 유지하는 것을 보고 놀라 바로 연구를 시작했다.

그것은 알코올 순도 99%의 술 원료인 '주정'을 제품에 뿌려 살균과 방부성을 높이는 간단한 방법이었다. 그러나 그 기술을 개발하는 데 엄청난 시간과 인내가 필요했다. 제품을 한국으로 가지고 와 수천 번 같은 실험을 반복했다.

인내를 갖고 꾸준히 연구한 결과 좋은 결실을 얻었다. 그러나 떡을 살균한다 해도 진공포장법이 필요했다. 탈 산소재를 이용해 제품 내 산소를 제거함으로써 짧은 유통기간을 90일로 늘릴 수 있었다. 이 기술의 개발로 식품업계에는 일대 혁신이 일어났다. 특허를 취득한 성 회장의 송학제품은 전국으로 잘 팔려 나갔다. 비 건조된 제품 혁신은 수출의 길도 열어주었다. 몸에 유해한 방부제를 전혀 넣지 않고 유통기간이 길어지자 주문이 밀려들어 대량생산 체재를 갖추어야 했고 회사는 매년 20% 이상 성장했다. 업계 최초로 주정살균법을 개발해 송학 회사가 급진적으로 발전하였는데 여기에 쌀국수를 만들어 더욱 발전을 가속화 하였다. 쌀국수를 만들 때는 수없이 반죽을 하고 삶아낸 끝에 쌀국수를 개발할 수 있었다.

　1992년 당시 정부는 농민에게 전량 매입한 통일벼를 처리하는데 애를 먹고 있었다. 수확량이 많아 적극 권장해 재배했지만 밥맛이 좀 떨어지다 보니 창고에 쌓아둔 채 처치하지 못해 애를 먹고 있었던 것이다. 송학이 쌀국수를 개발하자, 남아도는 쌀 문제를 해결했다고 1994년 대통령으로부터 석탑산업훈장을 받았다. 쌀국수는 정부의 대대적인 홍보와 매스컴의 소개에 힘입어 그 해 육군 예비군 훈련소에 납품을 하게 되었다. 이듬해에는 육군에 이어 해군 공군에까지 납품하게 됐다. 당시 3군 장병들에게 한 달에 네 차례씩 쌀국수를 공급했다. 이 때문에 송학 회사는 매달 60만kg(80kg들이 7500가마)을 사용해 쌀국수를 만들어야 했다. 당시 정부는 이런 새로운 제품을 개발한 업체에 2년간 독점 납품할 수 있는 기회를 주었기 때문에 2년간 쌀국수를 만드느라 정신이 없었다. 당연히 매출이 크게 늘었고 아울러 제품 홍보도 저절로 되어 회사는 더욱 도약을 할 수 있었다. 회사가 업계에 확실한 선두업체로 자리를 굳히자, 이때부터 제품 생산의 다양화를 위해 새 제품개발에 박차를 가했다. 이렇게 해서 탄생된 것이 '감자수제비'와 '호박수제비'로 큰 인기를 끌었고 사업은 일취월장으로 성장하였다. 한편 성 회장은 인력을 절감할 수 있는 기계를 직접 제작하는 것에 많은 노력을 기울였다. 그래서 쌀의 불순물을 제거하여 청정미로 만드는 '연미기'를 개발했고 떡을 만들 때 반죽하는 기계 '스크류'도 개발해 맛을 높일 수 있었다. 또 4억 원이나 하는 전자계량기를 이용해 일치리 속도를 빠르게 만들었고 살균기와 냉장시설을 갖춰서 면의 숙성과정을 위생적으로 처리하였다. 송학식품은 원재료의 구매, 생산, 검사, 인도 등 모든 단계에서 고객의 욕구를 충족시킬 수 있도록 품질시스템을 수립해 고객에게 위생적이고 신뢰할 수 있는 제품을 공급하였다. 이에 따른 결과로 국내 떡류 업체로는 처음으로 국제품질 표준화규격인 'ISO9002' 인증을 획득했고 신용보증기금 유망 중소기업으로 선정되었으며, 전통식품 품질 인증, 대통령 표창장 수상, 우수납세자로 철탑산업훈장을 수상하였다.

송학식품회사는 현재 국수류 쌀 떡류(떡국 떡, 떡볶이), 냉면, 쫄면, 당면, 수제비, 우동, 만두, 만두피, 참기름, 김치, 누룽지, 참기름 등 150여종에 이르는 식품을 제조 전국 어느 곳에서도 송학의 제품을 만날 수 있다. 옛 맛을 잊지 못해 사먹는 사람이 늘면서 판매도 해마다 10~15%씩 증가하고 있다. 더욱 미국, 일본, 중국, 동남아, 유럽 등 20개국에 수출을 하여 세계의 송학으로 거듭나고 있다.

송학식품은 경기도 파주에 5000여 평의 제1공장이 있고 충북 청원에 2000여 평의 제2공장이 있다. 270여명의 직원이 하루 3교대로 24시간 일하고 있으며 품질과 위생관리에 가장 신경을 쓰고 있다. 매년 순수익의 10~15%를 신제품 개발비로 사용해 소비자가 원하는 상품을 만들어내는 일에 열중한다.

"나는 직원들을 내가 고용하는 사람이라고 생각하지 않는다. 사업을 함께 하고 도와주는 사람이라고 여기기에 항상 감사하게 생각한다. 내가 도움을 받으면서 지금까지 성장해왔기에 나도 도우면서 살아가는 것이 너무나 당연하다."

송 회장은 오전 6시에 출근하여 공장 근처 야산 약수터를 한 바퀴

뛰고 돌아와 식당에서 직원들과 아침식사를 함께 한다. 현재 성호정 회장의 아들 성동주 씨는 기업의 대를 잇기 위해 전략기획팀 팀장으로 아버지의 일을 돕고 있는 믿음직한 청년이다. 오늘날의 송학식품은 맨손에서 정상으로, 정상에서 다시 밑바닥으로, 거기서 다시 정상으로 부침하면서 오랜 세월을 거쳐 지금의 자리에 올라 있다. 이를 일군 성호정 회장의 삶은 끊임없는 시련과 싸우며 정상에 선 한 편의 '인생역전' 드라마를 방불케 한다.

송학식품이 성공에 이른 비결은 첫째, 성 회장이 어린 나이에 감당하기 힘든 시련이 있었지만 그런 환경을 헤쳐 나와 어떤 어려움에도 물러나지 않는 '근성'을 체득했기 때문이다. 그는 웬만큼 어려운 일에는 환경을 탓하지도, 낙심하지도 않고 앞으로 나갔다. 오히려 더 어려운 사람을 생각하면서 용기와 믿음으로 고난극복을 하여 희망을 열었다.

둘째, 성 회장은 근면 성실한 생활 자세와 좋은 아이디어가 생각나면 일단 모두 메모하는 습관을 갖고 있다. 성 회장은 하루 수면 시간이 5~6시간 정도로 부지런하다. 그가 일어나 처음 하는 일은 공장을 돌아보며 효율적인 생산관리가 이루어지는 지를 체크하는 것이다. 이 과정에서 그는 무엇이 문제인지, 어떤 제품을 개발할지 등에 대한 아이디어를 떠올리는 경우가 많다. 아이디어가 떠오를 때마다 메모를 해둔다. 이런 아이디어로 상품을 개발하고 있다.

셋째, 제품의 연구 개발에 돈을 아끼지 않는다. 송학에서는 매년 10가지 이상의 신제품이 나오는데, 이중 성공 확률은 10% 안팎에 불과하다. 신제품이 실패할 때마다 드는 손해비용은 적게는 3천만 원에서 크게는 1억 원. 결코 적지 않은 돈이다. 매년 쏟아 붓는 제품 개발비만 해도 매출의 5~10%에 이른다.

넷째, 송학식품은 하나님을 믿고 섬기는 기업이다. 때로는 어렵고 힘든 일도 있지만 하나님이 송학식품의 CEO라는 믿음이 있기에 쉽게 이겨낼 수 있다고 한다. 특히 제품 면에서 성공 비결은 그 첫 번째로 "좋은 재료를 쓰는 것"이다. 시중에는 일등품 밀가루가 있지만 이보다 더 좋은 특등품을 쓴다. 조금 더 비싸더라도 좋은 재료를 사용함으로써 소비자들로부터 신뢰를 높여가고 있다. 둘째, 장기간 상온에서 보관해도 변질이 되지 않는 '주정 살균법'을 개발한 것. 밀가루 제품은 이틀만 지나면 변질되는 단점이 있다. 이 문제를 해결하기 위해 산소흡입제와 주정으로 살균시켜 포장하여 제품 보관을 오래 한 것이다. 셋째, 다양한 신제품 개발이다. 쌀국수로 히트를 치고 150종의 전통제품을 개발 생산하여 인기를 끌어가고 있다.

성호정 회장은 회사를 경영하면서 항상 머릿속에 맴도는 생각이 있다.

"성호정, 너는 용산 미나리꽝 천막집에서 미군용 잠바를 얻어 입고 네가 돈을 벌면 너보다 못한 이웃을 돕겠다고 다짐하지 않았느냐. 이제 완전한 성공은 아니지만 어느 정도 자리를 잡았으니 그 일을 할 차례가 아니냐?" 성 회장은 어느 정도 사업이 괘도에 오르면서 이를 실천하기 시작했다. 그는 국내 면류업계의 1위일 정도로 자리를 잡았어도 자신이나 가정을 위해서는 근검 절약생활을 하고 불우한 사람을 돕는 데 자신이 어린 시절 배고픈 경험을 떠 올리며 앞장을 서고 있다.

성 회장이 처음 불우이웃돕기를 한 것은 보육원 등 사회복지시설에 송학 제품을 보내면서 부터다. 현재 그의 회사는 고아원과 복지시설 1백 30개를 돕고 있다. 뿐만 아니라 북한 평양시 삼일포에 대지 600평 규모의 국수공장을 건설하여 어린이와 노약자들에게 무료급식을 하고 있고 빈민국가에 도 국수를 지원하고 있다. 경제적 부담도 만만치 않지만 성 회장은 개의치 않는다.

어린 시절 쓰라린 배고픔을 경험했던 성 회장은 배고픔의 설움을 그 누구보다 잘 알기에 세계 곳곳에 굶주림에 허덕이는 이들에게 음식을 나누는 것을 천직으로 삼고 오늘도 그들에게 희망을 선사하고 있다.

기업들이 부의축적을 위해 애쓰는데 송학식품의 성호정 회장은 자본축적이 사회 환원을 위한 도구로 쓰이게 경영을 하고 있어 경외감마저 들게 한다. 성호정 회장은 부의 가치가 이렇게도 세상을 따뜻하게 할 수 있다는 것을 보여주는 산중인이다.

송 회장은 사랑은 사랑을 낳고 도움은 도움을 낳는다고 믿는다.

"나는 평생 제조업에 몸담아 왔다. 내가 이 사업을 하면서 성실성과 근면함으로 사업에 성공했을지 몰라도 그 보다도 봉사활동을 통해 감사와 감격, 기쁨과 보람을 더 많이 느끼고 있다."

성호정 송학식품 회장은 키가 162cm, 몸무게는 58kg. 학벌은 나이 쉰이 넘어서야 장로회총회신학교를 졸업하였다. 왜소한 몸집이지만 굶주린 사람을 돕는 일에 대한 그의 사랑과 열정은 거인이다. 성 회장은 우리나라 불우이웃은 물론 북한 및 빈민 국가를 돕는 한국의 록펠러라 할 수 있다.

"좋은 일을 하니 좋을 일이 생깁니다. 이 진리는 경험해보지 못한 사람은 모릅니다."

그의 꿈은 국내외의 배고픈 사람을 더욱 많이 돕는 것. 또 하나의 꿈은 경남 창녕의 땅 16만 5,000평에 양로원을 만드는 일이란다. 어찌 보면 그는 착한 사마리아사람과 같은 일을 실천하기 위해 사업을 하는지도 모른다.

성호정 회장이 일궈낸 송학식품은 단지 배를 채우는 "단순한 음식"이 아니라 어둠에 빛을 밝히는 "희망"이라 할 수 있다. 각박한 현실에서 사랑과 봉사로 기업을 이끄는 성 회장은 우리에게 남을 위해 불을 밝히면 내 앞이 먼저 밝아지는 삶의 지혜를 우리에게 웅변으로 말하고 있다.

영어 학원 시장에 등장한 새 강자
김 명 기 - 아발론 교육 대표

　　　　　　　아발론 교육(대표 김명기)은 1997년 창업 이래 괄목할만한 성장을 한 영어 전문교육 기업이다. 12년 만에 매출은 1100억 원, 영업이익은 200억 원, 영어 전문 학원 업계 매출 1위로 업계 최고의 자리에 올라 있다. 직영과 프랜차이즈 합쳐 전국 100개의 '아발론'에 4만 8000명의 학생들이 다니고 있는 영어시장의 새 강자이다. 학원사업 진출 이후 매년 평균 80% 이상 성장해 왔다. 그 성공비결은 과연 무엇인지 살펴본다.

　김명기 대표는 1967년 전북 임실의 빈농 가정에서 태어났다. 그가 자란 곳은 읍내에서 10㎞ 떨어진 산골로 전기는 초등학교 2학년 때 들어왔고 버스는 6학년 때 운행됐을 정도로 낙후한 시골마을이었다. 그는 임실동중과 임실고등학교를 졸업했다. 가정형편이 어려워 고등학교를 우수한 성적으로 졸업하고도 대학진학은 꿈도 못 꾸고 전주 직업훈련원에 들어갔다. 전기기사가 되려고 입학하였으나 적성에 맞지도 않고 가난의 굴레를 못 벗어날 것 같다는 압박감이 밀려와 두 달

남짓 지난 뒤 훈련원을 그만두고 다른 길을 찾았다.

그가 생각하기에 촌놈이 세상에 존재감을 알리는 방법은 두 가지였다. 고시에 합격하거나 권투를 해서 챔피언이 되는 거였다. 그는 경기도 양주의 섬유공장에서 일하며 권투 신인왕전에 도전하려고 준비했다. 그는 평소 운동에 남다른 소질이 있었고 때마침 TV에서 프로 복서의 경기를 보았는데 대전료가 엄청나 한 번 도전해 보기로 마음먹은 것이다. 그 시절은 배고픈 젊은이들이 복싱을 많이 하던 때이기도 했다.

그 당시 그의 체중은 67kg인데 페더급에 나가려면 10kg을 빼야 했다. 체중을 줄이려고 섬유공장에서 13시간을 일하며 남의 일까지 맡아 했다. 하루 4시간 정도밖에 자지 않고 아침에는 의정부에 있는 체육관에 다니면서 운동을 열심히 하였다. 그를 아는 사람들은 잘 생기고 영리한 그가 운동하는 것 보다 공부하기를 권하기도 했다.

그러던 어느 날 그는 공장에서 검정고시 공부를 하는 선배의 모습을 보고 권투는 자신의 길이 아님을 깨달았다. 그는 공부를 해야 한다는 생각에 다시 대학에 가기로 결심을 하였다.

글러브를 벗은 그는 그해 대입 학력고사 준비에 돌입했다. 그러나 70일밖에 시간이 없어 틈나는 대로 공부를 해야 했다. 길을 가다가도 가로등이 밝아지면 책을 읽었다. 어두컴컴한 길을 지날 때는 읽은 걸 외웠다. 그런 생활이 시험 전날까지 계속됐다.

그렇게 한 결과 그는 원광대 한문교육과에 차석으로 합격했다. 서울의 대학으로 갈 수도 있었지만 장학금이 필요해 선택한 길이었다. 대학을 갈 수 없을 거로 생각한 그가 드디어 대학생이 된 것이다.

그가 한문을 전공하게 된 것은 고교 때 한문선생님 영향이 컸다. 한문 선생님이 너무 재미있게 가르쳐 한문시간이 좋았고 주변에서도 대학진학에 대한 별다른 조언이 없어 한문교육과를 그냥 선택한 것이다.

그는 대입 학력고사가 끝나고는 등록금을 벌기 위해 부산의 신발공장에서 두 달 동안 프레스 일을 하며 80만원을 벌었다. 그가 대학에 들어가 보니 가난이라는 것을 더욱 실감할 수 있었다. 부자 집 애들은 자가용으로 등하교하는데 자신은 서클 활동비조차 낼 수 없는 처지라 많은 것을 생각했다. 그는 대학에 다니면서도 편히 공부만 할 수 없었고 시간이 나는 대로 돈 버는 일을 해야 했다.

"대학 1학년 마치고 군대에 갔다 왔어요. 복학 앞두고 전주에서 '노가다' 를 했습니다. '곰방' 이라고 벽돌 나르는 일인데 다른 사람들이 일당 8000원 받을 때 전 3만원을 받았어요. 한 달에 27일 동안 하루도 쉬지 않고 일했어요."

그는 어릴 때부터 지게 지고 다니며 안 해본 게 없을 정도로 일을 많이 하며 자랐다. 대학에 다닐 때도 금요일 막차 타고 고향에 가면 아버지가 성인 2인 분의 일을 맡겨 그걸 토요일 새벽부터 밤까지 다 해냈다. 일을 빨리 끝내야 공부할 시간이 생겨, 하고 싶은 공부를 할 수 있었기 때문이다.

그는 상일꾼 소리를 들을 만큼 일을 잘하고 부지런하고 성실하였다. 없는 집안에서 태어나 죽도록 일하면서도 교수가 되겠다는 뜻을 품고 공부에 몰입하였다. 그 첫걸음이 논어·맹자·대학·중용의 '사서(四書) 암기' 였다. 처음부터 외우다 막히면 다시 처음으로 돌아가 외우기를 반복하여 끝까지 외웠다. 방학 때는 정읍의 서당에 들어가 공부를 했다. 혼원당(混源堂) 선생님께 배웠는데 그분이 새벽 5시쯤 문밖에서 기침을 하면 밖으로 나가 읍하고 전날 배운 걸 정확히 다 외워야 다음 진도를 나가고 그렇지 못하면 그날 수업은 없었다. 얼마나 그게 두려웠는지, 잠이 들기 직전까지 글귀를 중얼중얼 대며 그렇게 반복을 거듭해서 사서삼경을 전부 외울 수 있었다.

그는 어느 날 사주명리학도 잘 하시는 혼원당 선생님께 자신의 사주가 어떤지 여쭈니 '자넨 부모·형제의 도움을 하나도 못 받고 자수성가할 것이며 42살 때부터 대운(大運)이 20년간 계속 될 것'이라고 했다. 그때 그의 나이는 24살이었다. 그런데 혼원당 선생께서 뜬금없이 '자네 한문을 계속할 거냐' 고 물으시어 하도 이상해 '제가 소질이 없습니까' 라고 여쭈니 '자넨 영어로 성공할 거니 영어를 하라' 고 말씀하는 것이었다.

그동안 한문을 열심히 공부했는데 갑자기 영어를 공부하라고 하여 당혹스러웠으나 우연히 영어를 하게 되는 계기가 찾아왔다.

"대학 3학년 때 '태동고전연구회' 라고 청명 임창순 선생께서 맡고 있는 한림대 부설연구원이 있었어요. 그곳에 전국에서 10명을 선발해 장학금을 주며 석사과정을 밟게 하는 제도가 있습니다. 시험 삼아 응시해보려 원서를 작성하는데 토플 점수를 기재하는 난이 있더군요. 전 토플이 뭔지 몰랐거든요."

그 때부터 그는 하루에 12시간씩 사서(四書) 외울 때처럼 영어와 씨름을 하였다. 영단어·문장을 외우고 또 외웠다. 목이 트이고 정신이 맑아지도록 큰 소리를 내어 읽는 '성독(聲讀)'을 영어에도 적용했다. 군산 미군기지 근처에서 지나가는 미군을 아무나 붙잡고 실전 연습도 했다. 1년 만에 토플에서 600점을 받았다.

"제가 한문교육과를 수석 졸업했지만 한문으로는 갈 길이 많지 않았어요. 당시 순위고사를 봐서 교사가 되는 길이 있었어요. 그런데 영어공부를 하면서 생각이 바뀌게 됐어요."

그는 처음엔 대학원 석·박사 과정에 진학하려 했는데 아무래도 가난했고 돈을 벌어야겠다는 생각이 들어서 회사에 입사를 했다.

그는 자기 존재감을 느낄 수 없을 것 같아 대기업을 피하고 서울 서초동 '아빅스테크'라는 방송음향장비 관련 업체에 들어갔다. 그의 남다른 면은 어디에서든지 돋보였다. 남들은 5일간 할 일을 그는 하루 만에 마쳤다. 그것이 가능한 것은 다른 사람은 신용장 접수에 하루, 면장을 받아서 세금을 내는데 하루, 대한항공을 가느라 하루, 아시아나 항공을 가느라 하루 등으로 나눠서 일을 하는 것을 그는 동선을 따져서 일을 몰아서 5일분을 하루 만에 해냈다. 그렇게 하다 보니 창고료, 운송료, 교통비 등이 절약되는 성과를 얻었고 업무에 효율이 높아 입사 첫해 최우수 사원으로 선정됐고 대리 승진도 제일 빨랐다. 그러나 그 일이 그의 적성(適性)에 맞는 게 아니라서 자신에게 맞는 일을 해야겠다고 생각을 하였다.

그는 회사에 사표를 내고 남들이 말리는 것을 뿌리치고 영어 학원을 차렸다.

"아발론을 성남시 분당에 차린 게 1997년 12월 1일입니다. 그때 IMF가 터졌잖아요. 최악이었지요. 돈 2000만원을 빌려 학원을 냈는데 2주 만에 다 날아갔어요. 수강생이 달랑 세 명뿐 이었고요. 다시 돈을 구하러 다녔지요. 22명에게 1억 8000만원을 빌렸는데 정말 힘들었습니다. 그때 하도 사채(私債)업자들에게 곤욕을 치러 지금도 모르는 전화가 오면 받지 않습니다."

아발론 교육의 김명기 대표는 학원가 출신도 아니고 영어전문학원 대표인데 영문과 출신도 아닌 한문교육과 출신이다. 비 영어과 출신으로 30대 초반에 학원가에 들어와 어떻게 성공할 수 있었을까?

그는 끊임없이 연구하고 투자를 아끼지 않으며 철저한 관리를 하는 것으로 유명하다. 김 대표는 학원을 시작했을 때 마스시타 고노스케의 경영철학을 배우기 위해 책을 열심히 읽었다. 그 뒤엔 피터 드러커의 책을 수없이 읽으며, 미래엔 고객 중심의 경영이 필요하다는 생각을 확립하고 철저하게 고객 중심으로 학원을 운영했다. 다른 학원장들과는 달리 철저히 기업경영의 원리를 학원운영에 적용시킨 게 결정적인 성공 원인이라고 그는 말한다. 시장에서의 힘의 중심이 제조업자에서 유통업자로, 그 뒤엔 고객으로 이동할 것이란 드러커의 주장을 확신하고 학원의 시스템을 모두 고객이 편한 상황으로 만들어 놓으니 학원생 수가 늘어났다는 설명이다. 홍보전단을 통한 마케팅 시대는 끝나고 진정으로 고객을 위하는 학원만이 살아남을 수 있다는 생각에 기존의 원장들과는 아주 다른 전략을 구사한 것이다.

김 대표가 강조하는 것은 세계를 무대로 역량을 펼칠 수 있는 글로벌 인재를 양성하는 것이다. 아이들의 시야를 넓혀 그 기회를 잡아 주고 청소년기의 시행착오를 없애주는 것이 아발론 교육이 추구하는 교육이념이다.

아발론 교육은 우리의 말과 글을 배우고 충분한 독서를 한 다음 영어를 배워도 늦지 않는다고 한다. 김 대표는 일단 한글을 익혀 독서 능력을 기른 뒤에, 가치 있는 것을 스스로 찾아낼 수 있는 단계에 이른 뒤 외국어 배우기를 권한다.

아발론 교육은 초등 3학년 이상을 대상으로, 한 초등반의 경우 1개 학년을 9개 레벨로, 중등반의 경우 13개 레벨로 나눠 서로 다른 커리큘럼으로 강의를 진행하고 있다. 또 특목고를 준비하는 학생 등을 대상으로 중 3반을 따로 편성, 9개 레벨로 세분화하고 경쟁을 통해 2주에 1차례씩 반을 재편성하면서 교육효과를 배가시킨다. 같은 레벨이라도 또다시 듣기와 쓰기, 말하기와 읽기의 수준을 세분화해 능력에 맞는 맞춤형 교육을 진행하고 있다. 한 반은 13, 14명으로 구성되며 하루 2시간 40분 동안 주 2, 3회 수업을 듣기에 절대시간은 많은 편이다. 듣기, 쓰기, 읽기, 말하기 등 영역을 세분해 수업을 하는데, 한국인과 미국인 교사 1명씩이 '담임'이 되어 학생들을 관리한다. 해외체류 경험이 전혀 없는 토종 초등 6학년생 몇몇은 3년간 집중 트레이닝을 받은 뒤 중3 때 토플 CBT 297점(300점 만점)을 받고 토론능력도 원어민 이상의 실력을 갖춘 것으로 평가받았다는데 이런 것이 아발론의 경쟁력이다

상급반의 미국인 교사들은 특히 이 학원이 자랑하는 디베이트(토론)반과 다큐멘터리 시청 반 수업을 주관하는 데 많은 시간을 할애한다. 디베이트 수업은 특목고 입시에 필요한 변별력이 높은 영어 에세이나 구술 면접에 대비해 단순한 말하기가 아니라 '비판적 커뮤니케이션 능력'을 길러주기 위해 고안했다. 디큐멘터리 수업은 BBC나 내셔널지오그래픽에서 제작한 인문·자연과학 프로그램 시청을 통해

다양한 이슈에 대한 배경지식을 주기 위해 개설했다.

이와 함께 학원 강사들과 영어전문가들로 이뤄진 '교재연구팀'을 따로 만들어 수백 권의 영어 학습 교재를 분석·정리해 '아발론' 만의 교재를 엄선, 학생들에게 제공하는 등 '수익의 100% 재투자'를 실천하고 있다.

한편 특목 중·고별 입시전략을 상세하게 소개해 주는 입시전략연구소를 갖추고 있으며 최근에는 특목고 대비생을 위한 아발론에듀(www.avalonedu.com) 온라인 특강 서비스도 개설했다. 또 캐나다에서 여름 캠프를 실시하는 등 다양한 프로그램과 만족할 만한 성과로 신뢰를 구축하고 있다.

김 대표는 '예고된 변화'를 도약의 기회라고 믿는다. 2000년 토플 시험이 PBT에서 CBT로 바뀔 때 토플 1개 반에 강사 4명을 투입했다. 문법·독해·청취·영작을 가르치겠다는 뜻이었다. 비용이 크게 증가했지만 그는 아랑곳하지 않았다.

2002년 수도권 고교 평준화가 됐을 때도 그는 특목고(特目高) 바람을 예상했다. 그때 그는 초등학생부터 성인에게 영어, 일어, 중국어를 가르치던 학원을 초등학교 3학년부터 중3까지만 다니는 영어 전문 학원으로 특화했다. 아발론 교육은 명문가의 교수법을 추구한다. 학생 눈높이에 맞는 수업전개로 내실 있는 교육효과를 거양하고 있다.

2006년 CBT가 바뀔 때도 강의실 5곳에 강사 12명을 투입하고 스피킹을 밀착지도 하였다. 2012년 전자 교과서가 도입되면 다시 변화가 있을 것을 예상하여 그 체제에 대비하고 있다.

또한 아발론 교육은 정규강의(아발론교육, 랭콘잉글리쉬)뿐 아니라 온라인교육(아발론에듀), 해외 및 국내 유학(아발론글로브)의 다양한 프로그램을 유기적으로 결합한 통합학습 '커넥티드 러닝(Connected Learning)'을 제공한다.

자체 교재의 개발을 통한 강의 경쟁력을 확보하고 IBT 토플 체제에 맞는 유비쿼터스 학습 환경 제공을 위해 On-Line Based Speaking/Writing Test System의 독자 개발 및 운영 중에 있어 IBT 토플시험에서 고득점을 내는 학생 수가 늘고 있다.

아발론 교육은 많은 시간을 투입해 암기에 몰입한다. 계속된 반복학습은 새까맣게 보이던 영자를 한글처럼 보이게 만든다. 영재가 아닌 일반 어린이도 15세 이전에 이 방식을 통해 영어를 수준급으로 끌어올릴 수 있는 과정을 밟는다.

단어 외우기, 작문하기, 테이프 듣고 오기 등 매일 내주는 숙제에는 부모의 확인 사인을 받아오게 한다. 사인이 없거나 숙제를 못 해오면 반드시 수업 후에 남아서 숙제를 마치고 검사를 받은 뒤 귀가하도록 관리한다. 한국인 담임교사는 숙제를 자주 안 해오거나 컨디션이 안 좋다 싶으면 학부모에게 바로 문자 메시지를 보낸다. 대신 담임교사에겐 숙제검사에 많은 시간을 뺏기지 않도록 조교사 1명씩을 붙여준다.

학원은 월·수·금, 화·목 체제로 수업한다. 토요일, 일요일은 휴업한다. 초등학생은 밤 8시 50분, 중학생은 밤 10시에 꼭 수업을 끝낸다. 대신 숙제를 많이 내주어 1주일 내내 스스로 공부하는 틀을 만들어 주고 있다. 정기적으로 '학부모 day'가 열리는 것도 특징이다.

아발론의 직원 900명은 전부 정규직이다. '강사와 직원들이 행복하게 일할 수 있어야 학생들에게 양질의 교육을 할 수 있다'는 신념으로 아발론과 인연을 맺은 사람은 정규직원으로서 인생을 계획적으로 살 수 있도록 하고 있다. 선생님들을 아발론교육에 텃새로 남아있도록 정성을 다한 결과 이들이 고객들에게 최선을 다하여 학원생들이 쉽게 늘어나게 만든 원동력이 되었다.

김 대표가 생각한 경쟁력 극대화를 위한 최선책은 '직원들의 복지 향상'이다. 매출 이익금의 전부를 직원들의 상여금과 시스템 개발비 등으로 재투자한다. 선생님들에겐 최고 수준의 연봉을 준다. 학생들에게 최고의 교육을 하기 위해선 좋은 선생님이 꼭 필요하단 생각에서다. 이 학원에 들어온 학생들이 이탈하지 않는 것처럼 선생님들도 장기근속자가 많다. 이곳은 철저히 연공서열로 성과급을 매출이 올라가면 골고루 받게 돼 있다. 또한 강사 개개인의 맨 파워보다는 교재팀에서 개발하는 교재의 경쟁력을 높이고, 다양한 연구수업을 통해 강사들끼리 '바람직한 수업방식'을 공유하는 데 초점을 맞추고 있다. 분당 권 직영 12개 캠퍼스의 강사들은 순환근무에 따라 움직인다. 강사부터 청소 아주머니들까지 주인정신으로 성심성의껏 맡은 일을 하도록 직원관리를 하고 있다.

김 대표는 '전 직원의 상담 교사화'에 신경을 쓰고 있다. 직원들을 대상으로 한 프리젠테이션 경진대회도 정기적으로 연다. 언제 누가 불시에 아발론어학원의 특징이나 레벨 테스트의 장점 등에 대해 물어도 최소한의 답변 요령을 갖춰야 학부모들의 신뢰를 얻을 수 있다는 이유에서다.

1997년 12월 아발론의 전신인 CIE학원을 열고 2001년까지는 수강생이 수십, 수백 명에 불과했으나 2004년 12월 2,600명, 2006년 5월 8,000명, 현재 본원 수강생만 1만여 명이 넘는다. 직영과 프랜차이즈 합쳐 전국 100여개의 '아발론'에 4만8000명의 학생들이 다니고 있다. 지난달에 등록한 학생이 다음 달에도 등록하는 비율을 '재등록률'이라 하는데, 이는 학원가에서 안정적인 운영 여부를 나타내는 지표로 통한다. 이 학원의 재등록 율은 평균 95%에 달한다.

체계적인 교육 프로그램으로 학부모들 사이에 입소문이 나자 아발론 교육은 탄탄한 입지를 구축한 영어교육 전문 학원 재벌이 된 것이다. 성공한 사람의 공통점은 환경의 노예가 되는 것이 아니라 환경을 경영하고 지배하는 능력을 가졌다는 점이다

아발론(Avalon)은 아더왕(王)이 잠든 곳이다. 캄란 전투에서 치명상을 입은 왕은 거기 머물며 위기가 닥칠 때를 기다린다고 한다. 그때가 되면 그는 눈을 뜨고 세상에 나올 것이다. '브리타니아 열왕기(列王記)'에 나오는 얘기다. 김 대표는 그의 학원에 영웅이 들어가고 배출되는 공간으로 만들고 싶어 학원 명을 아발론이라 지었다고 한다.

김명기 대표는 늘 가까이 두고 즐겨 읽는 책이 '대학(大學)'과 '논어(論語),' 맹자(孟子)' 등 동양고전이다. 세상의 모든 이치와 방법론은 서로 통하기 마련이다. 영어를 잘 하는 법이나 한문을 잘 익히는 법은 수 없는 반복, '배우는(學)' 것보다 '익히는(習)' 것이 더 중요하다는 학이시습(學而時習)을 김 대표는 강조한다.

"논어에 있는 '학이시습'이란 '습(習)' 자를 보면 깃우(羽)와 흰백(白)이 합친 글지입니다. 날개 짓을 하얀 솜덜이 자랄 때까시 수없이 해야 나를 수 있듯이 공부도 익히는 것을 시도 때도 없이 익혀야 한

다는 겁니다."

"공부 습관을 가르치려면 가장 먼저 '시간 채우기' 훈련을 하라"

공부는 책상 앞에 앉아있는 습관에서 시작하기 때문이다. 시간 채우기 훈련을 한 뒤에 시간을 정해 간단한 영어 테이프 듣기나 원서 읽기, 단어 외우기 등을 매일 반복하는 습관을 들여 나가기를 권한다. 학습 방법을 깨닫고 나면 영어뿐만 아니라 다른 과목도 성적이 향상되게 마련이며 아발론은 독서학습 등의 프로그램을 통해 학습의 틀을 잡아주는 데 중점을 두고 있다.

김 대표의 사업 방식은 모두 고전에 바탕을 두고 있다. 논어에서 증자가 말한 '임중이도원(任重而道遠·임무는 무겁고 길은 멀다)'을 떠올리며 자신을 다잡는다. 대학의 '물유본말(物有本末)'은 사업의 근본인 고객에 초점을 맞춰야 한다는 경영철학이 됐다.

그는 또 논어의 '충서(忠恕)'를 경영원칙으로 꼽는다. "진기지위충(盡己之爲忠·자신을 모두 바쳐 최선을 다함) 추기급인지위서(推己及人之謂恕·타인의 입장에서 생각하고 용서함)로 나와 남을 대하면 안 풀릴 일이 없다"는 것이다..

아발론 교육은 교육 소외지역인 도서지역 학생들을 위한 양질의 영어 교육 기회를 위해 지원하고 있으며 대학 TESOL 과정에 장학금을 지급하여 인재를 키워내고 있다.

김 대표의 방은 의아할 정도로 아담한 크기에 책상과 의자, 회의용 작은 테이블이 인테리어의 전부다.

"학생들 교육 잘 시키는 게 우선이지 대표이사 방 꾸미는 게 뭐가 중요한가요. 강의실 등 학생과 직원들을 위한 공간이 더 필요하다면 제 방까지도 비워줄 수 있는 걸요."

그의 면면을 읽을 수 있는 말이다.

"저는 아직도 성공이라는 단어와는 거리가 멉니다. 대학교 때 교수님께서 성공에 대해 말씀하신 게 생각이 나요. 성공이란 내가 생을 마감한 후 후손들이 평가하는 것이라는 거죠. 지금 살아 있는 동안에는 성공이 아니라 성취라는 것이죠. 그 말이 맞다고 생각합니다."

일을 즐기며 할 줄 아는 사람만이 성취감 또한 맛볼 수 있다는 것이 김 대표의 생각이다. 그래서 직원들도 학생들도 아발론에서는 즐기며 배우고 가르치도록 분위기를 조성하고 있다.

김명기 대표는 2006년 대한민국 교육산업대상을 받고 2010년에도 5년 연속으로 학원분야 어학부문에서 대상을 수상하였다.

김 대표는 오늘도 더 실력 있는 강사와 더 나은 교재를 찾아내기 위해, 더 많은 학생에게 양질의 교육을 하기 위한 꿈을 이루기 위해, 아발론이 최고 명문 교육기업으로 성장할 수 있도록 부단히 노력하고 있다. 김 대표는 아발론을 영국의 유명한 사립학교인 이튼스쿨과 같은 명문 교육기관으로 만들고자 오늘도 최선을 다하고 있다.

제 2 부

도전으로 꿈을 이루다

초등학력으로 대학 총장 된 교육자
김 재 규 - 영동대 초대총장

　　　　김재규 총장은 시골에서 초등학교만 졸업하고 독학으로 초·중등교사자격시험, 보통고시, 행정고시, 교수자격시험을 합격하여 희망을 연 입지전적인 인물이다. 독학으로 교사가 되어 교육부 고위직, 서울시내 고등학교장, 대학총장까지 위업을 달성한 성취의 길을 간 그의 성공 기를 살펴본다.

　김재규 총장은 1927년 경상남도 합천에서 태어났다. 어려운 가정형편 때문에 초등학교를 졸업한 뒤 진학을 못하고 부모님의 농사일을 거들며 지냈다. 아침에 지게를 지고 일하러 나갈 때 학교에 가는 친구들을 보면 담 모퉁이에 숨어 한없이 그들을 부러워했다.

　"내 나이 열여덟에 두 살 어린 집사람과 혼인을 했습니다. 그런데 그 때 같은 마을로 시집온 새색시가 또 한 명 더 있었는데 바로 집사람의 학교 동창입니다. 그 집 신랑은 초등학교 선생님이었어요. 한 동네에서 누구는 '사모님', 또 누구는 '농부의 아내'가 된 것이지요. 그 때만 해도 초등학교 나온 색시한테 장가들기란 쉽지 않은 일이었습니다. 내가 장가를 잘 간 거지요. 그런데 나는 아침마다 지게를 지고 들로 나가는데 옆집 선생님은 양복 입고 학교로 출근을 하잖아요. 그 때 집사람이 저에게 불평불만을 내색하지 않고 대신 연약한 몸으로 들에 나와 일을 거드는 그 모습이 어찌나 안쓰럽던 지요. 물어본 적도 들은 적도 없지만 집사람한테도 왜 꿈이 없었겠습니까. 그런데 저 같은 남편을 만났으니 그 소녀의 꿈이 산산조각이 났겠지요. 말은 하지 않았지만 나 때문에 집사람의 자존심이 한풀 꺾이겠구나 하는 것을 생각하고 무척 미안했습니다. 물론 나 자신도 자존심에 큰 상처를 입었습니다. 마음을 단단히 먹었습니다. '저 사람을 위해서 뭔가 해봐야겠다.' 시험을 쳐서라도 공무원이 되어야겠다고 결심했습니다. 이것이 동기가 되어 그 때부터 일하면서 독학의 길을 걷게 되었습니다."

그는 그렇게 해서 초등학교 교사 시험을 준비하였다. 때는 1945년도. 20세 이상의 남자는 모두 군대에 징발 당하던 절박한 시절이어서 입대까지는 2년의 여유 밖에 없었다. 게다가 시험 날짜까지는 2달 밖에 남지 않아 모두 12과목을 공부하려면 최소 한 과목 당 5일 정도 공부해야했다. 먹고 자는 시간을 아껴 공부에 몰입해도 너무 부족한 시간이었다. 나름대로 열심히 하였지만 촉박한 시간은 뛰어넘을 수는 없어 첫 번째 시험은 낙방하였다. 낙방을 하면 많은 사람들은 실망과 좌절을 하는데 그는 첫 시험을 통해 자신의 부족함과 한계를 뼈저리게 느끼게 되었다. 첫 낙방으로 그간 쉽게 생각한 나태한 마음과 자만심을 버리고 자신을 더욱 추스리어 오히려 불을 지펴 분발하였다. 이왕 시작한 것 어떤 어려움이 있어도 중간에 포기하지 않고 좋은 결실이 있을 때까지 매진하기로 마음을 다졌다. 그 후 한층 더 공부에 열중하여 하나하나 알아가는 재미가 들자 낮과 밤이 따로 없이 최선을 다했다. 박차에 박차를 가해 결국 교원양성제도의 시험을 통해 마침내 초등학교 교사자격을 취득할 수 있었다. 사범학교를 졸업해야 받을 수 있는 교사자격증을 검정고시를 통해 받은 후 모교인 용주 초등학교 교사로 발령을 받았다. 원하던 목표를 이루었으니 그로써 만족할 수도 있었겠지만 그의 남다른 점은 거기에서부터 제 빛을 발하기 시작하여 한 단계 높여 중학교 교사 자격증에 도전하였다.

"모교에 3년 있다가 읍 단위의 초등학교로 발령을 받았어요. 그런데 옆에 있는 합천중학교의 음악 선생 부인이 집사람의 또 다른 동기동창인 거예요. 이왕 내친걸음일 바에야 이번에는 중학교 선생이 되어 보자는 마음이 생겼어요. 그래서 중학교 교사자격시험에 도전을 하기 위해 다시 공부를 시작했어요. 세 번의 도전 끝에 합격을 했어요. 아, 그런데 또 고등학교 교사 시험을 한 번 쳐보고 싶은 거예요. 중고등학교가 한 캠퍼스 안에 있는 터라 날마다 고등학교 선생님들과 마주쳐야 했는데 그 때마다 어쩐지 주눅이 드는 게 참 싫었어요. 시험공부를 하느라 힘든 것은 문제가 아니었어요. 하고 싶은 일이 있어 노력하고 도전하는 즐거움이 무엇에 비할 수 없을 만큼 기대감도 있고 마음을 설레게 했어요."

그렇지만 공부는 생각한 만큼 쉽지는 않았다. 공부는 어렵고 힘들었으나 참고 촌음을 아껴가며 부지런히 하여 1년 만에 고등학교 교사 자격시험에도 통과를 하였다. 초. 중. 고 교사자격을 다 획득하였는데도 불구하고 아직도 갈증과 허기는 채워지지 않고 어딘가 허전함이 남아 있었다. 출세를 위해 시험공부를 하기 보다는 자신의 노력으로 하나씩 업그레이드된 성취를 해 나가는 기쁨이 크고 보람이 있어 계속 독학으로 다음 시험을 준비했다. 보통고시 수석 합격에 이어 고등고시에 도전하여 서른세 살에 제11회 고등고시 행정과에 합격해 1960년부터 교육부 사무관으로 화려한 변신을 하였다. 그의 도전은 여기서 그치지 않았다. 교수 자격 인정 시험에도 합격하여 서른아홉 살에 우리나라에서 전무후무한 『초등학교 졸업 교수』가 돼 연세대, 고려대, 이화대 등의 교육대학원에 출강하기도 했다.

이후 충남, 충북, 경남 교육위원회의 부교육감, 서울대 사무국장, 문교부 보통교육국장, 중앙교육연수원장, 그리고 서울여의도고, 경동고 교장을 끝으로 공직생활을 마쳤다. 그러나 그는 곧 서울 압구정에 위치한 현대고등학교 교장에 취임하였다. 그 학교의 설립자는 한국 경제 발전의 주역인 현대그룹 정주영 명예회장으로 그 역시 초등학교 출신이다.

현대고에서 4년 6개월 간 근무하던 중 영동공대에서 그를 초빙하였다. 그를 대학 학장으로 초빙한 사람도 초등학교 학력만으로 건설업에 성공한 영동공과대 설립자 김맹섭 씨였다. 김 이사장이 "우리 대학의 초석을 다질 사람은 당신 밖에 없다."며 학장을 맡아 줄 것을 요청했지만 김재규 교장은 선뜻 수락하지 않았다. 초등학교밖에 졸업하지 못한 사람이 대학 졸업생에게 학위를 줄 수 없다는 겸손한 이유에서였다. 김 이사장을 비롯한 재단 측의 간곡한 부탁으로 『첫 졸업생이 배출되기 전까지 3년 11개월만 맡겠다.』는 조건을 달고

1994년에 초대 학장직을 수락하였으나 7년간 영동대를 이끌어 국내 명문의 종합대학으로 자리 잡는데 기여하고 2000년 말에 대학 총장직을 사임하였다. 그는 그간 건강을 이유로 학교법인 금강학원에 사직서를 제출하였으나 학교 측에선 계속 반려해 오다 김 총장이 사직의 뜻을 굽히지 않아 할 수없이 이사회에서 사직서를 수리하였다. 현재는 그 대학 법인의 이사로 대학을 돕고 있다. 김 총장이 교육과 함께한 경력은 52년의 세월이나 된다.

"비결이 뭐냐고 다들 물어요. 그럼 제가 그러지요. 한 순간이라도 꿈을 버리지 말라고요. 그 다음에는 작은 시험이라도 한 번 쳐보라고 합니다. 작은 고개 하나 넘어야 그 다음 큰 고개가 보이는 법이거든요. 그리고는 자신의 그릇에 맞는 공부 방법을 찾으라고 합니다. 개개인의 성격과 자질이 다 다르듯이 공부하는 요령도 마찬가지랍니다. 요즘에는 창의력이 우선되는 경향이 강합니다만 기본적인 학습능력이 먼저 갖춰지지 않고서는 그도 어렵다는 걸 간과하고 있어요. 똑똑한 아이로 만들고 싶다면 먼저 이해한 것을 기억하도록 이끌어줘 보세요. 그러면 누구라도 공부 잘 할 수 있습니다. 사고니 창조니 해서 시작을 만드는 사람으로 가르치는 일은 그 다음의 일입니다. 제 소신은 그렇습니다."

일선 현장에서의 경험 상 그는 칭찬 이외에 좋은 가르침은 없다고 말한다. 그 자신 역시 점수가 바닥을 치던 수학이 초등학교 6학년 때 만난 담임선생님의 따뜻한 관심과 칭찬 한 마디에 세상에 이렇게 재미있을 수가 없는 과목으로 탈바꿈하였다. 문맹이던 몇몇 졸업반 학생들을 단 기간 내 중학교 입학시험에 합격하게 만든 비결도 아이들로 하여금 '해냈다는 성취감'을 맛보게 해주고, '조금 지나칠 정도로 칭찬해주는 것'에 있었다고 한다. 金在奎 총장은 칭찬의 중요성을 이렇게 말한다.

"인간은 누구나「나도 할 수 있다. 나에게 능력이 있다」는 유능감이 있다. 하지만 이 유능감은 지도를 잘 받으면 현실로 나타날 수 있지만 아무에게도 인정을 받지 못하면 소용이 없게 된다. 학생들이 선생님의 꾸지람을 받아들이고 그것을 고맙게 생각하고 분발하는 계기로 삼는 것은 유능감이 있기 때문인데, 유능감이 칭찬과 마주치면 2~3배의 도약을 가져오게 한다"

김 총장은 대학에 다니지 못한 것을 부끄러워하지 않고 오히려 독학으로 성취한 학력(學力)을 자랑스럽게 생각한다. 요즘 사교육이 범람하고 특히 고학력의 사회에서 학력의 벽을 넘고 무너트려 온 학력 파괴의 이력을 갖고 있는 그 분은 우리에게 시사하는 바가 크다.

"돌이켜보면 남들은 쉽게 갔던 길을 저는 단지 돌아서 갔을 뿐이라고 생각합니다. 물론 남들이 이미 지나간 길을 한참 뒤에서야 뒤따라 갈 때에는 힘이 빠지기도 했지만 힘든 만큼 보람도 있었고 돌아서 가는 재미도 있었습니다."

김재규 총장의 성공비결

성공 비결 1 : 타고난 성공은 없다

어린 시절 징닌꾸러기였고 초등학교만 졸업하고 농사일을 하던 그가 대학 총장이 되기까지의 인간승리 이야기는 한마디로 끊임없는 노력과 도전에 의해 이뤄낸 결실이었다. 교사나 교수시절에도 실력 없다는 말을 듣지 않으려고 열성으로 가르치고 면학정진 하여 학생의 인기가 대단한 명 강의를 하였다.

성공 비결 2 : 자존심을 굽혀라

20년의 수험 생활에서 그의 첫 번째 도전은 초등학교 교사 자격시험. 결과는 불합격. 실망하거나 좌절하지 않고 오히려 자신의 열정과 실력의 부족을 탓하며 더욱 도전하여 교사와 교수의 꿈을 이루었다. 한 번에 된 시험은 재미없다고 자신을 위로하며 더욱 열심히 노력한 그 자세를 배워야한다.

성공 비결 3 : 서 있는 그 자리가 중요하다

어디에서든 자신이 서 있는 그 자리에서 최선을 다했으며 행복하게 직장생활을 하며 보람을 찾았다. 더욱 한 가지 성취에 만족하지 않고 새로운 꿈을 실현하기 위해 도전을 계속하여 '해 냈다는 성취감'을 만끽하였다.

성공 비결 4 : 돌아간다고 늦는 것은 아니다.

정상적으로 대학교육을 마치고 교사 생활을 해도 순탄치 않은 길을 초등학교 졸업 학력으로 초등학교 교사를 시작으로 나라의 수재들이 모인 서울대, 연, 고대 학생들까지 가르치고 결국은 대학 총장까지 된 그의 교육 여정은 돌아가느라고 힘은 들었지만 결코 늦은 것은 아니었다.

성공비결 5 : 인생철학- 언행일치

사람은 하고 싶은 일을 해야 한다는 지론을 자신에게, 또 자식에게도 실천한 분이다. 손재주 좋은 아들이 대학을 중퇴하고 정비사 일을 하겠다고 나섰을 때 받아들이고 정비사인 아들을 자랑스럽게 생각하고 있다. 말하기는 쉽지만 실천하기는 어려운 일 즉 언행일치의 인생철학이 오늘의 그를 만든 비결이다.

하나의 국가고시도 합격하기 힘든데 그는 목표했던 한 가지를 통과하면 그 다음 더 높은 고시를 보아 그 결과 초등학교· 중학교· 고등학교 교사 자격시험, 보통고시, 고등고시, 교수 자격시험까지 합격하는 위업을 달성하였다.

자기가 하고자 하는 일에 도전하고 도전해서 성취하는 것, 그리고 그 성취의 삶이 또 다른 삶에 등대가되는 인생이야말로 참으로 보람 있고 멋진 인생이다.

김 총장은 '하늘은 스스로 돕는 자를 돕는다' 라거나 '하면 된다'는 말을 실제로 보여준 산 증인이다. 그는 어려운 가정환경에서 어떤 도움도 없이 다만 실천에 옮기도록 부지런히 몸을 움직이게 한 한결같은 마음과, 그 마음을 따르는 각고의 노력만으로 목표를 이뤘다. 김 총장은 지금까지 자신이 이뤄낸 일이 있다면 그 모두는 부인의 덕이라고 말한다.

"성품이 맑고 온화한 집사람은 한 마디 말없이도 큰 깨우침을 주는 제 스승이자 제 힘의 원동력입니다."

김 총장은 좌우명이 성실이며 가훈은 정직이다. 평생 학교교육과 교육행정을 담당하면서 투철한 교육관과 숭고한 교육애로 열정을 다해 맡은 일은 보수보다 더 많이 하기를 솔선수범하였다. 그분이 경영한 학교는 학교경영 성공모델이 되었고 학생들의 실력향상과 인격을 형성하여 준 큰 교육 희망에 함께한 모든 이들은 그 분의 인격과 교육에 대한 선견지명에 매료되어 못 잊어하고 존경하고 있다. 그 분이 보이신 교육철학과 행동의 면모는 하나하나 감동으로 이어져 참다운 교육의 길을 안내하였다.

오늘날 우리가 겪고 있는 공교육의 위기와 무력증, 교육개혁이 공전하는 상황에서 그분의 교육에 대한 애정과 참다운 교육실천은 교육혁신의 단초가 되겠기에 더욱 그 분을 크게 생각나게 한다.

김재규 총장은 1996년 충북대학교에서 명예박사학위를 받고 김영휘 교육상과 국민훈장 동백장을 수훈하였다.

삶은 자기 자신과의 끊임없는 투쟁의 연속이라 한다. 가장 낮은 학력으로 가장 높은 대학 총장까지 한 김 총장이 우리 사회의 두터운 학벌주의를 뚫고 나아가서 끝없는 도전과 노력, 피와 땀으로 이룬 그 거대한 족적은 오늘을 사는 우리에게 큰 가르침이 되고 있다,

한국이 낳은 세계적인 외교관
반 기 문 - 유엔 사무총장

　　　　반기문 총장은 평소 근면 성실하고 뛰어난 업무능력과 고매한 인격으로 존경받는 공직자 상의 표본이다. 그는 공사가 분명하고 책임감이 강한 청렴한 외교관으로 세계 정치의 중심인 유엔사무총장으로서 지도력을 발휘하고 있다.

　반기문 총장은 1944년 충북 음성에서 태어났으며 어려서부터 영특하고 공부에 욕심이 많아 책을 밤 새워가며 읽었고, 새로운 지식을 알아가는 재미에 항상 책을 가까이 했다. 57년 충주중학교에 들어가 영어를 공부할 때는 그 날 배운 단어와 본문을 눈과 손과 입에 밸 정도로 반복해서 '달달달' 모두 외웠고 중학교 3학년 때는 '타임지'를 보고 공부하며 세계에 대해 눈을 뜨기 시작하였다. 충주고에 진학한 뒤에는 영어로 된 것이면 닥치는 대로 읽고 외우고 말하는 등 영어에 대한 열정이 대단했다. 교과서도 녹음하여 듣고 특히 그 당시 충주비료공장에서 일하던 미국인 기술자들을 찾아가 미국 현지 영어를 배우고 일요일마다 성당에 나가 미국인 신부와 대화를 나누며 영어 실력을 높이기도 했다.

그에게 처음 '외교관'의 꿈을 심어준 분은 고교 영어교사였던 김성태 선생님이다. 영어를 잘하고 예의바르며 근면 성실한 반기문에게 선생님은 외교관이 돼보라고 조언하면서 비스타(VISTA · Visit of International Student to America)라는 미국 연수 프로그램을 소개해주었다. 비스타는 세계 각국 청소년을 미국에 초대해 한 달 동안 현지인 가정에 머무르게 하면서 다양한 교육을 시켜주는 미국 적십자사에서 운영하는 프로그램이었다. 기문은 비스타 연수생 선발 영어대회에서 1등을 하고 고3이던 62년 여름 미국을 방문했다. 43개국 1백17명의 학생들과 함께한 이 프로그램에서 특히 잊을 수 없는 일은 당시 학생들을 격려하기 위해 찾아온 미국 대통령 케네디와의 만남이었다. 케네디 대통령은 참가 학생들 앞에서 짧은 연설을 한 뒤 기문 학생에게 장래희망이 무엇이냐고 물었는데, 그는 그때 "외교관"이라고 씩씩하게 답했다.

그의 이 꿈은 서울대 외교학과에 입학하면서 더욱 꿈에 대한 확신과 자신감이 넘쳤다. 수업태도는 물론 노트 필기 능력이 뛰어나 성적이 우수하고 교수들은 "자네는 외교관의 중요한 자질을 이미 갖췄네. 받아쓰고 정리하는 능력이 참 탁월해"라고 칭찬하곤 했다.

그는 당시 집에서 돈을 받아 쓸 수 있는 상황이 아니어서 학비며 생활비를 벌기 위해 중. 고등학생을 가르치는 가정교사를 하며 대학을 다녔다. 그는 대학 2학년을 마치고 군대에 다녀온 뒤 복학해 3~4학년을 다니는 동안 외무고시를 준비했고, 졸업과 동시에 1970년 외무고시 3기에 차석으로 합격하고 1등으로 연수를 마쳤다. 그리고 이듬해인 71년 충주여고 학생회장 출신으로 중앙대 도서관학과를 졸업한 뒤 도서관 사서로 근무 중이던 유순택씨와 결혼해 서울 흑석동에 단칸방을 얻어 신접살림을 시작했다. 차관 시절까지 서울 흑석동 산동네에서 전세로 살았을 만큼 청렴한 그는 2000년 사당동에 아파트를 분양받은 뒤 "드디어 내 아파트가 생겼구나."라며 아이처럼 기뻐했다.

외무부 근무를 시작한 뒤 그는 인도 근무를 자원했다. 지금도 그렇지만 당시 외교관들이 가장 선호하던 해외 근무지는 미국이지만 가난한 가정에서 자란 그는 물가가 비싼 미국에 가면 월급만으로 부모님과 동생까지 돌보기 힘들다는 판단을 하고, 영어권 나라 가운데 생활비가 비교적 적게 드는 인도를 선택했다. 그는 인도에서 평생의 멘토가 된 노신영 당시 인도 총영사를 모셨는데 이후 외무부 장관과 국무총리를 지내는 노신영 총리는 성실하고 책임감이 강한 반기문을 각별히 아꼈고, 해외 각국과 외교 관계를 수립할 때마다 그를 데리고 다녀 이 덕분에 굵직한 세계 외교의 현장에서 많은 것을 배울 수 있었다.

그를 높이 평가한 사람은 노신영 총리만이 아니라 그와 함께 일 했던 상사들은 그의 근면 성실함과 솔선수범 스타일에 모든 이에게 두루 인정을 받아 승진을 거듭하였다. 이범석 외무부 장관(1982~83 재임)은 장관 취임 뒤 반기문을 자기 곁에 두기 위해 4급 서기관이던 그를 3급 부이사관으로 승진시켰다. 일부에서 "무리한 승진"이라는 비핀이 일기도 했지만 "그럼 반기문 만큼 일할 수 있는 인물을 네려 오라"는 이 장관의 말에 누구도 반박하지 못했다. 노신영 총리도 85

년 국무총리로 취임한 뒤 그를 국무총리의 일정이나 접견 등을 준비하고 총괄하는 2급 이사관 의전 비서관에 임명했다. 선배나 동료들도 평소 반기문의 인격과 성실함을 잘 알기에 그를 질시하지 않고 오히려 빠른 성장을 칭찬하며 격려해주었다. 이상옥 외무부 장관(1990~93 재임)은 그를 주미공사에 임명한 뒤 일주일 만에 1급으로 승진시켰고, 공로명 외무부 장관이 재임하고 있던 96년에는 1월에 외무부 제1차관보, 2월에 차관급인 대통령 의전 수석비서관, 11월에 대통령 외교안보 수석비서관으로 임명되는 등 뛰어난 업무능력과 성실함으로 승승장구했다. 외무부에서 초고속 승진의 전설이 된 것이다.

  그러나 순탄하던 그의 공직생활에도 위기가 있었다. 2001년 2월 한·러 정상회담 합의문에 실무진의 실수로 미국 부시 행정부가 폐기를 주장하던 탄도탄요격미사일제한(ABM) 조약을 보존하고 강화하자는 문장이 포함되어 미국은 우리 정부에 강력히 항의 했고 이 일로 그는 차관의 자리에서 경질되었다. 전화위복이 된 것은 4개월 뒤 당시 유엔총회 의장을 겸하던 한승수 외교부 장관의 발탁으로 유엔총회 의장 비서실장 겸 주 유엔대표부 대사로 임명된 일이다. 유엔 총회 의장 비서실장은 보통 외교통상부 국장급이 맡는 자리로, 차관까지 지낸 그로서는 격이 맞지 않은 일이었지만 그는 "국가의 부름을 저버릴 수 없다"며 그 자리를 맡아 특유의 성실함과 열정으로 점점 불운을 행운으로 바꿔나갔다. 유엔에서 임무를 잘 수행 한 후 다시 그 능력을 인정받고 2004년 외교통상부 장관으로 임용되었다. 이때 쌓은 경험과 국제 사회의 호평은 그가 후에 유엔 사무총장이 되는 데 유용한 자산이 되었다.

반 장관의 청렴함은 공직생활동안 남달랐다. 그는 공직자의 윤리와 양심에 거스르는 일을 하지 않기 위해 자식들의 결혼식을 매번 비밀 작전 수행하듯 치렀다. 첫딸이 결혼할 당시 외교통상부 장관이던 그는 비서관 외에는 아무도 모르게 결혼식을 치렀고 축의금도 받지 않았다. 2006년 8월 막내딸이 결혼할 때는 더했다. 국제연합아동기금(유니세프 · United Nations Children's Fund)에서 일하는 막내딸은 케냐에서 결혼식을 올렸는데, 반 총장은 비서관 한 명에게만 이 사실을 알리고, 직원들에게는 케냐 출장을 다녀오겠다고 말한 뒤 금요일 밤 가족과 함께 케냐 행 비행기에 올랐다. 주말에 결혼식을 치르고, 월요일부터는 실제 케냐 외무장관과 회담을 하는 등 공식 업무를 처리했다. 오스트리아 대사로 부임했을 때 공관에 전화기를 한 대 더 설치한 일화도 유명하다. 재외공관은 국민 세금으로 운영되는 곳이므로 개인적인 통화를 할 때 쓰는 요금은 스스로 부담해야 한다는 생각 때문이었다.

2005년부터 외교가에서는 차기 유엔 사무총장을 우리나라에서 내보자는 이야기가 흘러나왔다. 정부는 그 후보로 대한민국 외교통상부 장관이며 30년 이상 외교관 생활과 유엔에서의 실무 경험으로 국제 사회에 입지가 탄탄한 반 장관을 공식 후보로 선정하였다.

유엔 사무총장 선출 권리를 가진 나라는 15개 유엔 안전보장이사회 회원국. 상임이사국 5개 나라(미국 러시아 영국 중국 프랑스)와 비상임이사국 10개 나라(가나 그리스 덴마크 슬로바키아 아르헨티나 일본 카타르 콩고 탄자니아 페루)가 비밀 투표를 실시한 뒤 가장

표를 많이 얻은 후보를 총회해 추천, 총회 인준을 거쳐 사무총장으로 임명하는 방식이다.

2006년 7월에 실시된 제8대 유엔 사무총장을 뽑는 1차 예비투표에서 반기문 후보가 1위를 하고 네 번째 10월2일(현지 시각) 마지막 예비투표에서 찬성 14표, 기권 1표 그리고 상임이사국 반대는 없었다. 압도적인 득표였다. 10월9일 안보리가 실시한 공식투표에서 단독 후보로 확정됐고, 이어 13일 192개 유엔 회원국의 만장일치로 제8대 유엔 사무총장이 되었다.

그가 국제정치의 본산지인 유엔의 수장 자리에 오른 것은 한국 외교사를 빛내는 대단한 경사이다. 특히 유엔의 지원을 받아 어려움에서 벗어난 대한민국이 국제 사회에 당당한 일원으로 나아가 지도력을 발휘하는 위상으로 인정받은 것은 역사적인 쾌거이다. 그는 유엔 사무총장 수락연설을 통해 세계 안보의 평화적 해결과 발전, 취약한 국가의 인권 증진을 위해 노력하겠다고 밝히고, 말보다는 실천을 강조하고 유엔을 개혁하겠다는 강한 의지도 드러냈다. 반 총장은 미국의 언론으로부터 "떠오르는 환한 달(Good Moon rising)"이라는 극찬을 받아 눈길을 끌고 있다.

1970년 제3회 외무고시에 합격해 외교부의 수장 자리에 오를 때까지 36년 동안 줄곧 동기 중 선두를 달리고 때로는 선배를 제치고 나가면서도 다른 이의 가슴에 맺힐 만한 언행은 하지 않은 '적이 없는 사람'이라는 평가를 듣게 된 것은 그의 인품, 실력, 업무능력이 남달랐기 때문이다. 그는 공사가 분명하고 책임감이 강한 근면 성실하고 청렴한 공직자 상의 표본이다.

그의 지인들에 따르면 고향인 충북 음성군과 충주시의 반 씨 집안에선 부모가 자식을 가르칠 때 "기문이 처럼 돼야 한다"는 얘기를 한다고 한다. 그는 마음이 따뜻하고 효자이며 솔선수범하는 사람으로 정평이 나 있다.

우리는 반기문 유엔 사무총장으로부터 "겸손하지만 언제나 실력을 갖추고 있어라, 약한 자를 배려하라, 시간을 생명처럼 아껴라, 항상 도전하라."와 반 총장의 성공비결 "미쳐라, 겸손해라, 꿈을 잃지 마라"를 배워야한다.

가난한 소년이 자신의 노력만으로 세계 정치의 중심에 선 반기문 유엔사무총장! 그의 이야기는 미래를 꿈꾸는 청소년은 물론 우리 국민에게 큰 희망을 주며 삶에 나침반이 되고 있다.

천년을 전수하는 도편수
신 응 수 - 중요무형문화재 제74호 대목장

　신응수(申鷹秀) 대목장은 1942년 충북 청원군에서 9남매의 여덟째로 태어났다. 그는 집안 형편이 어려워 중학교만 졸업하고 상급학교 진학은 꿈도 못 꾸고 밥벌이에 나섰다. 청소년 때에 목수의 길로 들어선 뒤 많은 어려움 속에서도 우리 고건축의 생명과 아름다움을 보살피며 평생을 살아왔다. 한국 고건축의 거목이자 경복궁 복원으로 천년 궁궐의 맥을 이은 장인, 당대 최고의 목수, 도편수 자리에 오른 궁궐 중건 전문가, 중요 무형 문화재 74호인 성재 신응수 대목장이 국내 최고의 반열에 오르기까지의 성공스토리는 우리에게 하나의 희망을 제시하고 있다.
　9남매 중에서 유일하게 중학교까지 마치고 1958년 동사무소에 급사자리가 있다고 하여 고향에서 서울로 올라왔다. 그런데 그만두기로 한 사람이 그냥 일하는 바람에 목수인 사촌 형님 집에 있으면서 일을 도우며 있었다. 처음부터 목수가 되고 싶었던 것은 아니었으나 먹고 살 수 있는 기술 하나 배우자는 마음으로 목수 일을 한 것이다.

일거리가 항상 있는 것이 아니어서 일이 없으면 시골에 가서 농사를 짓고 일이 있으면 상경하여 일을 하곤 하였다.

그러나 시골에도 형제들이며 조카들 대 식구가 너무 어렵게 생활을 하고 있어 농사일에만 매달려 있을 수가 없었다. 할 수 없이 쌀 한 가마니를 빚내 팔아서 대패, 톱, 망치 같은 연장을 사서 다시 서울로 올라왔다.

사촌형 친구가 대목이라 그 분 밑에서 청소부터 연장 나르기, 심부름, 목수들 양말 빠는 일 등 허드렛일을 하며 지냈다. 늘 손등이 터져 있었지만, 힘든 일 궂은 일 마다않고 성실하게 일하였다. 그는 언제나 남보다 먼저 출근했고, 사람들이 일을 마치고 돌아가고 나면 혼자 남아 현장도 정리하고 배운 일을 반복해 연습하였다. 지붕에서 떨어지고 어깨 인대가 끊어지는 아픔을 이겨내면서 일을 배우고 익혔다. 어느 날 대목이 끌을 주면서 나무를 규격에 맞게 파보라고 해서 팠더니 잘한다고 칭찬하여 목수 일을 정식으로 배우게 되었다. 목수들이 하는 먹 긋는 법, 대패질, 끌 다루는 기술 등 기본적인 목수 일을 배웠다. 일거리가 항상 있는 것이 아니라 일거리가 없을 때는 배운 기술을 써 먹어보려고 끌과 대패를 가방에 넣고 다니면서 일거리를 찾아다니기도 했다. 그 때 청량리역 근처에 제재소가 많이 있어 찾아가 일할 수 있게 사정을 하여 배운 기술을 연마하기도 했다.

형님 친구 분을 따라다니며 일을 배우고 익혔는데 그 때는 주로 한옥 주택 신축 공사에 대한 목수 일이었다. 문화재 고건축에 눈을 뜨게 된 것은 신촌 봉원사 내 용암사 법당 공사 현장에서였다.

"당시엔 겨울에는 가정집 공사가 거의 없었는데, 사찰에서는 겨울에도 목재 조립 등 일을 계속했어요. 추위에 손등이 터지면서도 배움의 즐거움에 힘든 줄도 몰랐어요."

봉원사 절을 짓는데 거기서 이광규 선생님을 처음 만났다. 큰 도편수 이광규 선생님 밑에서 봉원사(奉元寺) 짓는 일을 하며 제대로 고건축에 대한 것을 배웠다. 스승인 대목장 이광규 선생을 만난 것은 큰 행운이었다. 오대산 상원사 영산전, 석굴암 전실 신축 공사 등 굵직굵직한 문화재 관련 공사를 해 온 스승에게서 그는 꼼꼼함을 배울 수 있었다. 까다로운 성격의 장인 밑에서 그는 기본부터 다시 익혔다. 치목의 시작인 대패질을 익힐 땐 대패를 쥔 손에 물집이 잡혔다 터지길 수차례 하였다.

"목수가 나무만 까면 되는 줄 알았는데, 이런 거구나 느꼈지요. 목수 일에는 예나 지금이나 교과서가 없어요. 스승이 하는 것을 눈짐작으로 흉내 내 보는 것이 배움의 전부여서 많이 해보는 것 외에는 달리 방도가 없었는데 저는 철저하게 가르침을 받았으니 복이 많았지요."

"그 당시 이광규 선생님은 키도 크고 풍채도 좋으시고 힘도 좋으시며 목수 기술이 특출하여 감히 우리 같은 아랫사람들은 말도 제대로 못 했습니다. 일도 직접 시키셨던 것이 아니라 위계질서에 맞춰서 지시가 내려오는 대로 일을 했어요. 처음에는 한옥만 짓다가 선생님 따라서 절도 짓고 본격적으로 고건축 일을 하였지요. 그 후 숭례문 중수공사를 할 때 이광규 선생님이 스승이셨던 조원재 선생님을 소개시켜주셨어요. 이광규 선생님이 최고인 줄 알았는데 조원재 선생님이 더 높은 스승님이시니 어려웠고 더욱 머리가 하얗고 인상이 더 엄해보여서 이광규 선생님이 상대적으로 인자해 보이기도 했습니다."

1962년 숭례문 중수 공사장에서 당시 도편수였던 대목장 조원재 선생님과 인연을 맺은 것이 또한 큰 행운이었다.

"당시에 조원재 선생님은 쉬는 날이면 홍국사로 사찰 답사를 가서 건축 기법에 대해 설명해 주시기도 했어요. 현장에서의 가르침과 도면 그리는 공부에 밤낮으로 매진하던 때도 그 무렵이었습니다."

조원재 선생을 처음 만났을 때 스승은 이미 환갑을 넘은 나이였다. 기왕에 목수로 살아갈 바엔 스승님들처럼 큰 목수로 살아가겠다고 마음먹은 것도 이때였다.

"선생님은 대패질도 나뭇결을 따라 잡아당기는 일본식이 아닌 결의 직각으로 내미는 우리 식만을 고집했어요."

우리식 대패질은 처음엔 힘이 들지만 익숙해지면 훨씬 힘이 덜 들고 힘이 골고루 분산돼 고르게 깎인다는 것을 나중에야 터득했다.

"사람들이 저보고 '마지막 도편수'라는 얘기를 많이 합니다. 하지만 저는 그때 스승님이 마지막 도편수 같아요. 꺾이지 않는 철저한 고집에 장인 기질이 대단하셨거든요."

스승은 아예 그를 집으로 불러들여 가르치기 시작했다. 전통 건축의 맥이 끊길까 근심이 크셨던 스승은 그에게 심지어 연필 깎는 법부터 남김없이 가르쳐주었다.

"공부는 좋았지만 시집살이나 다름없는 생활이었어요. 일찍 일어나 마당을 쓸고 세숫물을 준비하고 밥을 지어 드리고 밤에 잠자리에 들더라도 행여 찾지는 않으실까 항상 귀를 세우며 긴장했으니까요.

힘들지만 그때는 그런 게 제자로서 당연한 도리여서 불평하거나 거역해본 적이 없습니다."

틈만 나면 청계천의 헌책방 거리에 나가 고건축 자료들을 찾고 현장을 찾아다니면서 고건축에 대한 눈도 트이게 됐다. "목수가 천대받던 시절에 나는 목수라는 사실이 대견하게만 생각되었다"

조원제 스승에게서 인내하고 감사하며, 사람들과의 관계와 성실함을 배웠다. 그리고 스승의 가르침을 따르고 받아들이면서도 스승보다 어떻게 하면 더 좋은 삶, 더 멋진 삶을 살 수 있을까 고민도하고 노력하였다.

군 복무를 마치고 목수 일을 하던 그가 평범한 청년 목공 인에서 머물지 않고 궁궐 대목으로 성장할 수 있었던 것은 우리나라 대목장의 계보를 잇는 두 스승의 가르침 아래 1970년 불국사에서 부편수를 맡으면서부터다.

"당시 스승인 이광규 선생이 하루는 저를 불러 '먹을 그으라'고 하셨어요. 그 말은 곧 부편수를 맡으라는 말씀이셨지요. 건축은 물론 전체 작업자들과의 호흡이 중요하다는 것도 깨닫게 된 계기였습니다."

온갖 어려움과 힘든 시절을 거쳐 부편수로 발탁되어 궁궐건축 못치 않게 사찰건축에 정성을 쏟았다.

"부편수로서 첫 발을 내딛은 불국사는 목수로서의 보람을 한껏 맛볼 수 있었던 공사였지요. 폐허에 가까웠던 그 빈터가 하나하나 우리 손으로 일궈가는 맛이란 해본 사람 아니고는 그 기쁨과 보람을 모를 겁니다."

이어 신 목수는 안성 청룡사 대웅전 신축, 진주성 촉성문 복원 등 굵직한 문화재 공사에 부편수로서 이름을 날렸고, 1975년 7월 서른다섯 살에 수원성 장안문 복원 공사에서 마침내 도편수를 맡게 되었다. 도편수는 궁궐이나 사찰 등 고건축의 기본 틀에서 부터 재목을 다듬고 열두 편수를 거느리며 공사를 지휘하는 총책임자로 도편수는 실력만 뛰어나다고 되는 것이 아니다. 풍수에 대한 해박한 지식과 조화를 볼 줄 아는 안목, 사람들을 이끄는 인품이 있어야 할 수 있다. 사람을 이끄는 것만으로는 부족하다. 대 목수는 모름지기 나무를 잘 다룰 줄 알아야 한다.

85년 창경궁 중건공사부터 그에게는 또 다른 수식어가 붙여졌다. "궁궐 목수"가 바로 그것이다. 모든 궁궐 건축이 그의 손을 거쳐 갔기 때문이다. 도편수로서 그가 참여하여 궁궐과 성곽 중건은 물론 사찰과 한옥에 이르기까지 전통 건축 문화계승에 그의 손을 거치지 지 않은 것이 거의 없을 정도다. 창덕궁, 창경궁, 덕수궁, 숭례문, 수원 화성, 경주 안압지, 제주 목관아, 청와대 상춘재 등의 관영건축 외에 불국사, 단양 구인사 등 수많은 한국을 대표하는 전통 건축물 문화재 복원과 신축공사를 지휘했다.

신 대목장이 가장 오랜 기간 동안 심혈을 기울여 온 작업은 총 책임을 맡고 있던 경복궁 복원 공사이다. 경복궁은 전각 등 총 93동을 모두 복원하는 대단위 공사로 천년을 넘어 이어갈 대역사이다. 특히 그중 "근정전은 우리 고건축의 백미"라고 그는 찬사를 아끼지 않는다. 1991년 경복궁 복원 공사를 시작했고 근정전, 경회루, 흥례문, 광화문 등이 하나하나 완전한 모습을 찾아 경복궁 복원 공사가 마무리단계에 있다. 20년 동안 열과 성을 다하고 이제는 숭례문 복원작업 총 책임을 맡아 전심전력을 다해 국보 1호의 위용을 우리 국민에게 선보이는데 정성을 다하고 있다. 정성은 흥에서 나온다. 흥이 나면 정성도 저절로 따르는 것이다.

1962년 스무 살에 막내 목수로 숭례문 보수 공사에 참여했던 그가 고희(古稀)를 앞두고 최고 목수로 숭례문 복구 현장에 다시 서게 된 것이다.

"숭례문 덕분에 목수 일에 눈떠서 여기까지 왔는데, 48년 만에 다시 숭례문 복구를 맡게 됐네요. 내 생애 마지막 작품이라 생각하고 장인(匠人)의 혼을 불어넣겠습니다."

"치목(治木・재목을 다듬고 손질하는 일) 단계부터 전통 도구를 사용한 옛 기법을 재현하겠습니다".

"옛 장인이 어떤 나무를 쓰고 어떻게 깎았는지, 나무 하나하나를 다 분석・조사해서 활용할 것입니다."

신응수 대목장은 숭례문 복원공사를 2012년 완공할 예정이며 우리나라 대형 사찰 및 궁궐 복원 사업을 후대에 계승한다는 자긍심으로 50여년 목수 인생의 길을 오늘도 부지런히 걷고 있다.

평생을 나무에 새로운 생명을 불어넣어 온 대목장은 "짓는 이의 마음이 들어가고 정성이 모아질 때 그 집이 살아난다."고 말한다.

"궁궐은 궐다운 위엄과 격조 높음이 있고, 사찰은 사찰대로의 엄숙함과 자연지형과의 적절한 조화를 이룬 편안함이 느껴지며, 일반 민가는 소박하면서도 친근한 멋이 배어 있습니다. 특히 사찰건축을 할 때면 더욱 부처님을 머리에 떠올리며 기도하는 마음으로 짓게 됩니다."

"고건축은 1mm의 오차가 나도 날렵한 처마곡선을 망치는 수가 있어요. 편수는 누구보다 꼼꼼해야 하고 계산에 능해야 합니다."

좋은 기계들이 많이 나온 요즘이지만 기계로 대패질을 한 뒤에도 반드시 옛날 방식으로 마무리를 한다. 뭐니 해도 재목을 다루는데 우리 연장만한 것이 없고, 기계가 아무리 정확해도 사람의 손만은 못하기 때문이다. 신 대목장은 그 바쁜 와중에도 오래 전부터 만들어 온 건축물 모형을 모아 전시회도 열었다. 전시회는 근정전, 홍례문, 광화문 등 경복궁의 주요 건물과 수덕사 대웅전, 부석사 무량수전, 강릉 객사문, 부석사 무량수전 등 그의 손을 거친 국보급 전통 건축물 12점의 모형과 각종 건축 부재 20여 점을 선보였다. 주요 건축물을 실측·조사하여 10분의 1로 축소한 모형과 실재 부재 모두 최상급 소나무인 금강송을 사용했다. 전시회는 많은 문화재들의 보수, 복원에 참여해 온 땀과 눈물이 배인 그의 목수인생 50년을 보여준 것이다.

그는 꿈이 있다. 전공자 뿐 아니라 일반인들에게도 좋은 배움의 장이 될 수 있도록 고건축의 역사와 공법, 실제 자료들과 그동안의 지식과 경험들을 한자리에서 보여줄 수 있는 고건축 박물관을 건립하여 후배양성, 장인들을 가르치는 제대로 된 학교를 만드는 것이다. 전시장에는 최근 전시된 모형작품들도 모두 소장될 예정이다.

다른 하나의 꿈은 전설 속에 묻혀 버린 황룡사 9층 목탑을 생전에 복원하는 것이다. 이를 위해 그는 미래의 후손들을 위한 일들을 게을리 하지 않는다. 고건축의 생명피도 같은 나무를 기우기 위해 그는 '소나무 박사'가 되기를 자처했다. 궁궐이나 문화유산 복원에 가장 중요한 과업 중 하나인 굵은 토종 소나무를 확보하기 위해 일주일에 2~3일씩 태백산 줄기를 누비며 다니고 있다.

목재로는 우리나라 소나무가 최고로 좋다. 근정전에 보면 기둥 하나가 50자씩 되는 것이 그냥 하나로 올라가 있다. 그러나 애석하게도 좋은 나무들이 일제 강점기에 일본으로 넘어갔고 6.25가 나면서 무분별하게 도벌되어 좋은 나무 찾기가 대단히 힘들다. 그래서 지금 문화재보수용 목재가 몇 백 년 후에 나라의 큰 재목으로 쓰일 수 있도록 강원도에 50여만 평 정도의 임야를 구입해 소나무를 키우고 있다.

"25년 동안 궁궐 복원을 하면서 너무 많은 나무를 베었어요. 모두 합치면 산 하나를 족히 이룰 겁니다. 나랏일이기는 하지만 항상 마음에 걸렸지요. 그래서 저나 제 자식 대에도 베지 않고 후대에 물려 줄 나무를 키우고 있는 것입니다. 세월이 지나 다른 산에 나무가 벌목되더라도 저 산은 왜 굵은 나무가 있느냐고 물어 오면 대목이었던 선대의 유언이기 때문에 키워야 한다고 아들과 그 후대에게 말하라 하였어요. 그 나무들이 잘 자라는 것이 마지막 소망입니다."

그는 잠시도 쉴 틈이 없다. 나무는 고건축의 생명과 같다. 그래서 그는 산을 찾아가 나무를 직접 고른다. 목수 일 자체보다도 더 고생을 감내해야 하는 여정이지만 그는 인재를 캐내듯 나무를 찾는다. 지금도 일주일에 한두 번씩은 꼭 강원도에 내려간다. 산을 헤매다가 그 찾기 어려운 재목들을 만나면 뛸 듯이 기쁘다는 그이다. 그의 아들이 경영하는 목재소가 있는 강원도와 경복궁 복원현장과 숭례문 복원현장을 오가느라 바쁜 일정을 보내고 있다. 후계자 양성도 어디에 내 놓아도 손색이 없을 만큼 철저히 키우고 있다.

다음은 신응수 대목장이 우리에게 주는 교훈이다.

"길가에서 자란 나무보다는 깊은 산 속에서 홀로 외롭게 자란 나무가 곧고 튼실하다. 사람도 나무도 외로움을 견디며 안으로 파고들어 더디게 자란 것이 끝내는 재목이 된다. 세상과 단절되어 고독을 극복한 자만이 얻을 수 있는 힘과 풍모를 갖춘 재목이 된다. 때로는 큰길로 가는 것이 최선이 아닌 법, 그것이 인생의 묘미이다."

"대패질은 목수일 가운데 가장 쉬우면서도 가장 어려운 일이다. 목수가 하는 일 중에 아래 단계에 속하기 때문에 누구나 현장에 들어가면 가장 먼저 하는 일이 대패질이다. 대패질에 도가 트지 않고서는 제대로 된 목수가 될 수 없다. 대패나 끌질 몇 밀리미터만 잘못되어도 나무들끼리 아귀가 맞지 않고 흘러내리는 일이 생기기 때문이다. 서양 건축처럼 못을 박지 않고 나무를 끼워 맞춰 지어야 하는 고건축에 있어서는 대패질에 더욱 신경을 곤두세워야 한다. 기본이 충실하지 않으면 큰일을 이룰 수 없는 것은 세상 모든 일들과 조금도 다르지 않다."

"목재를 구하고 그것이 건조되는데 수 개 월이 걸리고 또 축조하는 데에 있어서 몇 년이 물처럼 흘러가고 있다. 그 과정에서 우리는 시간을 어떻게 다스려야 하는가 생각해야 한다. 비단 건축물뿐 아닌 우리 주변의 모든 일에 있어서 어떻게 판단하고 행동하는지 생각해 보고 나 자신이 주위의 다양함을 보지 못 하고 혼자 갇힌 울타리에 스스로를 묶고 있는 건 아닌지 스스로 생각해 볼 시간이 필요하다."

"내가 생각하는 장인 정신은 성실함, 자기 분야에 대한 해박한 지식과 꾸준한 공부, 옳다고 믿는 바를 밀고 나갈 수 있는 고집, 그리고 자신의 명예를 지키는 자세라고 생각한다. 부끄럽지 않은 목수가 되기 위해 기운이 남아 있을 때까지 배우며 주어진 모든 일에 혼신의 노력을 다할 것이다. 나보다 더 훌륭한 궁궐 목수들이 태어나도록 힘쓸 것이고 백 년 후, 천 년 후에도 후대 장인들에게 떳떳한 궁궐 목수 신응수로 남고 싶다".

신응수 대목장의 성공 키워드

1. 성실과 신뢰실천

"내가 대목장이 되어 큰일을 할 수 있었던 것은 잔꾀를 부리지 않고 묵묵히 일하는 성실함, 성실과 신뢰야 말로 인생의 최고 가치"

"천년이 지나도 인정받는 건축물을 짓고 싶다. 오로지 그 꿈 하나로 오늘까지 살았고, 앞으로도 그럴 것이다…"

2. 희망을 짓는 장인정신

1) 배움

"목수, 이 장인이라는 것은 죽을 때까지 배우다 끝나는 거예요. 만족이라는 게 없는 겁니다. 항상 겸손한 마음으로 배우고 항상 선배 일하는 것을 접할 줄 알아야 하고 고개 숙일 줄 알고, 잘못된 일은 다시 생각해보고 다음엔 더 잘하도록 다짐해야지요."

2) 미칠 광(狂) vs 빛 광(光)

"많이 보고 노력을 해야 돼요. 선생님이 가르쳐 준다고 그것만 해서는 안돼요. 자기 나름대로 일에 미치고 나무에 미쳐야 앞서 갈 수 있어요."

 3) 미래를 향한 애정

 "나에게 나무는 스승, 부모처럼 귀한 존재에요. 내가 여기까지 온 것은 소나무, 이 나무가 있었기 때문입니다. 나무를 길러서 후대 사람이 더 나은 고건축을 복원할 수 있고, 제자를 잘 길러야 미래 우리 고건축이 더 발전할 수 있습니다."

3. 나무를 다루다. 사람을 다루다.

 "나무 다루는 이치는 사람을 이끄는 것과 다르지 않아요. 나무를 통해 진리를 깨닫고 나무로부터 배운 원칙을 지켜 왔기 때문에 지금의 내가 있다고 믿습니다."

 그는 산에서 좋은 나무를 보면 흥분과 함께 그 나무를 베기 전에 반드시 예를 올린다.

 현재 그는 최원식-조원재-이광규를 잇는 당대 유일의 전통 궁궐목수로, 한국 고건축의 미를 현대에 복원시킨 우리시대 최고의 대목장이다. 신응수 대목장은 1991년 중요무형문화재 제74호 대목장 보유자로 인정되었으며, 현재 재단법인 한국전통문화재단 이사장으로 있다.

 그간 대통령표창, 옥관문화훈장, 대한민국 국회대상 공로상 등 많은 상을 수상했고, 저서로는 〈천년 궁궐을 짓다〉〈목수〉〈경복궁 근정전〉 등이 있다.

초등출신으로 교수된 기능장
신 철 수 - 우송공대 교수

초등학교 출신의 신철수 교수는 '가난'과 '역경'을 이겨내고 '빵공장 소년'에서 대학교수가 된 집념의 인물이다. 눈물 젖은 빵을 먹으면서 대학교수 자리에 오르기까지 온갖 삶의 질곡 앞에서도 결코 무릎을 꿇지 않았던 신 교수의 삶은 오뚝이 인생 그 자체다. 평생 오직 빵만을 만들어온 외곬 인생이기에 사람들은 그를 빵 박사라고 부른다. 제과분야의 박사학위라 불리는 대한민국 제과 기능장 1호인 장인으로서 당당히 인정받은 그의 인생사는 모든 이에게 귀감이 된다.

신철수 교수는 1950년 충남 부여의 한 농촌마을에서 4남4녀 중 3남으로 태어났다. 초등학교 3학년부터 배고픔을 해결하기 위해 지게를 져야했다. 당시 그의 부친은 사업을 하다가 1960년 4·19의거가 터지고 5·16 혁명이 일어나자 가정이 파산지경에 이르렀다. 할 수 없이 서울에서 두 누나들이 직장을 다니며 생계를 꾸려나가 고향에서 초등학교를 다 마치지 못한 그는 5학년 때 형들과 함께 서울로 전학을 왔다. 신철수 소년은 서울무학초등학교를 졸업하고 62년 서울의 명문 경기중학교에 합격했지만 어려운 가정형편으로 학교를 다니지 못하였다.

"이래봬도 제가 공부를 참 잘하는 편이었습니다. 중학교도 시험 봐서 들어갈 때였는데, 경기중학교에 척 합격을 했어요. 그런데 누나들이 형님 뒷바라지를 해야 됐기 때문에 나까지는 돌볼 겨를이 없었지요. 등록금이 있어야 등록을 하지요. 누나들이 나중에 학교에 보내주겠다면서 시골에 가 있으라고 하더군요."

"억울하지 않느냐고요? 그런 생각은 해본 적이 없어요. 어려운 처지가 사람을 더 강하게 살 수 있게 만들어 주는 약인데요"

소년 철수는 1963년 충남 대천 시장에 있는 잡화상에서 점원노릇을 했다. 그러나 현실은 차갑고 혹독했다. 말이 점원이지 궂은일은 모두 해야 하며 조금만 서툴게 일을 하거나 잘못하면 주인에게 야단맞는 게 일이었다. 많은 어려움을 겪으며 점원노릇을 했으나 이런 일은 전망이 없어 보여 기술을 배워야겠다고 마음먹었다.

그가 어린 나이에 처음으로 기술을 배우겠다고 들어간 곳은 버스회사 정비반이었다. 통금시각을 넘겨 새벽 두세 시까지 일하는 것이야 참을 만했으나, 어쩌다 배터리액이 옷에 닿으면 구멍이 숭숭 뚫리고 그나마 하는 일이라는 게 차 밑으로 기어들어간 정비공에게 플래시 비춰주는 게 전부라 「전망 없음」을 선언하고 그만두고 말았다.

그 다음 들어간 곳은 용두동에 있던 메리야스 공장. 「아이롱사」(다리미질 담당)로 1년을 버텼으니, 반복되는 단순노동에다 새 기술을 배울 기회는 기약이 없었고, 또한 특별히 도전해볼 기술도 없는 것 같아 그곳에서도 실망하고 돌아섰다. 그나마 1년 동안이나 버텨냈던 것은 『경솔하게 옮겨 다니지 말고 진두거니 있자』는 평소의 다짐 때문이었다.

"안 되겠더라고요. 일생을 두고 도전해볼 만한 일거리를 찾아야겠다고 생각했어요. 당시 서울 삼양동에 외삼촌이 살고 계셨는데, 삼촌이 마침 빵집에 팥고물 배달하는 사람을 알고 있어 그 사람 소개로 돈암동에 있는 태극당에 들어가면서 빵하고 처음 인연을 맺었지요. 날짜도 안 잊어버려요. 제가 열여덟 살이 되던 1966년 1월 6일이었습니다."

"우선 굶주린 배를 채우는 것이 목적이었습니다. 먹여주고 재워주고 거기다 기술까지 배울 수 있었으니 더 나은 직장도 없었죠. 눈물 젖은 빵을 먹으면서 이 분야에서 최고가 되겠다고 몇 번이나 다짐했는지 모릅니다."

빵집에 취직을 했지만 당시에는 지금과 달리 처음부터 새내기에게 빵 굽는 기술을 가르쳐 주지도 않았고 때문에 빵을 만든다는 것은 생각도 할 수 없었다. 취직하여 처음 그가 했던 일은 셔터를 올리고, 홀의 연탄난로를 갈고, 마포걸레로 바닥을 청소하는 등 궂은일이었다.

"어느 날 열심히 걸레질을 하고 있는데 고향 친구가 고등학교 교복을 입고 빵집에 왔다가 정면으로 마주친 겁니다. 지금 생각해보면 내 할 일 하는 거니까 아무 거리낄 게 없었을 텐데, 당시에는 얼마나 창피하던지 쥐구멍에라도 들어가고 싶더란 말입니다."

매일 매장에서 새벽에 일어나 밤늦게까지 가장 밑바닥 일부터 모든 일을 열심히 했다. 그는 얼마간의 수습과정이 끝나고 선배들에게 「싹수」를 인정받아 드디어 공장(빵 만드는 곳)으로 진출해 맨 아래 단계인 보조가 되었다. 보조의 역할은 단팥빵 속에 들어갈 팥을 끓이고, 밀가루나 설탕 포대 등의 재료를 운반하는 허드렛일들을 도맡는 것이었다. 그러다 일정기간이 지나면 중간보조로 진급을 하게 되는데 주로 하는 일이 연탄을 잘게 깨서 화덕에 넣고 화력을 조절하는 일명 가마돌이다. 항상 먼지를 뒤집어쓰고 있어야 하고, 걸핏하면 손에 화상을 입기 일쑤였다. 그런 과정을 거쳐 몇 년 지나면 부공장장이 된다. 밀가루 반죽으로 크림빵이나 팥빵의 모양 만들기(성형작업)를 주로 하는데 손놀림이 재빨라야 하고, 얇은 반죽으로 속이 비치지 않게 싸야 한다. 그 다음이 마지막 단계인 공장장이다. 요즘도 도제식(徒弟式)으로 기술을 전수하는 제과점 내부 공장의 체제는 크게 변한 것이 없다.

　빵공장에서 제과 제빵 기술을 배우기 위해서는 육체적 고통 말고도 온갖 모멸감을 인내해야 한다. 공장 내부의 군기잡기를 견뎌내기란 보통 힘든 것이 아니었다.

　"걸핏하면 공장장이 아랫사람들에게 작업대를 잡고 엎드리라 하고는 반죽 미는 밀대로 사정없이 때리는 겁니다. 군기가 빠졌다는 거지요. 아무리 추운 겨울철에도 그거 열 대쯤 맞고 나면 엉덩이가 뜨거워서 활활 타요. 단체로 맞는 거야 또 그렇다 쳐도, 별 잘못도 아닌 일을 가지고 개인적으로 무지막지하게 구타를 할 때에는 당장 때려치우고 싶을 때가 한두 번이 아니었어요. 어떤 사람은 하도 혹독하게 군기를 잡아 도망가는 사람도 있었어요."

그 당시의 어려움을 이길 수 있었던 비결을 그는 "배고프게 살아봤기 때문에, 배 부르는 것이 최고라고 생각했기 때문"이라고 말한다.

신철수는 온갖 힘겨운 일들을 견뎌낸 끝에 8년 만에 부공장장이 되었다. 그가 부공장장 시절, 어느 날 그는 밤에 누군가와 약속이 있었다. 약속 시간에 나가려면 이전에 할 일을 마쳐야 한다. 다른 직공들이야 새벽 4시에 일어나지만 집에서 출퇴근을 하는 공장장은 아침 8시나 9시가 돼야 나타난다. 아랫사람들이 자기 일 마쳤다고 일찍 외출을 할 수는 없다. 공장장이 일을 끝내야 하기 때문이다. 빵 만드는 데는 직책에 따라 하는 일이 정해져 있다. 파이를 만드는 반죽을 준비하는 것은 부공장장의 임무지만, 파이 반죽을 미는 것은 워낙 숙련을 요구하는 작업이므로 전통적으로 공장장만 할 수 있게 돼 있다. 그러나 그는 마음이 급해서 공장장의 할 일을 덜어준다는 생각에 파이 반죽을 요령껏 밀어놓았다.

"공장장 못지않은 솜씨로 밀어놨으니 공장장이 출근하면 좋아할 줄 알았어요. 그런데, 누가 그런 일을 하랬느냐고 다짜고짜 뺨을 때리는 겁니다. 말이 없으면 묻는 말에 대답 안 한다고 때리고, 뭐라고 대답을 하면 말대꾸한다고 때리고…. 그날 얼마나 맞았는지 뺨이 부어터지고 피가 나고 하는 통에 며칠 동안 밥을 못 먹었어요"

이런 일도 있었다. 케이크 위에 영어로 글자를 쓰는 경우가 있는데 초등 졸업이라 영어를 잘 몰라 틀리는 때가 있었다. 태극당에서 일할 때 MERRY CHRISTMAS라고 써야 하는데 MERRY CHRISMAS라고 T자를 빼고 써서 공장장한테 매를 맞고 야단을 맞았다.

"야 이 케이크 네가 데크레이숀 한 것 맞지, 벌써 3개째 반품이야.

T자는 어디다 빼놓고 삶아먹었냐, 너는 메리크리스마스를 이렇게 쓰냐. 아이구 한심한 놈."

"아! 내가 중학교만 졸업했어도 이런 일은 없었을 텐 테 그런 생각도 들고, 누가 조금만 일러줬어도 해결이 가능한데 그런 사람이 없는 게 서글픈 생각이 들더라고요"

빵공장에서는 사탕도 직접 만든다. 설탕을 녹여 알맞은 빛깔로 끓여내는 일을 「청을 잡는다」고 하는데, 너무 오래 끓이면 까맣게 돼버리고 덜 끓이면 나중에 입에 끈적끈적 달라붙는다. 따라서 '그만 끓이라' 는 명령은 베테랑인 공장장이 내린다.

"한 번은 공장장 자신이 담배 피우러 밖에 나갔다가 늦게 들어오는 바람에 색깔이 검게 나왔는데, 아랫사람들에게 솥을 잘 닦지 않아서 그랬다며 또 두들겨 패는 거예요. "

그 당시엔 공장 최고의 책임자인 공장장의 가르침을 배우기 위해서는 그만큼 많이 맞아야했다. 그 당시 기술을 배운다는 것은 그만큼 매를 많이 맞아야 한다는 것과 같았다. 누가 친절하게 가르쳐 주는 것이 아니고 눈치와 눈 설미로 배워서 밤중에 연습을 해야 했다. 그는 포기하지 않고 주어진 모든 일에 꾀라고는 부릴 줄 모르고 주위에서 미련하다는 소리를 들을 정도로 열심히 기술을 배우고 일을 하였다. 그 당시 신철수는 남모르게 배운 제빵 기술을 하나도 빼놓지 않고 잘 정리하여 읽고 실습하고 하였는데 지금도 그 노트를 간직하고 있다.

그는 '젊어서 고생은 사서도 한다.' 맛있는 빵을 만드는 일류 기술자가 되기 위해서는 어떤 어려움도 참아야 한다. 고달픈 자신을 스스로를 위로하고 나태해 지려는 자신을 채찍질하며 자신과 치열한 싸움을 하였다.

신철수는 못 배운 한을 조금이라도 풀기 위해 시간 나는 대로 한자 공부도 하고 이것저것 가림 없이 독서를 많이 했다. 사실 시간 나는 대로 공부도 하고 독서도 했다지만 사정을 알고 보면 시간 내는 일이 쉬운 일이 아니었다. 새벽4시에 기상해 밤 11시가 돼서야 일을 마쳤다. 한 달에 한 번 휴일이 있다고는 하지만, 그것도 오전 근무는 온전히 한 다음에 오후 시간만 쉴 수 있었다. 그러니 항상 잠이 부족해서, 어쩌다 친척집에라도 가는 날이면 버스 유리창에 머리를 부딪쳐 혹을 달고 다니기도 했다. 잠을 실컷 자보는 게 소원이었다.

그러는 중에도 신씨는 1973년도에 한국제과고등기술학교에서 빵에 대한 공부를 할 기회가 생겼다. 태극당 사장님의 배려로 학교에 나갈 수 있었던 것이다. 그는 그곳에서 처음으로 빵에 대한 이론을 배울 수 있었다. 그때 그가 필기한 노트는 겉표지가 닳아 너덜거릴 정도였다.

그렇게 열심히 산 그는 드디어 26살에 최연소로 '태극당'의 공장장이 되었다. 의정부에 태극당이 또 개업하게 되어 얻은 영예였다. 돈암동 태극당 지배인의 소개로 그는 당당하게 그곳 공장장으로 배치됐다. 이제는 자신이 책임지고 다섯 명을 거느리게 된 것이다. 돈암동에서 8년을 일했고, 그곳 의정부에서도 5년을 일했다. 그가 공장에서 가장 높은 자리이며 막강한 권한을 가진 공장장에 오르게 된 것은 그의 근면성실함뿐 아니라 끊임없는 노력으로 국내뿐만 아니라 외국의 기술까지 익혔기 때문이다. 공장장으로서 더 좋은 빵을 만들기 위해 끊임없는 기술 개발에 힘썼고 좋은 빵을 만들어 많이 팔리도록 책임을 다하였다. 특히 그는 빵공장 직공 시 받은 갖은 수모를 자신이 공장장이 되고서는 아랫사람들한테 잘해줘야겠다고, 자신이 겪었던 험한 일을 반면교사로 삼으려 애썼다. 실제로 공장장으로 있을 때 한 차례도 누군가를 때려본 적이 없다.

신철수 공장장은 성실히 일하면서 어느 정도 생활에 안정이 되어 구미에 살던 이모의 중매로 결혼도 했다. 그는 공장장으로 일하는 한 편 부인 배순금 씨에게도 별도로 조그만 빵집가게를 내주어 맞벌이를 시작했다.

그는 1980년 오랜 직장 생활을 청산하고 잠실1단지 상가에 '거북당' 제과점을 차리고 본격적인 사업을 시작했다. 1980년 무렵이었으니 백화점이나 대규모 쇼핑센터도 없던 시절이었다. 그러니 장사가 무척 잘 됐다. 2~3년 동안 그는 쏠쏠하게 재미를 봤다.

거북당을 운영하면서도 평소 배움에 굶주렸던 그는 그때 한참 인기가 있던 공인중개사 자격증을 따기 위해 독학으로 도전을 하였다.

"잠실에서 거북당을 운영할 때입니다. 그 공인중개사 자격증만 따면 돈방석에 앉는다고 하여 그걸 해보자고 작심을 했지요. 그런데 교재를 한 질 사서 들여다보니까 이게 온통 어려운 법률용어에다 한문투성이어서 앞이 깜깜하더라고요. 더구나 제과점 일을 마치면 금방 자정인데 시간을 낼 수 있어야죠. 그 암담한 상황에도 죽자 사자 매달렸습니다."

배움에 대한 욕구가 강한 그는 1985년에 제1회 공인중개사 자격증을 결국 독학으로 땄다. 결혼할 때도 차마 부인에게 밝힐 수 없었던 학력. 그만큼 못 배운 것에 대한 한이 컸던 그는 항상 배움에 목말라 있던 것이었다. 그래서 그는 못 배운 한을 풀기위해 평소 시간만 나면 영어, 일어 등 닥치는 대로 공부에 매달렸다. 그에게 어울리지 않는 공인중개사 자격증이 있는 것도 그 때문이다. 그것은 그에게 큰 자신감을 심어준 계기가 되었다. 그는 장기바둑 화투 어느 것도 할 줄 모른다. 그런 것 할 시간 있으면 독서하고 공부하며 빵에 대한 연구를 했다.

제과점도 잘되고 공인중개자격시험도 합격하고 뜻 한대로 순조롭게 일이 잘 풀려나갔다. 그런데 사람이 근면 성실하고 열심히 일한다고 계속 성공적이고 좋은 일만 있는 것은 아닌가보았다.

"어느 날 아침에 출근을 하는데, 아파트 여자들이 큰일 났다고 야단이에요. 우리 빵집에서 불이 나서 단지 내 상가 건물이 다 타버렸다는 겁니다. 우리 가게가 타버린 것도 문젠데, 우리 집 때문에 다른 점포가 다 타버렸다니 눈앞이 노래질 수밖에요. 종업원들은 혹시 자기들한테 책임이 돌아 올까봐 미리 도망쳐버렸어요. 허둥지둥 달려갔더니 불이 난 곳은 우리 가게가 아니라 앞집 핫도그 집에서 전기 코드를 뽑지 않고 두었다가 누전이 된 거래요"

그 때가 그의 나이 서른일곱, 시련이 닥쳐 온 것이었다. 그러나 거기서 물러설 수는 없어서 갖고 있던 돈 일부에다 여기저기서 빚을 끌어다 잠실4단지 상가에 다시 빵집을 냈다. 초기에는 장사가 괜찮게 돼서 점포를 확장했다. 그러나 한양쇼핑센터가 생기고 연이어 대형 상가가 생기는 바람에 단지 내 상가에 있는 빵집은 그야말로 구멍가게로 전락해버렸고, 빌린 돈을 약속 날짜에 갚을 수도 없게 됐다.

"원금은 갚을 형편이 안 되니까 이자만 갖고 가서 사정을 했어요. 그런데 그 다음날 압류가 들어오더라고요. 권리금도 못 받고, 기계들은 고철 값으로 넘어가고…. 파산한 거지요"

다시 월급쟁이를 해야 했다. 명색이 사장 노릇을 하다가 남 밑에 들어가는 데에는 작지 않은 용기가 필요했다. 그러나 체면 이전에 다른 문제가 있었다. 제과 제빵 현업에 종사하는 기술자들의 경우 끊임없이 밀려오는 기술을 받아들여 익히게 되지만, 자기 사업하는 사람의 경우 공백만큼 정체되거나 퇴보하게 마련이어서 명성 있는 빵집에서 연수를 거친 다음에라야 취직이 가능했다.

"삼선교에 있는 나폴레옹 제과점에 친구가 공장장으로 있었어요. 비가 부슬부슬 오는 날 하는 수 없이 그 친구를 찾아가 사정 얘기를 했지요. 평 직공으로 들어가 연수를 하겠다고요. 그래서 신입사원하고 똑같은 대우를 받기로 하고 가방 싸들고 그곳으로 갔어요. 아이 둘이 초등학교에 다닐 때였는데, 가족들하고 생이별하고 그곳에서 숙식을 하면서 지내야 한다 생각하니 참 서럽데요. 가방 풀어놓고 그 친구와 부둥켜안고 울었어요. 저는 제 신세가 처량해서 울고, 그 친구는 제 처지가 딱해서 울고… 말 할 수 없는 암담한 심정으로 친구를 만났지만 그래도 친구가 용기를 많이 주었어요. 이제 과거 일은 제쳐두고 현실을 흔쾌히 받아들여 지금부터 다시 새 출발하자고요"

다시 새벽 4시에 일어나 밤 11시까지 근무하는 생활로 돌아갔다. 백 마디 말보다 행동으로 모범을 보이며 강한 의지를 다졌다. 더욱 그는 공장장인 친구를 곤란하게 하지 않기 위해 열심히 일했다.

그러기를 6개월. 대전의 성심당 제과점이 확장하면서 일할 사람을 찾는다는 얘기를 듣고 그는 대전으로 내려갔다. 86년 11월, 가족과 함께 대전에 내려온 그는 당시 나이가 38세였는데 사장은 그보다 네 살이나 아래였다.

"이곳 성심당 사장이 참 겸손하고 성실한 사람입니다. 처음 면접 때 저한테 빵장사의 노하우를 묻기에 평소 생각대로 대답을 해줬지요. 재료를 좋은 걸 써야 한다, 아침에 만든 빵을 저녁에 팔면 제품이 노화돼서 신용이 떨어지니「신선한 공급」의 원칙을 잘 지켜야 한다, 직원 교육을 철저히 시켜야 한다 등을 말해주었어요."

신철수 공장장의 새 직장 경영주인 성심당 제과 사장은 그의 충고를 값지게 받아들였고, 초기에는 대전 시내에도 변변히 알려지지 않았던 가게가 지금은 대 기업으로 발전했다. 단일 제과점으로서는 드물게 아시아 각국의 제과업계에도 명성이 자자해 일본기술자들이 견학을 올 정도로 번창했다. 물론 신씨는 전적으로 사장이 경영을 잘한 탓으로 돌린다. 그러나 공장장으로서의 솔선수범한 역할의 결과임은 부인할 수 없다.

"솔선수범 말이 쉽지 실천은 참 어려운 겁니다. 이곳 대전에서 사실은 공장장이라 8시나 9시에 출근해도 되지만, 10년을 하루같이 새벽에 일어나 다른 직공들보다 먼저 출근하려 노력했어요."

임영진 성심당대표도 "신철수씨는 근면성실하고 항상 솔선수범하기 때문에 직원들이 잘 따르고 맛있는 빵을 만드는데 정성을 다하는 고마운 분"이라고 칭찬을 한다.

1985년경 빵 만들고 과자 만드는 데에도 자격증을 부여하는 제도가 생겨났다. 그의 아래 직공들 중에도 자격증을 가진 사람들이 있는 터에, 명색이 공장장이 무자격자라는 게 마음에 걸려 1987년에 응시했는데 제과와 제빵 분야 두 가지 자격시험을 한꺼번에 통과했다. 그가 이렇게 자격증을 딴 이유는, 직위가 중요한 것이 아니라 실력이 중요하다는 생각을 가졌기 때문이다. 자격증 시험을 보기 위해 공부를 하다보면 책을 읽게 되고, 책을 읽다보면 새로운 정보를 얻을 수 있었다. 그리고 자격증은 자신의 실력을 증명해 보일 수 있는 하나의 방법이기도 하였다.

그 후 시험제도가 다시 바뀌어 제과, 제빵 기능사 자격이 1급과 2급으로 나뉘었다. 1급에 응시할 수 있는 사람은 전문대학 전공자나 4년제 대학 유사학과 전공자로 자격이 제한돼 있었다. 그로서는 시험을 치르고 싶어도 불가능했다. 그러던 것이 1992년에 제과와 제빵 분야를 통합해 그 분야의 고등고시라고 불리는 제과 기능장제도가 생겨났다. 경력이 16년 이상의 경력자는 학력에 상관없이 응시할 수 있는 자격이 주어졌다. 그 소식을 듣자마자 그는 서점으로 달려가 한 보따리가 넘는 책을 사와 밤을 새워가며 공부를 시작하였다. 처음 있는 시험이라 누구에게 물어볼 수도 없어 오로지 책으로만 공부할 수밖에 없었다.

전국에서 전문가들이 몰려들었지만 그는 92년에 이 분야의 박사학위로 일컬어지는 제과기능장에 합격하여 대한민국 제과기능장 1호로 등록되었다. 신씨는 그 시험에 합격할 수 있었던 것은 『공인중개사 시험에도 붙었는데 해서 안 될 게 뭐 있겠느냐』는 자신감 때문이었다고 한다. 당시 합격한 사람들은 모두 3명이었는데 그 중에서 신철수 씨는 나이도 가장 많았고, 학력도 대학을 졸업한 다른 두 사람과 달리 겨우 초등학교 졸업이었다. 그가 1급 제과제빵 기능사 자격증과 국내 제과기능장 1호로 당당히 장인의 반열에 오른 것은 평소 면학정진한 자신과의 싸움에서 승리한 결과이다.

그는 제빵 기술에 있어서는 이미 어느 정도 수준을 넘어선 전문가였지만 일본의 제빵 기술이 우리보다 더 발달해 있었기에 1995년 일본 과자전문학교의 통신강의를 시작하여 졸업을 하였다. 신철수 씨가 빵을 만들기 위해 아이디어를 가장 많이 얻는 곳은 바로 책이다. 끊임없이 책을 뒤지고 제빵에 관련된 새 책이 나오면 제일 먼저 구해본다. 그리고 각종 세미나 연수의 기회도 놓치지 않는다. 항상 찾고자 하는 의식을 가지고 무수히 많은 정보를 얻으려고 애쓰는 것이다. 그 정보를 자신의 경험과 연관시켜 다시 자신에게 맞도록 연구해 새로운 제품을 만들어 내려고 부단히 노력한다. 성심당을 명실상부하게 최고 수준의 제과점으로 키워놓은 그는 1986년부터 1997년까지 10년 6개월 동안 일하던 직장을 그만 두기로 하였다. 편한 직장생활을 접고 학원을 설립하여 후진을 양성하는 일, 그 일은 자신이 가진 기술로 최대의 가치를 창출해 낼 수 있는 일이라 생각했기 때문이다.

97년 8월 대전 동구 중동에 성심당제과제빵기술전문학원 문을 열었다. 그는 자신이 빵 기술을 배웠던 방법 즉, 도제방식으로는 기술전수와 후진양성에 한계가 있고 많은 시간과 노력이 있어야 함을 누구보다도 잘 알고 있었다. 학원을 설립하면 보다 많은 사람들에게 자신의 경험과 기술을 알릴 수 있고 기술자를 키워 낼 수 있겠고, 그래야 세계 여러 나라와 경쟁을 할 수 있을 것이라는 생각이 들었던 것이다. 제빵학원의 3층과 4층을 합해 80여 평 넓이의 교실에서 매일 많은 수강생이 기술연마에 여념이 없다. 이론과 실기를 함께 가르치는데, 기초반(3개월)은 기능사자격 시험 준비과정이고, 중급반은 제과점에서 실제로 파는 제품을 만드는 과정이다. 최대한 속성으로 기술을 익히게 해서 생계 수단으로 삼도록 도와주자는 게 그의 목표다.

신철수 원장이 바라는 바는 "나한테 배운 청소년이 우수한 성적으로 대학에 입학했거나, 학생이 새 기술을 개발했거나, 제과점을 차렸을 때 가장 기쁘다고" 말한다.

신 원장은 대한민국 1호 제빵 기능장이면서도 자신이 최고라는 생각에 안주하지 않는다. 항상 두 눈을 부릅뜨고 소비자의 동향을 살피며 새로운 기술과, 제품을 만들기 위해 노력한다. 그가 만든 '에그 샌드위치'와 '인삼빵'은 세계인들의 입맛까지 사로잡은 대표적인 빵이다. 건강에도 좋고 입맛에도 좋을 뿐 아니라 소화도 잘 되어 건강식품으로 세계적인 명성을 얻고 있다. 제빵 기술에서도 그는 '롤 케익'을 만들 때 종이에 식용유를 바르고 마는 과정을 생략하고 직접 비닐에 포장을 한다. 그 결과 빵에서 식용유 냄새도 나지 않고, 종이와 식용유의 낭비도 막을 수 있었다.

"제가 미련해서 그런지 빵 만드는 일이 지금도 아주 재밌습니다. 완성된 제품을 시식하면서 「야, 이렇게 맛있는 빵을 정말 내가 만들었을까」하고 감탄할 때가 많다니까요"

"요즘 젊은이들은 한 마디로 「난 빵 만들려고 태어난 사람이다」 이런 각오를 하고 덤비는 친구들이 없어요."

자수성가한 신철수 원장은 말한다.

"나는 물려받은 재산 없이 혼자 힘으로 어렵게 일하며 기술을 익혀 오늘에 이르렀다. 자신의 현실을 어려운 가정형편과 사회 탓으로 돌리기보다는 나는 할 수 있다는 자신감을 갖고 스스로 인생의 활로를 개척해야 한다"

성심당 제과제빵학원 원장실에는 벽면에 「하면 된다」와 「盡人事待天命(진인사대천명)」이라는 붓글씨 액자가 있다. 신 원장은 어린 시절부터 모든 일을 자신이 해결해야 하는 상황이었기에 끊임없이 도전하고, 배우고, 익히면서 몸으로 터득한 인생관이 생겼다. 그것은 바로 '하면 된다' 라는 정신이다. 수없이 많은 좌절을 겪을 때마다 다시 일어서기 힘들 때도 있었지만 그때마다 쓰러지지 않고 지금의 그가 있을 수 있었던 것은 바로 이 '하면 된다' 라는 생각이 있었기 때문이었다. 멈추지 않고, 꿈을 향해 나가면 반드시 이루어지지만 좌절하여 멈추면 모든 것은 그 자리에서 끝난다는 것을 그는 체험을 통해서 알고 있다.

제빵학원을 운영하면서 요즘 청소년들에게 느낀 점은, 조금만 힘들어도 포기해버리고, 약간만 안 좋은 말을 들으면 다른 길로 가버리고, 여러 사람과 생활할 때 지켜야할 예의를 잘 모르고 있다고 지적한다. 그는, 지금은 힘들어도 참고 견디면 미래가 보장된다며, '어릴 때 고생은 인생의 보약' 이라고 말한다. 무엇이든지 어렵게 이룬 것은 소중하고 보다 큰 보람을 느끼게 하는 것이라고 강조한다. 그리고 모든 일에 최선을 다하는 마음가짐이 중요하며 자신의 길을 정하면 결코 포기하지 않는 마음가짐이 있어야 한다고 조언한다.

신철수씨의 「하면 된다」 혹은 「진인사대천명」의 생활철학은 교수 진출 과정에서도 발휘된다. 1997년 일간지에 중경공업전문대학(현. 우송공업전문대학) 식품공업과 교수 초빙 광고가 났다.

"조건이라는 게 뭐냐 하면 제과기능장을 소지하고 있을 것, 학사나 석·박사 학위를 지닌 자, 뭐 거기에다 제출 서류가 논문이나 저서…. 뭐 이렇더라고요. 수십 가지의 조건 중에서 저한테 해당되는 것은 제과기능장을 소유하고 있다는 것뿐이었습니다. 그렇지만 응모를 했죠"

그가 교수초빙 광고를 보고 응시원서를 낸 것은 달리 믿는 구석이 있기 때문이었다.

"나는 대학은 못 다니고 박사는 아니지만 학교에서 공부한 것만 공부는 아니다. 나도 30년이나 빵 만드는 일을 하고 제과 기능장이니 나도 30년 동안 빵에 관한 공부를 한 것 아니겠어요."

그는 제과·제빵 기능장을 소지한 사람이라면 현장에서 일을 했을 것이므로 석사나 박사 학위를 받을 조건이 안 됐을 것이고, 반대로 석·박사 학위 소지자의 경우 일선에서 다년간 뛰어야 가능한 기능장을 소유한 사람이 별반 없었을 것이라 판단을 했다. 그래서 지원자가 그렇게 많지 않을 것이라 생각했는데 뜻밖에도 응모자는 두 자리 수를 넘었다.

1997년 응시원서를 심사하던 심사위원이 교수지원자 중에서 특별한 한사람을 발견했다.

"아니 초등학교만 졸업한 사람이 대학교수가 되겠다고 시원서를 냈네요.'

'아니 어디요. 정말 국졸이네. 본인은 30년 동안 빵을 만들었기 때문에 빵 만드는 데는 누구보다 자신이 있다네요.'

심사위원들에게 놀람 반 호기심 반으로 관심을 끌었던 사람은 바로 신철수였다.

"얼마 후 1차 서류 심사에 합격했으니 면접에 나오라는 겁니다. 이것 참, 그래도 대학인데 저 같은 사람이야 구색 맞추기겠지 하고 일단 나가봤지요"

2차 면접 시험에 10여명의 쟁쟁한 교수후보들과 함께 참여했다. 그는 『이왕 안 될 것, 당당하게 임하자』고 마음을 다잡았다고 한다. 면접관과 그가 주고받은 대화를 대충 옮겨보면 이렇다.

"대전의 성심당을 오늘날의 위치로 끌어올리는 데에 공헌했다는 점은 인정하지만 일본의 제과 관계자들을 데려가서 시식을 해본 결과 제품이 뛰어난 게 없다고들 하던데요?"

"일본 사람들의 입맛을 기준으로 삼으면 안 되지요"

"그러면 서울의 빵하고도 차별성이 있습니까?"

"한국과 일본의 입맛이 다르듯 서울과 충청도 사람의 입맛도 다른 법입니다"

"단지 지역민의 입맛을 달리 했다는 것이 성공비결이라는 얘깁니까?"

"빵맛만이 아니지요. 사업의 성공 여부는 제품의 질로만 가름되는 게 아닙니다. 제과점 분위기, 인테리어, 청결상태 친절 이 모든 것이 조화를 이뤄야 되지요. 대학도 경쟁력을 갖추기 위해서는 지금 상태로는 안 되고…"

신 씨는 겁 없이 면접관들 앞에서 오히려 한바탕 훈시를 해나갔다. 먹고 사는 일에 부족함이 없으니 대학교수 그것 안 되어도 상관없다는 배짱이 그에게 그런 용기를 주었다. 점잖은 면접관들은 그의 파격적인 언사에 웃기도하고 더러는 건방지다고 했단다.

당시 면접심사를 하신 학장님은 말한다.

"채용당시 신 교수는 자기 분야에 대해 자신감 있게 이야기를 해주었고 특히 우리가 호감을 갖게 된 것은 그분이 조건이 있었어요. 우리 대학에 교수로 임용이 되면 자기가 실력발휘를 할 수 있도록 제반 실습실을 완비를 해 달라 했어요. 인터뷰하는 학교입장에서는 좀 황당하기도 했지만 자기분야에 그만큼 자신감을 갖고 있는 분이라 생각하여 심사위원들이 선발하기로 결정했습니다."

"면접시험을 보고 한참을 잊어버리고 있었는데 대학의 기획실장이라는 분이 나오라고 그러데요. 무슨 일인가 해서 나갔더니 신 교수님이라고 하더라고요. 아, 내가 대학 교수가 됐구나 하고 실감했지요."

박사학위를 갖고도 어렵다는 대학교수 자리를 초등학력으로 당당히 거머쥐기까지. 온갖 삶의 질곡 앞에서도 결코 무릎을 꿇지 않았던 신철수 교수. 가난과 절망 속에서 희망을 발견하고, 자신의 삶을 바꿔나가려 했던 의지와 노력이 오늘의 결실을 맺은 것이다. 초등학교 졸업이라는 학력이 이제 그가 제과 제빵의 장인(匠人)이고 교수인 이상 그의 장래를 방해하지는 않을 것이다. 마땅히 그런 세상이 돼야 한다.

1998년 3월부터 대전우송공과대학 식품공학과 교수로 강의를 시작한 신 교수는 학생들에게 인기가 많다. 학생들에게 빵 만드는 기술도 실질적인 내용을 가르치고 특히 역경을 딛고 그간의 삶의 경험을 학생들에게 알려주어 인생의 참된 삶의 길을 안내하고 있기 때문이다.

학생들은 신 교수에 대해 이렇게 말한다.

"현장에서 바로 쓸 수 있는 산 기술을 가르쳐주시고 '준비된 자만이 성공한다'는 삶의 지혜를 가르쳐 주십니다. 특히 교수님이 그동안 고난극복과정을 통해 오늘이 있으신 것, 대단한 분이고 존경스럽습니다. 교수님을 보고 인생을 많이 배우고 있습니다."

제빵 실습실에서 강의하는 신 교수는 학생들의 작품하나하나를 지적하는 눈매와 솜씨가 예사롭지가 않다. 이론보다는 현장에서의 상품적 가치와 실용성을 더 중시하는 신 교수는 500여종의 빵을 만드는 실질적인 빵 박사이며 빵의 최고 장인이다.

그가 땀과 눈물로 익힌 빵의 기술 그리고 어렵게 독학으로 따낸 각종 자격증 특히 대한민국 제과기능장과 교수도전은 빵의 최고가 되겠다는 자신과의 싸움에서 이긴 결실이다.

신 교수는 스스로 지나온 인생을 '눈물 젖은 빵'에 비유한다. "눈물 젖은 빵이 인간을 최고로 키웁니다"

160cm가 조금 넘을까 말까한 단구(短軀)에다 빵처럼 둥근 얼굴의 순박한 신철수 교수의 모습은 어딘지 빵과 인연이 많은 인상이다. 하얀 백색 가루로 가장 맛있는 빵을 만들어 내는 예술가 신철수 교수는 학력파괴시대의 실력 있는 신지식인이다.

"빵은 제 인생이죠. 빵으로 시작해서 빵으로 끝난다고 할까요? 빵만 보면 멀리서도 절하고 싶은 마음 이예요."

신철수 교수를 아는 후배들은 "저분은 빵밖에는 다른 인생은 없을 정도로 빵을 사랑하고 빵에 대한 연구와 공부에 전심전력하는 삶을 산다."고 말한다.

배고픔으로 인연을 맺은 빵은 그의 삶이요 눈물이었고 보람이다. 신철수 교수는 오늘도 대학 강단에서 이론만으로는 얻을 수 없는 소중한 현장의 지식과 경험을 학생들에게 가르치고 있다. 신철수 교수는 '빵은 인생살이와 비슷하다'고 한다.

"사람도 어려서부터 인간이 지켜야 할 기본을 잘 배우고 익혀야 커서도 인격자가 될 수 있고 존경을 받습니다. 빵도 만들 때 처음 배합부터 반죽, 발효, 굽는 시간 등 공정과정을 잘 지켜야 좋은 빵을 만들 수 있습니다. 빵이 모든 공정과정에서 제대로 돼야 맛있는 빵이 되듯 인생도 삶의 과정이 바르게 돼야 보람 있는 인생이 됩니다."

신철수 교수는 그간 한국제과우수기술자연구협의회 회장, 한국제과기능장협회 초대 회장을 역임하기도 했다.

신철수 교수는 학생들뿐만 아니라 일반 직장인들에게도 널리 알려진 스타 강사이다. 학교. 관공서, 회사, 사회단체는 물론 구직자 및 창업희망자 등을 위한 취업 강의에도 그는 단골로 불려 다니고 있다.

"제 인생역정을 들은 청중들은 저를 통해 희망을 발견하게 됐다고 고마워합니다. 어떤 분은 앞이 깜깜한 절망의 터널을 제 강의를 듣고 벗어날 수 있었다고 했습니다. 이럴 때 정말 큰 보람을 느낍니다.

그는 남들처럼 화려한 언변이나 재치 있는 입담과 재담을 가진 것도 아니다. 하지만 청중들은 그의 삶 자체에 감동을 얻고 갈채를 보내는 것이다.

우리의 편견을 가능으로 만든 집념의 사나이 신철수 교수, 그의 빵 이야기에는 그의 멋진 도전정신과 인생의지가 담겨있다. 우리가 신철수 교수의 성공을 주목하는 이유는 교실 밖에서 배운 경험과 지식도 똑 같이 학교에서 배운 지식이상으로 가치 있고 소중하게 받아드려지기를 희망하기 때문이다.

초등학교 학력으로 대한민국 제과기능장 1호, 대학교수로, 제과제빵계의 살아있는 신화를 창조한 인간승리, 신 교수의 눈물 젖은 빵의 의미를 가슴깊이 새겨 우리의 삶의 길을 찾는 현명함이 있어야 하겠다.

사환에서 초정밀분야 1인자 등극
김 규 환 - 대우 종합기계 품질 명장

　　　　　김규환 명장은 1956년 강원도 평창에서 5대 독자로 태어났다. 깊은 산골의 화전민 아들로 태어나 산후 풍으로 몸져누우신 어머니의 약값을 벌기 위해 열다섯 살에 무작정 서울로 올라왔다. 그러나 어머니는 결국 약한 첩 못써보고 돌아가시고 배운 것도 없고 일가친척 하나 없이 어디 의지할 데도 없는 그는 막막한 삶을 살아야 했다.

　객지에서 갖은 고생 끝에 우연히 '대우가족'을 찾는다는 신문광고를 보고 1975년 대우종합기계(舊 대우중공업)에 사환으로 입사하여 공장 청소부로 일하였다. 그는 평소 남다른 노력과 성실함이 돋보여 기계 닦는 보조 공으로 정식사원이 되고 그 후 기능공으로 승진하였다.

　그는 초등학교도 못 다닌 학력의 벽을 넘어 하루 3시간씩만 자며 국가 기술자격증에 도전하여 국가기능 1급 자격을 비롯한 8개의 자격증을 취득하고, 창원기능대학졸업, 전국품질관리경진대회 금메달 수상, 국제품질관리 한국 대표, 대한민국 인증 품질 명장이 되었다. 명장이란 그 분야에서 가장 뛰어난 실력을 갖고 있는 분에게 주어지는 최고의 명예로 이분은 초정밀산업분야의 1인자이다. 독일의 마에스트로 격인 한국의 품질명장이 되기까지는 삶에 대한 열정과 피나는 노력이 남달랐다. 그는 입사 이래 2만 4천 6백 12건의 제안을 냈으며 수입에 의존하던 62개의 기계를 국산화하는데 기여했다. 청소부에서 품질명장에 오른 입지전적인 인물, "현장 노동자 김규환 명장"이 걸어온 길을 그의 강연 내용을 토대로 정리했다.

「저는 국민학교도 다녀보지 못했고 기술 하나 없이 75년 대우 중공업에 사환으로 들어가 마당 쓸고 물 나르며 회사생활을 시작했습니다. 이런 제가 훈장 2개, 대통령 표창 4번, 발명특허대상, 장영실상을 5번 받았고 1992년 초정밀 가공분야 名匠으로 추대되었습니다. 어떻게 제가 우리나라에서 상을 제일 많이 받고 명장이 되었는지 말씀 드리겠습니다. 저는 조실부모하고 너무 가난하여 굶기를 밥 먹듯 했습니다. 너무나 춥고 배고파서 죽을까도 하다가 어린 여동생 때문에 삶을 택했습니다. 어린 여동생을 안고 구걸행위를 하면서 지냈습니다. 구걸하다가 쫓겨 나 논두렁에 곤두박질치면서 이마가 찢어져 끝도 없이 피를 흘리기도 하였습니다. 우연히 할머니 한분이 우리 남매를 거두어 주셨습니다. 잠시의 인연이었지만 그 고마움을 잊지 못해서 그 할머니 돌아가시는 날에 자식처럼 장지로 향했으며 통곡을 하였습니다. 지금도 그 할머니를 생각하면 눈물이 납니다.

나는 학교를 제대로 다니지 못했기 때문에 글을 읽을 줄 몰랐습니다. 우연히 신문에 난 글이 궁금해서 이게 무슨 글인가 물어 봤더니 옆집 아주머니가 그것은 '대우가족 모신다'라는 글이라고 했습니다. 나는 '대우'라는 사람도 나만큼 외로워서 '가족'을 모집하는 구나. 세상에 별의별 광고도 다 있구나! 라고 생각했습니다. 나중에 사람을 채용한다는 뜻을 알고, 이것도 인연이다 싶어 회사를 찾아갔습니다. 회사 앞에 당도하자 수위는 냄새난다고 나를 쫓아냈고 그래도 들어가야 한다고 하니까 나를 거지취급해서 심하게 때렸습니다. 그것을 보고 한 임원이 수위보고 '무슨 행패냐 거둬 줘'라고 말했습니다. 서울사람에게 '거둬 줘'라는 말은 '도와주되, 밥 한 끼 정도 주라'는 말인데 경상도 말로는 '도와주되, 우리 식구로 받아 줘'라는 말이랍니다. 그때 나를 패던 수위가 경상도 사람이라 '채용해서 써라'는 말로 알고 당시 부장에게 그 임원이 쓰라고 했다고 전했고, 입사자격이 미달이어서 면접에 떨어졌지만 잡부로(사환) 채용이 되었습니다.

제가 대우에 입사할 때 입사자격이 고졸이상 군필자였습니다. 사환으로 입사하여 매일 아침 5시에 출근하였습니다. 하루는 당시 사장님이 왜 일찍 오냐고 물으셨습니다. 그래서 선배들 위해 미리 나와 기계 워밍업을 한다고 대답했더니 다음 날 정식기능공으로 승진시켜 주시더군요. 2년이 지난 후에도 계속 5시에 출근하였고, 또 사장님이 질문하시기에 똑같이 대답했더니 다음 날 반장으로 승진시켜 주시더군요.

내가 만든 제품에 혼을 싣지 않고 품질을 얘기해서는 안 됩니다. 제가 어떻게 정밀기계 분야의 세계 최고가 됐는지 말씀 드리겠습니다. 가공 시 온도가 1℃ 변할 때 쇠가 얼마나 변하는지 아는 사람은 저

하나 밖에 없습니다. 제가 이것을 알리고 국내 모든 자료실을 찾아 봤지만 아무런 자료도 없었습니다. 그래서 공장 바닥에 모포 깔고 2년 6개월 간 연구했습니다. 그래서 재질, 모형, 종류, 기종별로 X-bar 값을 구해 1℃ 변할 때 얼마 변하는지 온도치수가공 조건표를 만들었습니다. 기술공유를 위해 이를 산업인력관리공단의 '기술시대' 란 책에 기고했습니다. 그러나 실리지 않았습니다. 그런데 얼마 후 3명의 공무원이 찾아왔습니다. 알고 보니 제출한 자료가 기계가공의 대혁명 자료인 걸 알고 논문집에 실을 경우 일본에서 알게 될까 봐, 노동부장관이 직접 모셔오라고 했다는군요. 장관 曰 "이것은 일본에서도 모르는 것이오." "발간되면 일본에서 가지고 갈 지 모르는 엄청난 것입니다."

사람들은 제가 일은 어떻게 배웠냐고 많이 묻습니다. 어느 날 무서운 선배 한 분이 하이타이로 기계를 다 닦으라고 시키더라고요. 그래서 다 뜯고 닦았습니다. 모든 기계를 다 뜯고 하이타이로 닦았습니다. 기계 2612개를 다 뜯었습니다.

6개월 지나니까 호칭이 '야 이 새끼 야'에서 '김 군'으로 바뀌었습니다. 서로 기계 좀 봐 달라고 부탁했습니다. 실력이 좋아 대접 받고 함부로 하지 못하더군요.

그런데 어느 날 난생 처음 보는 컴퓨터도 뜯고 물로 닦았습니다. 사고 친 거죠. 그래서 그 때 알기 위해서는 책을 봐야겠다는 생각을 가지게 되었습니다. 저희 집 가훈은 '목숨 걸고 노력하면 안 되는 일 없다' 입니다. 저는 국가기술자격 학과에서 9번 낙방, 1급 국가기술자격에 6번 낙방, 2종 보통운전 5번 낙방하고 창피해 1종으로 전환하여 5번 만에 합격했습니다. 사람들은 저를 새대가리라고 비웃기도 했지요. 하지만 지금 우리나라에서 1급 자격증 최다보유자는 접니다. 뿐만 아니라 제가 그간 훈장, 발명특허대상을 받고 1992년 초정밀 가공분야 명장(名匠)으로 추대 되었습니다. 새대가리라 얘기 듣던 제가 이렇게 된 비결을 아십니까? 그것은 목숨 걸고 노력하면 안 되는 일이 없다는 저의 생활신조 때문입니다. 저는 새벽 세 시에 어시장에서 배달 후 회사 출근, 밤 열 시까지 잔업, 열 두 시에 자고, 또 세 시에 어시장 가고...그런 어려운 환경에서도 중, 고등학교를 독학으로 독파하고 국립창원기능대학을 졸업했습니다. 또한 저는 현재 5개 외국어를 합니다. 저는 학원에 다녀 본 적이 없습니다. 외국어를 공부하기 위해 매일 한 문장씩 똑같은 것을 열 장을 복사해 눈길 닿는 곳마다 붙여놓고 외웠습니다. 하루에 1문장 외우기 위해 집 천장, 벽, 식탁, 화장실문, 사무실 책상 가는 곳마다 붙이고 봤습니다. 이렇게 하루에 1문장씩 1년, 2년 꾸준히 하니 영어·독일어·스페인어·중국어·일본어 5개 국어를 마스터할 수 있었습니다. 나중엔 회사에 외국인들 올 때 설명도 할 수 있게 되더라고요. 진급, 돈 버는 것은 자기노력에 달려 있습니다. 세상을 불평하기 보다는 감사하는 마음으로 사십시오. 그러면 부러운 것이 없습니다.

배 아파하지 말고 노력 하십시오. 의사, 박사, 변호사 다 노력했습니다. 남모르게 끊임없이 노력했습니다. 하루 종일 쳐다보고 생각하고 또 생각하면 해답이 나옵니다. 저는 제안 2만 4천 6백 12건, 국제 발명특허 62개를 받았습니다.

저는 조금이라도 도움이 되는 건 무엇이라도 개선합니다. 하루 종일 쳐다보고 생각하고 또 생각하면 해답이 나옵니다. 가공기계 개선을 위해 3달 동안 고민하다 꿈에서 해답을 얻어 해결하기도 했지요. 제가 얼마 전에는 새로운 자동차 윈도 브러시도 발명하였습니다. 유수의 자동차 회사에서도 이런 거 발명 못했습니다. 제가 발명하게 된 배경을 설명 드리겠습니다.

회사에서 상품으로 받은 자동차가 윈도 브러시 작동으로 사고가 났습니다. 교통사고 후 자나 깨나 개선 생각을 했습니다. 그러다 영화 타이타닉에서 배가 물을 가르는 것 보고 생각해 냈습니다. 대우자동차에 말씀 드렸더니 1개당 100원씩 로열티 주겠다고 하더라고요. 약속하고 오는 길에 고속도로와 길가의 차를 보니 모두 돈으로 보입디다. 돈은 천지에 있습니다. 마음만 있으면 돈은 들어옵니다.

회사에 대한 나의 생각 저의 종교는 대우중공업敎입니다. 저는 교회나 절에 다니지 않습니다. 제 종교는 대우중공업敎입니다. 우리 집에는 대우 깃발이 있고 식구들 모두 아침 밥 먹고 그 깃발에 서서 기도합니다. 저는 하루에 두 번 기도합니다. 아침에 기도하고 정문 앞에서 또 한 번 기도합니다.

"나사못 하나를 만들어도 최소한 일본보다 좋은 제품을 만들 수 있도록 도와주십시오."

당부의 말씀을 드립니다. 저는 심청가를 1000번 이상 듣고 완창을 하게 되었습니다. 판소리 춘향가를 완창할 수 있을 때까지 테이프를 수백 번 돌려듣는 끈기와 노력. 그것은 본래 타고난 능력이라기보다는 배우고자 하는 열의와 살면서 갈고 닦아온 노하우에서 비롯된 것입니다.

심청가에 보면 다음과 같은 구절이 있습니다.

'한번 밖에 없는 인생 돈에 노예가 되지 마라! 지금 하고 있는 일이 너의 인생이다!

'지금하고 있는 일에 최선을 다하는 자는 영화를 얻는다.' 목숨 걸고 노력하면 안 되는 것 없습니다. 목숨 거십시오. 그러면 성공합니다. 내가 하는 분야에서 아무도 다가올 수 없을 정도로 정상에 오르면 돈이 문제가 아닙니다. 내가 정상에 가면 길가에 핀 꽃도 다 돈입니다.」

가난과 무지를 딛고 오직 땀과 희망으로 꿈을 이뤄온 그의 특별한 이력은 각종 매체에 소개되어 화제를 불러일으켰다. 기계 기술 발명가이자 명 강연자이며 아이디어 제조기, 김규환 명장은 현재 바쁜 회사생활 중에도 국내는 물론 해외를 오가는 강의로 눈코 뜰 새 없는 나날을 보내고 있다.

이렇게 실로 놀랍기 그지없는 김명장의 에피소드를 소개한다.

김명장은 한 번 출근해서 일에 몰두하기 시작하면 밥 먹는 것도 잊고, 퇴근하는 것도 잊어버려 며칠을 회사에서 머무르는 경우도 있었다. 그러다보니 회사에서 그의 건강이 걱정되어서 '강제퇴근명령'을 내려 퇴근을 강제로 시켰다고 한다. 또한 출근하면 퇴근하지 않기 때문에 쉬라고 '출근금지명령'으로 회사에 들어오지 못하게 만드는 제안까지 생겼을 정도였다고 한다.

한 번은 칼국수를 한 그릇 시켜놓고 기도를 올린 적이 있었다. 그는 늘 하던 대로 두 손을 모으고 큰 소리로 기도를 했다.

"하느님, 부처님, 천지신명님, 돌아가신 우리 부모님!, 오늘 여기이 칼국수를 먹고 제가 열심히 일해 우리 회사가 잘되게 해주옵소서."

그때 옆에 앉아 계시던 할머니가 "아멘"이라고 말씀하셨다. 김 명장은 왜 자신의 기도를 따라하셨느냐고 물었다. 할머니는 그가 기도를 너무 간절히 하기에 함께 축원하고 싶은 마음이 들었다고 하였다. 그리고 그렇게 회사가 잘되기를 간절히 기도하며 일을 하니 그 제품이 얼마나 좋겠느냐며 이번 기회에 대우제품으로 냉장고를 바꾸시겠다고 했단다. 사실 그는 자신의 제품을 하느님이나 부처님께 바치는 마음으로 만든다고 한다. 과히 종교적인 믿음이라 부를 만하다.

모든 것을 쉽게 이루고 쉽게 포기하는 요즘 같은 시대에 한 가지 일에 목숨 걸고 노력한다는 그의 인생관은 특별한 사람으로 거듭났으며 피눈물로 이룬 인생역정과 그만의 독특한 삶의 방식은 오늘의 귀감이 되고 있다.

김규환 명장의 성공비결

1. 부지런하면 굶어죽지 않는다.

김 명장의 근면성실함은 모든 행동에서 우러났다. 아무도 시키지 않지만 스스로 새벽 5시에 제일 먼저 출근해서 청소를 시작했다. 기능공으로 일하면서도 모든 기계의 매뉴얼을 모두 다 읽을 정도로 성실했다. 게다가 대부분의 기계를 분해하고 조립해보는 실험을 해봤다. 자신의 기업에 수많은 제안을 해 기업발전에 공헌했을 뿐 아니라 같이 일하는 동료들에게 헌신적으로 부지런함을 보여줬다. 김 명장은 대우종합기계에 없어서는 안 될 존재로 우뚝 섰다.

2. 준비하는 자에게는 반드시 기회가 온다.

김 명장은 정규 교육을 제대로 배우지 못 했지만 국가기술자격 1급도 따고 창원기능대학도 졸업하고 외국어도 5개 국어를 독학으로 공부했다. 평소 책임 있게 일을 잘해 단기간에 정식기능공도 되었다. 1980년 현장기능공으로 발탁, 초정밀연삭 작업장에 배치되면서 분임조 조장까지 했다. 2년 6개월 동안 일요일과 휴일도 반납하고 연구한 노력 끝에 85년 메인스핀들 부품의 국산화가 이루어졌다. 덕분에 품질명장이 되었다.

3. 목숨 걸고 노력하면 안 되는 것이 없다.

우리는 '최선을 다하라', '전력을 다하라'고 말한다. 그런데 김규환 명장은 '목숨을 걸고 일하라, 그러면 반드시 원하는 것 이상을 성취할 수 있다'고 당당히 말한다. 그는 하루 3시간 정도만 잠을 자고 자신이 원하는 것을 이루어 냈다. 이제까지 700여 가지의 제품과 신기술을 개발했다. 목숨을 걸고 자신의 인생에 충실하면 안 되는 일이 없음을 증명했다.

김 명장은 "사람들은 건강을 잃으면 다 잃는다고 말하나 나는 '용기를 잃으면 다 잃는다.'라고 말하고 싶다." 한다.

김규환 명장은 '내가 나를 인정하지 않으면 나를 인정해줄 사람이 없다.' '내가 회사를 인정하지 않으면 아무도 당신의 회사를 인정해 주지 않는다.' '내가 국가를 인정하지 않으면 아무도 당신의 국가를 인정해주지 않는다.' 무엇보다 먼저 자신을 인정하고, 자신을 믿고 행동해야 좋은 결과가 있음을 강조한다.

　이렇게 그 분의 정신자세며 노력은 남다름이 있음을 알 수 있다. 누구도 감히 넘보지 못할 탁월한 성취를 이룬 인물이라면 분명 그에게는 우리가 배워야 할 특별한 것들이 있다. 김규환 명장은 창조성·장인정신·혁신성이 뛰어나고 끈기·소신·추진성·승부근성이 강한 분임을 알 수 있다.

　가훈이 '목숨을 걸고 노력하면 못 할 것이 없다' 이다. 죽을 각오로 정신을 집중하여 노력하면 이 세상에 안 되는 것은 없다는 것이다. 천대받은 사환으로 직장생활을 시작해서, 직장에 대한 종교적인 믿음으로까지 승화시킨 김규환 명장을 통해서 생존전략과 성공비결을 배워야 한다. 저서로는 자서전 〈어머니 저는 해냈어요〉가 있다.

장애를 딛고 선 국내 최고 마케팅 대가
조 서 환 - 세라젬 헬스앤뷰티 대표

　　　　조서환 대표는 마케팅 분야에서 많은 히트브랜드를 만든 국내 최고의 마케터이자 명강사, 저술가로 유명하다. 그는 군인 시절 사고로 오른손을 잃었지만 왼손 하나로 온갖 역경을 극복하고 애경 사원에서부터 KTF 부사장을 거쳐 현재 세라젬 헬스앤뷰티 대표가 되기까지 그의 일과 인생, 마케팅은 한편의 인간승리 드라마이다.

　조서환 대표는 1957년 충남 청양 칠갑산 아래 가난한 농가에서 태어나 어렵게 유년시절을 보냈다. 가난한 가정형편 때문에 국비로 대학을 갈 수 있는 육군3사관학교에 입학하여 1978년 제15기로 졸업하였다. 육군소위로 임관해 군인으로 사는 걸 인생 목표로 삼고 군 생활을 착실히 하였다. 장군을 꿈꾸며 군복무를 하던 스물 셋 육군소위 때 훈련 중 수류탄 폭발사고로 오른손을 잃고 철모를 뚫고 머리와 몸 안에 들어가 빼낸 큰 파편만 24조각일 정도로 심한 부상을 입었다. 병원에서 깨어보니 침대 옆을 지키고 있던 아버지의 눈가에는 이슬이 맺혀 있었다. 아들을 애처롭게 바라보는 아버지가 오히려 안쓰러워 위로의 말을 건넸다.

"군인생활은 못하겠지만 살아 있지 않습니까. 영문과에 진학해 멋지게 살겠습니다."

아버지께 그렇게 말씀은 드렸지만 정상인에서 별안간 오른손을 잃은 상황에 인생이 끝나는 것 같은 좌절을 느끼지 않을 수는 없었다. 그 때 그에게 용기를 주고 일으켜 세워준 사람은 바로 지금의 아내인 사랑하는 여자 친구였다. 얼마 전까지만 해도 건장했던 사람이 '머리며 팔에 붕대를 칭칭 감고 누워있는 미라 같은 모습'으로 애인을 만난다는 것은 너무나 괴롭고 힘든 일이었다. 그는 마주한 애인에게 마지막 통첩 겸해서 말을 건넸다.

"아직도... 나... 사랑해?"

애인은 고개를 크게 두 번 끄덕였다.

가슴이 터질 것처럼 기뻤지만, 그는 '이건 너무 이기적이다. 이제 그만 이 천사 같은 사람을 보내줘야 한다'고 생각했다.

"나 당신, 사랑할 수 없다. 그러니 얼굴 봤으면 이걸로 정리하고 끝내자."

그러자 그녀는 눈시울이 빨개지면서 울먹이는 목소리로 차분하게 이야기를 했다.

"지금까지는 당신한테 내가 필요 없었는지 몰라요. 그런데 지금부터는 당신 곁에 내가 있어야 해요."

이 일화는 그의 저서에 나오는 감동적인 러브스토리다.

여자 친구는 어떤 상황에서도 그를 사랑하겠다는 의지를 확인시켰다. 애인의 깊은 사랑을 알고는 이 여자를 위해서라도 반드시 재기하겠다는 각오를 하였다. 세상에 대한 공포 속에서 사랑의 힘으로 세상에 대한 자신감을 가지게 되는 계기였다. 절망에서 애인이 희망의 싹을 틔어준 것이다.

그러나 문제는 두 사람이 사귀는 것을 여자 쪽 가정에서 반대하였다. 그녀는 아버지를 설득하였다.

"만일 아버지가 이런 일을 당했다면 엄마가 어떻게 해주시기를 바라세요?"

"아버지가 결혼을 반대하셨는데 거기에 숨은 뜻이 있었다는 걸 나중에야 알게 됐어요. 바로 제 의지를 시험하고자 하신 거였대요. 후회하지 않는 삶을 스스로 선택하게 하신 거죠."

그녀는 직장을 그만두고 병원 옆에 방을 얻어 하루 종일 꿋꿋이 그의 곁에서 건강회복을 위해 사랑과 정성을 다하였다. 그 때 그는 헌신적으로 애쓰는 애인을 보고 앞으로 무슨 일이 있어도 이 여자를 행복하게 만들어야 한다는 인생의 목표가 생겼다. 인생의 목표치고는 소박하다 생각할 수도 있겠지만 당시 그에게는 이를 악물어야 할 정도로 벅찬 것이었다. 빈농의 8남매 맏이로 비빌 언덕도 없는 데다 두 팔을 가지고도 힘든 세상에서 한 팔만으로는 성공은 고사하고 밥벌이도 쉽지 않은 상황이었으니까 말이다.

그 때부터 그는 투병생활을 하면서도 왼손으로 글씨 쓰는 연습과 영어 공부를 열심히 하였다. 영어를 잘하면 손을 잘 쓰지 않으면서 살 수 있는 방법이 있을 거라고 판단했다. 특히 영어문장을 3번만 보면 외워지는 것을 느끼고 목표가 확실하여 집중하면 안 될 일이 없다는 것을 깨달았다.

 몸은 정상이지 못하니, 입과 머리를 쓰며 살아야겠다는 결심을 하고 경희대 영문과에 편입하여 공부에 매진하였다. 그리고 대학시절 결국 사랑하던 애인 김경옥씨와 결혼에 성공하였다. 그들 부부에게는 곧바로 아이가 생겨 딸을 낳았고 얼마 후 아이를 또 가져 아들을 낳아 대학교 졸업도 하기 전에 두 명의 아버지가 되었다.

 그는 각고의 노력으로 대학을 졸업하고 부양가족을 먹여 살리기 위해 취직을 하려고 애썼으나 번번이 낙방의 고배를 마셨다. 성적은 좋았기 때문에 서류전형에선 합격했는데, 항상 마지막 면접에서 떨어졌다. 면접관들이 그의 오른손 의수를 보고는 불합격 처리를 해버렸기 때문이다. 생각다 못해 애경 그룹 면접 때는 국가유공자라는 것을 감추고 손을 잃었다는 것을 밝히지 않은 채 면접에 임했다. 그러나 면접관 한 분이 어떻게 벌써 애가 둘이나 있냐고 하는 예상치 못한 질문에 당황한 나머지 진실을 그대로 고백하고 자신의 오른손이 의수인 것도 고백했다. 그러자마자 면접위원들은 갑자기 면접을 중단하고 "집에 가서 부모님 모시고 편하게 살라"며 사실상의 탈락 통보를 했다. 돌아오는 길에 심한 절망과 함께 자살까지 생각하였다. 그러나 사랑하는 아내, 자식들, 오른손을 잃었을 때 아버지의 오열과 자살하지 않겠다는 약속을 떠올리고 다시 마음을 다잡고 면접장으로 뛰어가 면접관들에게 호소했다.

 "손으로 일하는 것이 아니라 머리로 일하는 것이 아닙니까? 사회 약자 층을 저처럼 쫓아 보내지 말고 따뜻한 배려를 해 주시기를 바랍니다."

이를 지켜보던 한 여성 면접관이 "지금 한 말을 영어로 옮겨보시오"라고 기회를 주었다. 다음 날 합격통지서가 날아들었고 세상에 대한 자신감을 가지고 긍정의 힘을 느끼게 되었다. 그 여성 면접관은 장영신 애경 회장이었고, 애경은 그의 첫 직장이 됐다.

"당시 면접관들 사이에 논란이 일었으나 장 회장이 '저런 사람이 훨씬 일을 잘한다. 큰일을 맡겨도 된다' 고 했답니다."

그러나 그는 애경산업 기획실에 입사하여 많은 멸시와 편견 속에서 근무 평점을 계속 D를 받았다. 누군가는 D를 줘야 하는데, 그와 같은 경우에는 신체상 약점을 이용해 절대 안 나가리라고 보고 그렇게 한 것이다. 그는 심하게 위축되고 자존심에 큰 상처를 받았지만 좌절하지 않고 오기로 더 열심히 근무했다.

"신입사원 시절에 퇴근하려는데 담당부장이 영어 원서 번역을 시켰어요. 다음 날 아침까지 해오라는 거였는데, 도저히 다 할 수 없는 분량이었어요. 그때만 해도 손으로 글씨를 써야 했고, 저는 왼손으로 써야 하니까 그냥 베껴 쓴다고 해도 다 못 할 일이었죠. 그런데 생각해 보니 아내와 함께 작업을 하면 되겠는 거예요. 내가 부르면 아내가 옆에서 필기를 했어요. 다음 날 아침에 영문 자료와 국문 자료를 함께 책상 위에 올려놨더니 부장이 놀라는 거예요. 다 할 수 있을 거라 생각을 안 했던 거죠. 그걸 보더니 그 다음부터는 저를 아주 신뢰하고, 지원해 주셨죠. 내가 어떻게 하는가를 본 것이죠."

그 당시 영어를 할 줄 아는 말단 사원에게 맡겨진 일은 회사를 방문한 귀빈들을 모시기 위해 공항에 영접을 가는 일이었다. 힌 손에 피켓을 들고 서있으려니 팔도 아프고 지루하여 '내가 이런 일 하려고 그 고생을 해서 입사했나' 하는 회의가 들었다. 그렇지만 그는 다시 마음을 가다듬고 긍정적인 생각을 했다. '이것이 비즈니스 영어를 제대로 배울 수 있는 기회다' 하고 발상의 전환을 한 것이다. 그렇게 생각하니 일이 흥미로워지기 시작하고 공항에 나가 고객을 기다리는 것이 즐겁게 느껴지고 여유가 생기게 되었다.

"생각을 바꾸면 모든 일이 즐거워질 수 있다"

긍정적으로 생각하자 기회와 행운이 따라왔다. 외국고객을 맞이하다 보니 명함을 주고받게 되었고, 외국인의 명함에 'marketing'이라는 단어가 자주 눈에 띄었다. 당시 우리나라는 기업 현장에서 마케팅에 대한 개념이나 용어조차 생소하던 시절이었다. 그는 `마케팅 시대가 오고 있다`는 사실을 직감했다. 이 분야에서 승부를 보기로 결심했다. 입사 2년 만이던 84년 대학원에 진학해 마케팅에 대해 체계적으로 공부하게 되었고, '마케팅의 귀재'가 되는 일생의 기회를 공항에서 외국인을 맞으면서 잡게 되었다.

기획담당으로 외국인을 상대하고, 영어통역을 도맡으면서 두각을 나타내어 무역업무와 관련된 서류 번역부터 시작, 유니레버와 제휴를 맺는 과정에서 능력을 인정받아 마케팅을 영어와 접목시키는데 성공, 과장까지 승진하였다.

마케팅 업무를 담당한 그가 마케팅 업계에서 스타덤에 오른 계기가 된 것은 '하나로 샴푸' 브랜드 출시 때이다. 1980년대 후반 빅히트를 기록했던 '하나로 샴푸'가 탄생하는 과정에는 숨은 일화가 있다.

"장 회장에게 11번이나 찾아가 광고비를 두 배로 증액해줄 것을 요구했으나 거절당했습니다. 그래도 포기하지 않고 '만일 실패하면 내 아파트를 팔아서라도 갚을 테니 결재해 달라. 틀림없이 성공한다' 고 설득했습니다."

"'하나로 샴푸'를 출시한 지 6개월 만에 샴푸시장을 휩쓸었고 1등 브랜드로 자리를 굳혔고 매출과 이익이 3배나 뛰었습니다"

애경의 대박상품 '샴푸와 린스를 하나로. 하나로 샴푸' 라는 광고를 처음엔 상사나 직원들이 현실성이 없다고 반대했으나 회장의 결심으로 빛을 보게 됐다. '하나로 샴푸' 는 광고 후 대단한 성과를 거두고 매출은 상승세를 가속하였다. 이 공로로 그는 과장에서 부장으로 특진했다.

그는 마케팅은 제품싸움이 아니라 인식싸움으로 마케팅에서 마켓은 장터가 아니라 소비자의 가슴 속이라고 한다. 그래서 소비자의 가슴 속에 제품의 가치를 끊임없이 심어주는 것이 중요하다고 강조한다. 소비자와 시장을 객관적인 시각으로 판단할 수 있어야 하고 소비자가 원하는 특성을 도출해내고 가장 매력적인 키워드로 표현해야한다는 것이다.

그는 입사 이후 10여 년간 애경산업에 근무하고 35세의 나이에 다이알 비누 한국지사(DIAL KOREA) 이사로 스카우트되었다가 94년 다국적기업 로슈제약 한국지사장으로 옮겼으며 95년 11월 애경산업으로 복귀하였다. 그는 외국계 회사로 옮기기 전 장 회장에게 "4년간 유학을 떠나는 마음으로 다국적기업에 다니겠다"고 약속했다. 정확히 4년 뒤 그는 연봉이 깎이고도 다시 애경으로 돌아왔다. 맨 처음 자기를 인정해준 장 회장과 '의리' 를 지키기 위해서였다. 애경으로 컴백한 그는 다시 대박 행진을 이어갔다.

'하나로 샴푸'가 그의 데뷔작이라고 하면 '2080 치약'은 마케팅 업계에서 '숫자마케팅'의 신화를 이룩하면서 MVP 반열에 오르게 한 브랜드이다. 포화되고 정체된 시장에서 마케팅 수완을 발휘한 대표작 중 또 하나이다. 애경은 당시 108개의 브랜드가 득실대는 치약 시장에 새로운 브랜드로 들어가 살아남는 것 자체가 힘든 상황이었다. 하지만 그는 특유의 '긍정의 힘'으로 기회를 만들었다. 처음부터 안 된다는 패배의식을 떨쳐버리고 어려울수록 간결하게 승부하라는 마케팅의 기본에 충실했다. 그래서 나온 것이 '20개 치아를 80세까지'의 명구이다. 이 명구를 내세운 2080치약으로 승부를 걸었고 시장은 결국 그의 손을 들어줬다. 2080 치약은 1997년 IMF 외환 위기로 경기가 어려울 때 출품해 1년 만에 업계 1위를 차지한 브랜드로 애경에 큰 기쁨을 안겨주었다.

한편 이윤이 많이 남는 화장품 시장을 공략하였다. 애경의 화장품에 대한 소비자 조사를 해 본 결과 호감을 못 얻어 파리의 마리끌레르 상표를 런칭하여 히트를 쳤다. a solution, b&f, point 등 대박행진을 이어가면서 마이다스의 손으로 불리며 승승장구하였다.

그는 긍정의 힘, 포기하지 않는 근성으로 불가능할 것 같은 일도 도전하여 성취하고 손이 하나 없다는 큰 약점을 강점으로 승화시켰다. 그가 얼마나 집념 있는 사람, 강인한 의지가 있는 사람, 노력파인지를 잘 나타내 주는 골프 일화가 있다. 그는 원래 골프를 칠 생각은 없었다. 골프보다 먼저 즐겼던 운동은 볼링이다. 볼링을 잘 해 보겠다는 마음에 중간에 그만둘 수 없도록 이용권을 미리 끊어놓고 맹연습을 했다. 그런데 칠 때마다 올 스트라이크(all strike)가 나오니 재미가 없어져서 그만뒀다. 그러던 그를 골프에 입문시킨 사람은 장영신 애경그룹 회장이다. 1996년 장 회장은 사업을 원활하게 진행하기 위해서 그에게 꼭 골프를 시켜야겠다고 생각하고 골프를 치도록 권유했다.

장 회장은 오른손이 없는 그에게 골프를 배우라고 말하기 미안하여 몇 번이나 망설이다 말을 꺼냈다고 한다.

장 회장이 골프를 하라고 했을 때 처음에는 "이 양반이 누구 약을 올리나"라고 생각했다. 사장님의 권유에 그는 "오른손이 없는데 양손으로 채를 잡아야 하는 골프를 어떻게 칩니까?"라고 물었다. 그러자 장 회장은 "다른 사람은 몰라도 당신은 할 수 있을 것"이라고 대답했다.

"상사가 그렇게 나를 믿는다는데 도저히 안 할 수가 없었다. 지금 하지 않으면 영원히 못한다. 나는 할 수 있다"고 되뇌며 자신을 다독거렸다. 그는 사장님의 말씀을 듣고는 애경백화점에 있던 골프연습장에 등록했다. 새벽, 점심시간, 퇴근 후 저녁까지 하루에 세 번씩 3개월 동안 골프를 치자 "안 되는 건 없다"는 생각이 들었다.

3개월이 지난 후 장 회장과 처음으로 필드에 나선 그는 8번 아이언 하나만 가지고 103타라는 경이적인 스코어를 냈다. 별명이 '공포의 8번 아이언'이라는 그의 특기는 8번 아이언으로 하는 러닝 어프로치다. 골프를 칠 때 짧은 거리에서는 양손으로 세밀한 샷을 하는데, 그는 그럴 수가 없다. 그래서 8번 아이언으로 퍼팅하듯이 땅에 굴리는 특이한 어프로치 샷을 구사한다. 이 샷의 적중률이 높다는 것이다.

부단한 연습의 결과로 터득한 그만의 골프 기법으로 그는 최고 스코어를 내며 골프를 친다. 마케팅 전문가답게 특유의 샷에 자부심이 대단한 그는 일에서나 골프에서나 약점을 장점으로 승화시키는 강점을 갖고 있다. 골프에서도 오른손이 없다는 약점이 오히려 자신을 돋보이게 해 주고 한 손으로 치니까 더 대단해 보인다.

그는 애경회사에서 상무까지 승진하였고 경희대 MBA 석사(1998년)와 박사(2000년, 신제품성공요인분석) 과정을 마치면서 이론과 실무로 무장한 마케터로서 자리매김을 했다.

그는 시간관리가 철저하다. 누구에게나 하루는 24시간일 수밖에 없다. 그러나 24시간을 활용하는 방법은 천차만별이다. 그는 남들과 똑같이 해서는 사회적 편견을 극복할 수 없다고 생각했다. 해외출장을 갈 때도 늘 책을 곁에 두고 다니며 시간을 쪼개어 썼다. 주어진 24시간을 장기적인 개인 발전을 위해서 활용해 왔다. 입사동기들이 퇴근 후 술자리에 있을 때 그는 대학원 석사과정에 입학했고 중간에 지방으로 발령이 나자 대전에서 서울까지 야간열차로 통학하며 공부를 했다.

"지방 근무를 할 때 대전에서 서울까지 대학원에 다녔는데요, 3시간씩 왕복 6시간을 이동하는 데 보냈어요. 새벽 2시에 귀가를 했는데도 전혀 괴롭지가 않았어요. 스스로 일거리를 많이 만든다는 건 아주 좋은 일이에요. 그만큼 열정이 있고, 재미있어서 하는 일이지, 괴롭기만 하면 절대 못 하죠. 기차 안에서 이동하는 시간은 아무에게도 방해받지 않는 나만의 시간으로 책을 읽는 습관이 붙였어요. 그런 습관이 쌓여 어느 사이엔가 자기발전을 이루었을 뿐만 아니라 몸은 피곤하더라도 마음은 오히려 편안하고 행복했습니다. 불가능하다고 생각하는 것, 힘들다고 생각하는 것, 그 자체가 문제인 것 같습니다. 놀면서도 시간은 가고 공부하면서도 시간은 갑니다. 다만 어느 것이 장기적인 관점에서 봤을 때 개인 발전을 위해 더 큰 도움이 될 것인지 생각해야 합니다. 자신의 인생을 위해 쉽지 않지만 선택해야 할 문제입니다."

그런 가운데서도 그는 초등학교부터 대학원까지 동기회장을 맡아 하면서 리더십을 발휘해 왔다.

그가 뛰어난 실력을 갖추고 대인관계가 좋고 마케팅 전문가가 되고 나니 헤드헌터 시장에서 그를 유혹할 수밖에 없었고 대학에서 교수 제의도 들어왔다.

"다시 새로운 분야에 도전하고 싶었습니다. 항시 사람은 변화(Change)하고 새로운 것(Creative)에 끊임없이 도전(Challenge)하고 실천해야 한다고 생각합니다. 제약, 비누, 화장품 등 제품분야 마케팅은 다 해봤지만 서비스 분야만 안 해 봤습니다."

그가 다국적 기업들의 스카우트 제의와 교수직을 마다하고 이동전화회사인 KTF 마케팅 전략실장으로 자리를 옮겼다. 2001년 KTF에 마케팅전략실장으로 입사할 때는 100:1의 경쟁률을 뚫고 들어갔다.

마케팅 한다하는 사람들이 모두 모였다. 쟁쟁한 100명의 지원자들 중 최종 면접에서도 그는 하나의 전략을 세웠다. 절대 "열심히 하겠다"고는 말하지 않겠다는 것이었다. 문제점을 하나하나 분석하고 각각 솔루션을 제시했다. "이동통신에 대해 공부를 많이 하신 것 같다"는 말에 "이동통신은 모르지만 마케팅 원리는 같습니다."라고 답했다. 앞서 얘기했던 골프도 큰 역할을 했다. 골프를 한 손으로 87타를 친다고 하자 이용경 사장이 깜짝 놀랐다. 대단한 노력파, 집념 있는 사람으로 인식됐다. 이렇게 확실히 남과 다른 걸 보여줬고, 결국 KTF 마케팅 수장이 될 수 있었다.

비누와 샴푸를 만드는 회사에서 이동통신회사로 옮겨 전혀 관계 없는 업무분야라 적잖은 어려움을 겪었을 것으로 사람들은 생각하지만 그는 그렇게 생각하지 않했다.

"나는 비누를 만든 적도, 휴대전화를 만든 적도 없습니다. 나는 단지 상상을 했고, 그것을 세상에 내놓았을 뿐입니다. 상상력을 추진하는 데 비누와 이동통신이 뭐가 다르겠습니까." 그에게 마케팅은 상상을 실현하는 작업인 셈이다. 꿈과 아이디어에 열정(passion)을 갖추지 못하면 진정한 마케터가 될 수 없다는 말이다.

"보다 치열한 시장에서 성취감을 느껴보려고 KTF를 택했습니다. 입사한 날짜가 2001년 11월 16일입니다. 사실 며칠 더 일찍 들어올 수 있었는데 일부러 그날을 택했어요. 왜냐면 11월 16일이 꼭 '011번호(SK텔레콤)를 016번호(KTF)가 따라잡는다'라는 의미를 주는 것 같아서 그랬습니다. 2001년만 해도 KTF는 만년 2등이었습니다. 모든 사람들이 경쟁사인 SK텔레콤의 '스피드 011'을 쓰면서 번호의 자부심을 가지고 있었거든요. 저는 경쟁사를 이길 해답이 분명히 있을 거라 자신했죠. 어떻게 하면 역전할 수 있을까 다양하게 시도했습니다. 고민 끝에 전체를 뛰어넘기보다는 부문별 1위를 차지하는 전략을 택했습니다. 쪼개고 또 쪼개면 핵심이 보인다는 '시장 세분화(segmentation) 전략'이지요. 그래서 나온 게 연령별 성별 브랜드였는데, 10대는 비기(BiGi), 20대는 나(Na), 30대 여성은 드라마

(DRAMA)였습니다. 이들 브랜드는 부문별로 1위에 오르는 성과를 거뒀지요. KTF가 3세대(G) 이동통신 브랜드로 선보인 '쇼(SHOW)를 하라' 가 1위를 차지하여 자신감을 느끼게 되었습니다. 결국 새로운 시장을 누가 먼저 개척하느냐가 관건입니다. 사람들이 '글로벌화상 로밍통화' 하면 제일 먼저 '쇼' 를 떠올리는 것이 뿌듯합니다."

이와 같은 결과는 우연히 된 것이 아니라 그의 노력의 결과였다. 그는 이동통신 시장의 전반을 알고 우수한 전략을 세우기 위해서 현장 경험을 해야 한다고 판단, 자원해 KTF 강북사업본부에서 야전사령관으로 일하기도 했고. 수도권마케팅본부장도 하였다.

"한 예로 그 당시 5명이 상주하는 인천공항 매장에서는 하루에 한 대도 못 파는 날이 많아 알아보니 직원들이 팔려는 의지가 없었어요. 직원들을 모아놓고 세일즈 내레이션 교육을 다시 시켰지요. 불과 2시간 정도 방법을 알려준 것뿐인데 2주 뒤에 그 매장에서는 하루 30대를 팔게 됐습니다."

그는 전국에서 가장 점유율이 약하다는 호남권 총괄 광주마케팅본부장으로 부임하여 8개월 만에 광주를 중상위권으로 끌어올리기도 하였다. 이러한 브랜드 마케팅 결과 그는 입사 1년여 만에 통화품질 1위, 여성시장점유율 1위 등 경쟁사와의 차별화를 통해 5조원의 매출을 돌파하는 데 크게 기여했다. 결국 그는 연간매출 7조원규모의 KTF 마케팅 총괄 부사장까지 되었다.

그 후 그는 KT와 KTF가 합병하면서 KTF 부사장에서 KT 전무로 강등되고 보직을 잃게 되자 오히려 이 사실을 세상에 널리 알렸다.

"제 능력을 원하는 곳이 있으면 열심히 일하겠습니다."

마케팅 박사답게 그의 '위기 대응 전략'은 남달랐다. 그는 "위기 때 사람이 움츠러들면 탈출구를 잃게 된다"는 생각에 경쟁에서 탈락한 자신에 대한 소문을 퍼트렸다. 역발상을 한 것이다. 그의 역발상 마케팅은 효과가 컸다. 이곳저곳에서 함께 일하자는 제안이 들어왔다. 동시에 그가 쓴 `모티베이터`는 베스트셀러 반열에 올랐다. 이 때문에 대기 발령을 받아 놀고 있는 그에게 오히려 가장 바쁜 해가 되었다.

그러다 그는 글로벌 건강기업인 세라젬그룹이 본격적으로 화장품 사업에 진출하기 위해 2010년 2월 설립한 (주)세라젬헬스앤뷰티 대표로 초빙되었다. 세라젬그룹은 미국, 중국, 유럽 등 세계 70여 개 국에 진출, 의료 온열기 부문 마켓쉐어 1위를 지키고 있으며 6개의 계열사를 보유하고 있는 성장을 거듭하고 있는 기업이다.

조서환 세라젬헬스앤뷰티 대표는 "아름다운 기업, 아름다운 세상, 아름다운 우리라는 슬로건을 내걸고 앞으로 그룹의 해외 영업망을 통해 7년 안에 1조원 매출의 새로운 경영신화를 창조해내겠다"고 밝혔다.

그는 아침 5시에 기상하여 밤늦게까지 바쁘게 생활한다. 업무를 추진하면서 유명 마케팅 강사로 강의도 하고, 외국 손님들과 같은 각계각층의 사람들과 만나 다양한 주제의 마케팅이야기를 한다. 저녁에는 일주일에 2번 겸임교수로 경영대학원 강의를 나간다.

조서환 대표가 역경을 딛고 성공할 수 있었던 것은 '긍정의 힘' 덕분이다. 한 손을 잃은 뒤 주변의 편견과 수없이 맞닥뜨렸지만 그에게는 위기를 기회로 바꾸는 '긍정의 힘'이 있었다. 어려움에 처할 때마다 '나는 할 수 있다'는 긍정적인 사고로 힘을 북돋웠고, 남들이 "해낼 수 없다"고 한 일을 해냈다. 그는 어떤 상황이든 좌절은 금물이라는 신념으로 과감하게 행동으로 옮기고 하는 일에 절대 불가능은 없다는 믿음으로 생활하고 있다.

조서환 대표는 "한국을 마케팅 강국으로 만드는 것이 앞으로의 가장 큰 목표"라며 이 땅의 수많은 젊은이들에게도 원대한 꿈을 가질 것을 강조한다.

조 대표는 한국 마케터협회장, 대한 상공회의소 마케팅연구회장을 역임했으며, 현재 아시아 태평양 마케팅 포럼 회장, 능률협회 마케팅 평의회장으로 전경련 경영인 대상, 능률협회 경영인 대상, 매경&카이스트 최우수 논문상을 수상했다. 저서로는 「한국형 마케팅」 「대한민국 일등상품 마케팅전략」 「14인 마케팅 고수들의 잘난척하는 이야기」 「모티베이터」외 여러 권이 있다.

모티베이터에서 배우는 리더십

1. 위대한 리더십은 자기 자신에게 취하는 리더십이다.

"세상을 사는데 있어서 가장 위대한 리더십은 내 자신한테 내가 발휘하는 리더십이다. 즉 내 자신을 내가 다스릴 줄 알았을 때 딴 사람도 다스릴 수 있다는 것이다."

이 세상은 자신감과 긍정의 힘이 있으면 성공할 수 있다.

2. 마케팅을 통해 살펴 본 리더십

그는 애경그룹에서 마케팅 전문가로 했던 일은 마케팅 리더십을 바꾸자는 것이었다. 그는 애경 제품군을 분야로 나눠 분석 검토했다. 그가 결정한 것은 애경에서 화장품을 만들자는 것이었다. 프랑스파리의 마리끌레르 상표를 런칭하여 애경을 1년 만에 흑자로 돌아서게 만들었다.

3. 자기 자신이 가장 도움이 된다.

"이 세상을 사는데 있어서 누가 가장 나한테 도움이 되느냐하면 그것은 바로 나 자신이다."

그는 스스로 셀프 모티베이터가 돼야 한다고 강조했다. 자신이 동기유발 된 상태여야만이 다른 사람도 동기유발 할 수 있다는 것이다.

4. 목표를 최대한 높여라

큰 목표를 갖고 끊임없이 변화를 추구하고 변화에 순응하고 적응하는 사람들은 변화를 통해 지식과 경험을 얻고, 통찰력을 얻고, 축적된 직관을 얻는다..

"성공한 사람들을 보면 그냥 있지를 않는다. 또 하나 더하려고 하고 뭐 더 좋은 것이 없나 찾아다니며 끊임없는 목표를 세운다. 하나를 달성했으면 또 다른 것을 달성하고 또 다른 목표를 찾아 달성하고 현실에서 만족이란 것은 없다."

5. 기회는 무궁무진, 말하라, 행간을 읽어라.

마케팅을 하는 데 있어서 행간을 읽을 줄 알아야 한다. 소비자의 정확한 행간을 읽지 못하면 실패한다.

"할 수 없어도 할 수 있다고 말하지 않으면 기회는 없다. 우선 할 수 있다고 말하라."

말에는 무서운 힘을 가지고 있다. 상황을 즐기며 잘될 것이라고 생각하자는 것이다

조서환 대표의 마케팅 3계명

1계명 : 많이 팔려고 하지 마라. 한 단어만 팔아라.

쪼개고 또 쪼개면 핵심이 보인다. 온갖 내용을 담으려고 해 봤자 사람들은 브랜드 네임조차 기억하지 못 한다. 한 브랜드에 모든 걸 말하려고 하는 것은 아무것도 말하지 않는 것과 같다.

1998년 IMF 시대, 2080 치약이 그때 나왔다. '20세 치아를 80세까지' 슬로건 하나로 모델도 없이 제품만 15초간 비추는 CF를 만들었다. 2080 치약은 혜성 같이 나타나 1년 만에 시장 1위를 차지했다.

2계명 : 자원부족은 아이디어로 채워라.

애경의 '하나로 샴푸'는 샴푸와 린스 기능을 합친 그의 첫 번째 히트 브랜드다. 겸용샴푸 제품의 특성을 압축한 한 단어 '하나로'라는 단어를 상표등록하고 출시했다. 하나로 샴푸가 출시된 후, 고객들은 '하나로'라는 키워드를 기억하고 경쟁사가 광고를 하면 오히려 '하나로 샴푸'의 판매가 급증하는 기현상이 일어났다.

1991년 일본 아오모리현에 태풍이 급습해 수확을 앞둔 사과의 90

%가 떨어져 농업인 대부분이 망연자실 했다. 그러나 그 중 한 명은 남은 10%의 사과에 '절대 떨어지지 않는 사과'로 이름을 붙여 수험생들에게 팔아 '대박'을 터뜨렸다.

3계명 : 결코 포기하지 마라.

어떤 시장에도 기회는 있다. 정통부를 설득해 '번호이동제'를 실시하게 됐다. 3세대 이동통신 브랜드 '쇼(SHOW)'를 시작했고, 난공불락으로 여겼던 이동통신 브랜드 1위 자리를 차지할 수 있었다.

한 손이 없지만 골프를 배워 지금은 골프가 취미가 됐다. 한다고 하니까 되더라. 마케팅도 마찬가지다.

의사, 벤처기업가, 교수로의 성공모델
안 철 수 - KAIST 교수

　　안철수 박사는 의사와 의대교수, PC 백신 개발자, 벤처기업 최고경영자, 카이스트 교수가 되기까지 신뢰의 상징이며 젊은이들이 가장 존경하는 성공모델이다. 그의 남다른 인생경영은 각자 자신에게 맞는 삶의 철학, 즉 원칙을 갖고 사는 것이 얼마나 중요한가를 일깨워 주고 있다. 옳다 싶은 생각은 끝까지 밀고 나가는 소신이 오늘날 그를 있게 했다. 사람들은 언제나 그를 보면서 '마르지 않는 샘' 을 연상한다.

　　안철수 박사는 1962년 부산에서 태어나 부산고와 서울대학교 의과대학을 졸업하고 서울대학교 대학원에서 의학 석사와 의학 박사 학위를 취득하였으며 해군에서 군의관으로 복무했다.

　　어린 안철수는 초등학교에 다닐 때 발표를 잘하는 적극적인 아이가 아니었다. 혼자 있는 것을 즐기는 내성적인 성격이었다. 잘하는 운동도 없었다. 하지만 그가 좋아하는 것은 식물과 동물을 키우는 것이었다. 어렸을 때부터 식물과 동물을 직접 기르면서 생명체의 소중함을 생각했다. 그리고 그는 '활자중독증'이라는 말이 나올 정도로 책 읽기를 좋아했다.

고등학생이 되어서는 자신의 진로에 대해 많은 생각을 했다. 그는 의사가 되고 싶지는 않았지만 부모님을 도저히 실망시킬 수가 없어서 의대에 입학하기로 결정했다. 공부를 그리 잘하는 편이 아니었기 때문에 의대 성적을 유지하기 위해서는 남들보다 몇 배 이상의 노력을 해야만 했다. 특히 힘든 점은 동물을 사랑했던 그가 생리학 실험 때 동물을 가지고 실험하는 것이 너무나 끔찍했다. 또한 의대공부가 늘 수험생처럼 공부해야 하는 상황이라 힘들었지만 자신의 문제는 자신만이 해결해 줄 수 있는 것이기에 의료 봉사활동을 하면서 열심히 공부했다.

1988년 의대 박사 과정 때 자신의 컴퓨터를 켜는 순간 플로피디스켓을 통해 말로만 듣던 브레인 바이러스가 침입해 화면에 '브레인'이라는 이름을 띄우고 있어 놀랐다. 그는 바로 감염된 컴퓨터 속을 해부하기 시작했다. 마침 기계어를 공부해둔 덕분에 바이러스에 대한 대강의 원리를 파악하고 나자 치료에 대한 자신감이 생겼다. 그는 심호흡을 하고나서 수화기를 집어 들었다.

"요즘 전 세계에 엄청난 피해를 입히고 있는 놈, 그러니까… 브레인 바이러스를 분석했거든요. 치료 방법도 찾았어요."

그 당시 소프트웨어 개발자들의 등용문이던「마이크로소프트웨어」지의 편집장에게 전화를 했던 것이다. 그 전화는 이후 안철수의 삶을 180도 바꿔 놓는 운명의 선택으로 자리 잡았다.

그는 컴퓨터 바이러스를 고치려다 백신을 개발한 후 지속적으로 백신 프로그램을 업데이트 하여 백신의 대명사인 V3를 탄생시켜 유명해졌다. 단국대학교 의과대학 교수까지 지냈으나, 결국 의사의 길을 포기하고 1995년 서초동 뒷골목에서 3명으로 안철수연구소를 설립하여 컴퓨터 바이러스 백신을 만드는 "컴퓨터 전문주치의"의 길에 들어섰다. 1999년 CIH 바이러스를 치료하며 흑자전환하면서 국내 보안 기업 최초로 연 매출 순이익 100억 원을 달성하였다.

 2000년, 컴퓨터바이러스백신회사에서 통합보안회사로, 국내 기업에서 글로벌 기업으로 거듭나는 변화와 도전은 계속되었다. 2002년 이후 일본, 중국 법인 설립을 비롯해 세계 각지에 전략적 교두보를 확보하고 활발하게 진출하고 있다. 안철수연구소의 매출과 순이익은 매년 꾸준히 증가하여 2007년 국내 보안 업계 최초로 매출액 500억 원을 돌파하고 2009년에 약 700억 원에 달해 소프트웨어 업계 최고의 수익성과 사업 안정성을 보유하였다. 매출액 20% 이상의 연구개발비 투자와 500여명의 전문개발인력, 15년간 누적된 바이러스 관련 DB보유 등을 통해 디지털 환경에 맞는 서비스를 구현, 세계 최고 수준의 기술력으로 인정받게 되었다.

 그러나 처음부터 순탄한 길은 아니었다. '안철수연구소'를 세우고 4년간은 돈이 없어 월급도 제대로 못 주고, 언제 망할지도 몰라 매일 부도를 걱정하면서 4년을 살기도 했다. 또한 세 들어 있던 빌딩은 밤 9시만 되면 건물의 셔터를 내려버려 출퇴근 시간 따로 없이 자율적으로 근무시간만 지키던 직원들은 날마다 경비원과 전쟁을 치러야 했다. 휴대전화가 없던 시절이라 사무실 안에 있는 사람에게 연락을 취할 수 있는 방법은 직원들이 돌멩이를 유리창에 던져 사무실 안의 직원을 불러내는 것이다. 첨단 컴퓨터 바이러스를 연구하는 회사의 연락 방법이 돌멩이를 신호로 셔터 문을 열어주는 열악한 환경이었다. 그런 가운데서도 백신연구에 열정을 다하였다.

안 박사는 다양한 컴퓨터 백신 프로그램을 개발해 국내 컴퓨터 사용자들에게 무료로 보급하고 일본 중국 등에 수출해 한국 컴퓨터 보안기술의 우수성을 세계에 알려 벤처기업 대상을 수상하고 한국을 대표하는 벤처기업가가 되었다. 안철수 연구소가 가지고 있는 핵심가치는 어느 기업과도 차별화 된 그들만의 독특한 기업문화(윤리경영)와 고객에 대한 사랑이었다. 늘 국민들에게 진정성을 보이며, 이익을 위한 기업이 아니라 영혼을 위한 기업을 만들어 내기 위해 노력하였다.

안철수 연구소라는 이름이 더욱 가치가 높다는 것은 어느새 그의 이름 속에 그가 보여준 신뢰가 스며들어 형성되어 있다는 것이다. 그는 핵심가치와 비전을 통해 "영혼이 있는 기업"을 만들려고 최선을 다하였다.

"영혼이 있는 기업에서는 전 사원들이 스스로 주체의식을 가지고 기업의 영혼을 자신의 것으로 내재화해서 공동의 발전을 이뤄나간다. 그런 가운데 기업은 영속하는 우량기업으로 자라날 수 있다."

더불어 그는 영리하고 빠른 조직과 느리더라고 건강한 조직 중 하나를 택하라면 후자를 택한다고 말하여 영혼이 있는 기업이 무엇인지를 우리에게 일깨워 주었다.

그는 독서광에 메모광이다. 그는 술, 담배는 전혀 못하고 놀이나 운동도 잘하지 못한다. 오로지 취미라고는 '독서' 뿐이다. 그는 어린 시절부터 책만 읽었다고 해도 과언이 아니다. 학교 도서관에 있는 책을 섭렵했고 걸어 다니면서도 책을 읽었다. 중학교 1학년 때 토인비를 보고, 고등학교 때는 삼중당 문고를 모조리 읽었다. 대학교 때는 추리소설을 즐기기도 했다. 한때 바둑을 배우고 싶어 바둑 관련 서적 50권을 독파했다는 일화는 유명하다. 장르를 가리지 않고 글자란 글자는 모두 읽는 습관이 수십 년에 걸쳐 그의 몸에 배어 있다. 엘리베이터 기다리는 시간까지 책을 읽는 것은 당연한 습관이며 그 시간이 그에게는 소중한 재산이다. 그는 결코 자투리 시간도 놓치는 법이 없다.

뿐만 아니라 그는 메모광이다. 메모는 독서에 자연스럽게 따라온 습관이다. 사무실이든 가방 속이든 책 아니면 메모지이다. 그는 정보를 얻을 때만큼 행복한 순간도 없다고 한다. 안 박사가 아끼는 대표적인 책으로 일본인 수학자 히로나카 헤이스케가 쓴 『학문의 즐거움』과 노벨 물리학상 수상자인 리처드 파인만의 자전적 수필집 『파인만씨, 농담도 잘하네요』를 든다.

"히로나카는 수학의 노벨상이라는 필드 상을 받은 저명한 학자입니다. 그런 그가 '어떤 문제에 부딪히면 나는 미리 남보다 두세 곱절 시간을 더 투자할 각오를 한다. 그것이야말로 평범한 두뇌를 지닌 내가 할 수 있는 유일한 방법'이라고 썼습니다. 그 책을 읽은 것이 대학원 시절이었는데 마치 제 앞길을 비추는 한 줄기 빛을 발견한 듯 감동을 받았습니다."

의대 대학원 시절 이미 스타였던 그는 주변의 관심에 괜히 우쭐해질 때면 파인만의 책을 펼쳤다.

"세상에는 저보다 훨씬 뛰어난 사람들이 많다는 것을 깨닫게 됐습니다. 그의 책을 보면 지금도 자중하게 됩니다."

그의 책사랑은 그가 즐겨 인용하는 '우리는 우리가 읽은 것으로 만들어진다.'는 경구에서도 드러난다. 그는 "읽는 것만큼 중요한 것은 사색"이라면서 "충분한 사색을 통해 궁극적으로는 현실에 반영할 수 있어야 책 안의 지식이 자신의 것이 된다"고 강조한다.

안철수연구소는 대리급 이상 승진 평가 시 경영관련 서적을 읽고 독후감을 제출하게 하는 독특한 제도도 운영하고 있다.

안 박사를 처음 만난 사람은 '저렇게 수줍음 많고 내성적인 사람이 어떻게 사업을 성공적으로 할 수 있었을까' 하는 의문을 가지게 된다. 도무지 호방한 사업가의 이미지라고는 찾아볼 수 없기 때문이다.

그의 성공 비결은 시간을 정복하는데 있다. 그의 시간 활용은 가히 초인적일 정도다. 의대 재학 시절 컴퓨터 바이러스를 잡기 위해 백신 개발에 도전한 이후, 그는 '의대 공부와 컴퓨터'란 두 마리 토끼를 잡는 전략을 짰다.

"전공 공부에서 뒤진다는 말을 듣기가 싫어서 남들 공부하는 새벽 3시까지는 의학 공부를 하고 그 이후 3시부터 6시까지 컴퓨터와 씨름을 했습니다. 7년 동안 하루 3시간씩밖에 안 잤습니다."

그렇게 한 결과로 박사 학위도 따고 백신 개발에도 성공했다. 또한 그는 원칙과 약속을 잘 지키기로 소문이 나 있다. 그는 지금까지 살면서 원칙을 안 지키거나 못 지킨 적이 없다고 한다. 반드시 약속을 지키는 데 대해서 한 가지 원칙이 있다. '절대로 다른 사람에게 피해는 주지 않겠다'는 것. 애써 개발한 백신을 7년 동안 무료 보급한 것도, 직원들에게 무상으로 개인 주식을 나눠준 것도 '좋은 회사를 만들어 사회에 공헌하겠다는 원칙'에 입각한 행동이었다. 지난 97년 외국기업의 1,000만 달러 인수제의에도 지켜야 할 가치가 있다며 인수 제의를 단호히 거절한 것도 역시 이 같은 원칙 때문이었다.

안철수연구소는 기본과 원칙, 기업윤리를 충실히 지키면서도 충분히 이윤을 창출할 수 있다는 사실을 증명하며 기존 경영 관행을 벗어난 새로운 비즈니스 모델을 제시하였다.

그 동안 동탑산업훈장. 한국에서 가장 존경받는 기업. 대통령표창. 대한민국SW기업경쟁력대상. 가장 취업하고 싶은 기업, 장영실상 등을 수상하며 기술력과 윤리 경영 측면에서 모범 사례로 공인받아왔다. 국내뿐 아니라 세계적으로도 인정받아 'Asiamoney Awards Best Newly listed Company' '한국 베스트 직장' 등을 수상했다.

척박한 시장 환경에서 안철수 연구소가 세계적 기업으로 우뚝 설 수 있었던 것은 전문성에 기반을 둔 브랜드 파워, 이를 유지할 수 있었던 마케팅, 소프트웨어의 서비스화가 가능했던 보안 소프트웨어의 특수성 등을 꼽을 수 있다.

안철수연구소는 앞으로 세계적 수준의 보안 기술력을 바탕으로 스마트폰, 클라우드 컴퓨팅, 소셜네트워크서비스(SNS) 등 새로운 영역의 솔루션을 제공하는 종합 소프트웨어 기업으로의 도약을 위해 한걸음씩 전진하고 있다.

그러나 안 박사는 연구소에서 CEO로 안주할 것인지 아니면 더 잘할 수 있는 일이 무엇인지 생각했다. 1년을 심사숙고한 끝에 연구소의 CEO를 사임하고 자신에게 또 다른 기회를 주기로 하였다. 산업

전반에 기업가정신을 심어 주고 싶다는 생각에 미국으로 유학을 가서 경영학 석사과정을 공부하기로 한 것이다. 2005년 회사 대표직을 사임하고 안철수 연구소 이사회 의장으로 있으면서 공부할 계획을 밝혔다.

"저는 이사회 의장으로서의 임무에 충실하면서, 앞으로 2년 정도의 계획으로 다시 공부를 시작하고 싶습니다. CEO 자리를 넘기는 것도 아직까지 끝나지 않은, 공부에 대한 욕심 때문입니다. 저도 몇 년 만 지나면 노안(老眼) 때문에 돋보기가 필요하게 될 텐데, 그 전에 마지막 기회라고 생각하고 대학원에 들어가서 학생으로서 열심히 공부할 생각입니다."

그 후 그는 미국 펜실베이니아대학 와튼 스쿨에서 경영자 MBA 2년간의 과정을 공부했다. 마흔 다섯 살에 유학을 갈 때 그 나이에 연구원으로 갈 수도 있었지만 학생 신분으로 처음부터 시작하고 싶었다. 나태해질 수도 있는 자신을 옭아매기 위해선 그렇게 시작하는 게 나을 것 같아서였다.

"나는 남들보다 시간을 두세 곱절 더 투자할 각오를 한다. 그것이 평범한 내가 할 수 있는 최선의 방법이기 때문이다"는 헤이스케의 말을 자신의 좌우명으로 삼으며 남들이 알지 못하는 피나는 노력들을 했다.

2008년 귀국하여 현재 한국과학기술원(KAIST) 경영대학원 석좌교수로 재직하고 있다.

한 분야에서 성공한 사람은 다른 분야에 가서도 성공할 가능성이 매우 높다고 한다. 비록 처음에는 다른 분야를 전공한 사람에 비해 늦은 것처럼 보일지 모르나 결과적으로 늦지 않다고 한다. 그것은 성공을 일궈내기까지의 가졌던 자신의 태도가 몸에 자연스레 체득되어 있기 때문일 것이다. 우리는 그 것을 안철수 교수의 삶에서 발견할 수 있다.

사람들에게 그는 훌륭한 의사, 성공한 경영자, 덕망 있는 교수로 인식 되어져 있다. 사람들은 그가 원래부터 똑똑했기 때문에 각기 다른 세 분야에서 성공할 수 있었다고만 생각한다. 그러나 실제로 안철수 교수는 그가 의사생활을 하면서 형성했던 자세를 유지하며 각 분야에 임했기에 오늘날 성공할 수 있었다고 한다.

"치열하게 살았던 의과대학 시절의 삶의 태도가 지금도 내 핏속에 흐르고 있고 현재의 삶을 살아가는 데도 중요한 역할을 하고 있다. 따라서 지금 내가 하고 있는 일이 나중에 어떻게 쓰일 것인지가 중요한 것이 아니라, 지금 내가 맡은 일을 어떠한 태도로 하고 있는지가 더 중요하다. 지식은 사라지지만 삶의 태도는 변하지 않기 때문이다."

"일을 할 때 내 능력에 비해 벅찬 경우도 많다. 내 수준에서 어려운 주제를 이해하고 쉽게 풀어쓰기 위해서는 당대의 천재들보다 두세 곱절 시간을 더 들어야 하는 것은 어쩌면 당연한 일이다. 깨어 있는 한 순간이라도 헛되이 보내지 않겠다는 것이 앞으로도 내가 할 수 있는 유일한 방법인지도 모른다. 이것은 공연한 겸손이 아니라 분명한 사실이다."

"나는 우주에 질내적인 존새가 있든 없든, 사람으로서 낭연히 지켜나가야 할 중요한 가치가 있다면 아무런 보상이 없더라도 그것을 따라야 한다고 생각한다. 내세에 대한 믿음만으로 현실과 치열하게 만나지 않는 것은 나에게 맞지 않는다. 또 영원히 없다는 이유만으로 살아있는 동안에 쾌락에 탐닉하는 것도 너무나 허무한 노릇이다. 다만 언젠가는 같이 없어질 동시대 사람들과 좀 더 의미 있고 건강한 가치를 지켜가면서 살아가다가 '별 너머의 먼지'로 돌아가는 것이 인간의 삶이라 생각한다."

안 교수는 삶에 대한 자세를 말이 아닌 행동으로 보여주며 자신이 정한 가치관을 토대로 인생을 능동적으로 개척하고 있다.

"내 개인적인 가치관 중에서 가장 중요하게 여기는 것은 정직과 성실 그리고 끊임없이 공부하는 자세, 이렇게 세 가지이다."

"나는 다른 사람과 비교하는 것에 큰 의미를 두지 않는다. 특히 양적인 비교에는 거의 가치를 부여 하지 않는다. 다만 진정한 비교의 대상은 외부에 있는 것이 아니라 '어제의 나'와 '오늘의 나' 사이에 있는 것이라 생각한다."

안철수 교수는 자신이 살아오면서 많은 실패를 했다고 말한다. 그 역시 힘든 경영자의 세월 동안 순간순간 후회도 했다고 회고한다. 절대 흔들리지 않겠다고 다짐하고 또 다짐했건만 녹록하지 않았던 현실은 언제나 그를 기로에 서게 만들었다고 한다. 그러나 자신의 신념과 가치가 있었기에 그것을 극복할 수 있었다며 세상을 살아가는 우리에게 인생의 가치가 무엇인지 다시 한 번 돌이켜보게 만든다.

안철수라는 이름 석 자는 신뢰의 상징이기도 하고 가장 존경받는 젊은이들의 롤 모델이다. 안철수 카이스트 석좌교수는 학생들에게 전달하고 싶은 메시지는 '도전정신' 이다. 세상을 움직이는 것은 젊은이들이 이 사회가 만들어 놓은 '안정' 이란 틀 안에서만 움직이려고 하지 말고 자기가 재미있고, 의미 있고, 잘 할 수 있는 일을 찾아야 한다고 말한다.

그가 안정된 의대교수를 그만두고 백신개발자로 나선 것도 더 의미 있는 일을 찾기 위한 도전정신 이였다.

"의사는 다른 사람도 할 수 있는 일이지만 백신개발은 당시로서는 나 혼자였거든요, 내가 안 하면 사라지는 거였죠. 그래서 처음에는 7년간 낮에는 의대교수, 밤에는 백신개발자 일을 했는데, 피곤한데도 일단 개발을 시작하면 새벽까지 푹 빠지는 거예요. 그래서 같은 정도로 잘하는 일이라면 더 재밌는 일을 해야겠다 싶어 바꾸게 됐어요."

안 교수가 정의하는 '성공' 은 사람마다 가진 능력이 다르고 기준도 달라 일률적으로 성공을 규정하기는 어려우나 그의 생각은 이렇다.

"내가 죽고 나서 사람들의 생각이 조금이라도 바뀌고 내가 한 일이 그들의 삶에 어떤 영향을 줬으면 하는 것이다. 즉, 흔적을 남기는 것이라고 얘기하고 싶다."

"내가 오늘이 있기까지에는 매 순간 열심히 살아왔기 때문인 것 같다. 매사에 열심히 하다 보면 뭔가 또 하고 싶은 일이 나타난다. 그래서 여기까지 온 것 같다." "영혼이 있는 승부"를 권하고 싶다.

안 교수는 학생들의 강의 평가에서 최고점을 받을 만큼 인기가 많다. 그 이유는 기존에 하지 않았던 내용으로 수업을 진행하기 때문이다.

"우리 학생들은 창의력이 부족한데 창의력은 답을 잘 구하는 사람이 아니고, 질문을 잘 던지는 사람에게 있다. 수업도 가능한 창의력을 높여주기 위한 차원에서 진행한다. 단순히 지식 전달이 아닌 깨달음의 시간으로 만들려는 뜻에서 자신의 인생 비즈니스 플랜 작성을 학기말 리포트로 요구한다. 학생들이 인생을 살아가면서 힘들 때 떠올리고 싶은 사람이 되고 싶다"

안 교수는 학생들에게 삶의 지침을 다른 분야에 대한 상식과 포용력, 커뮤니케이션 능력, 긍정적 사고방식, 끊임없는 학습, 자기계발을 통해 한계점을 돌파하고 사회가 요구하는 인재가 되라고 강조한다.

안철수 교수가 지키고자 하는 삶의 원칙

- 매순간에 최선을 다하고 끊임없이 변화하며 발전하기 위해서 노력한다.
- 목표를 세우고 스스로 채찍질한다.
- 결과도 중요하지만 과정을 더 중요하게 생각한다.
- 스스로를 다른 사람과 비교하지 않으며, 외부 평가에 연연하지 않는다.
- 항상 자신이 모자라다고 생각하며, 조그만 성공에 만족하지 않으며 방심을 경계한다.
- 기본을 중요하게 생각한다.
- 천 마디 말보다 하나의 행동이 더 값지다고 생각한다.
- 다른 사람의 의견과 능력을 존중하고, 각자의 다양성을 인정한다.
- 다른 사람을 나 자신의 이익을 위해서 이용하지 않는다.

• 내 스타일을 다른 사람에게 강요하지 않는다.

한국 국민들에게 가장 신뢰받는 리더, 젊은이들에게 가장 존경받는 교수, 비즈니스위크 선정 '아시아의 별 25인' 세계경제포럼이 '차세대 아시아의 리더 18인' 으로 뽑은 안철수 교수는 인생경영 원칙으로 선택 앞에서는 과거를 버리는 것이 중요하다고 한다.

"어떤 일을 선택할 때는 과거를 잊어버리고 항상 현실에 중심을 두고 미래를 생각하는 마음가짐이 필요하다. 나 자신도 발전할 수 있고, 재미있게 일을 할 수 있으며, 다른 사람에게 도움을 줄 수 있는지를 생각하여 선택해야 한다."

"시간은 원칙을 가지고 올바르게 살아가는 사람들에게는 가장 친한 친구이자 든든한 지원자이다. 시간을 지기 편으로 만들고 살아가는 사람은 힘은 들지만 소신 있게 살아나갈 수 있다."

안철수 교수는 그간 술수와 작전이 난무하는 비즈니스 세계에서 정직과 성실을 무기로 최고의 자리에 오르고. 스스로 하고 싶은 일을 위해 과감히 새로운 도전에 나서며, 21세기 기업가 정신의 표본이 되어 인생과 기업경영에서 성공 그 이상의 가치를 보여주고 있다. 안철수 교수는 현재 안철수 연구소 이사회 의장, KAIST 석좌교수, 대통령자문 미래기획위원회 위원, 포스코 이사회 의장으로 활동하고 있다. 저서로『바이러스 분석과 백신 제작』『안철수의 바이러스 예방과 치료』『CEO 안철수, 영혼이 있는 승부』등 수많은 저서를 남겼다.

탈북여성으로 박사·교수된 역전의 주인공
이 애 란 - 경인여자대학 교수

이애란 교수는 탈북여성으로 사선을 넘어 한국에 정착한 것도 대단한데 갖은 어려움 속에서도 학문의 길에 매진하여 이화여대에서 석사, 박사학위를 받고 대학교수까지 되었다. 더욱 세계 10명의 용감한 여성들에게 미국 국무부가 수여하는 '용기 있는 국제 여성상'(Award for International Women of Courage)을 수상하기도 한 자랑스러운 분이다. 수차례 죽음의 고비를 넘고 너무 힘들고 어려워서 죽고만 싶었던 고난들을 극복하며 인생의 운명에 이끌려온 그녀. "고통만 가득한 각박한 삶이었지만 죽지 않고 살다 보니 좋은 날도 오더라"는 이애란 교수의 지난 삶의 굴곡을 살펴본다.

이애란 교수는 1964년 평양에서 태어났으며 아버지가 당 소속 체육관련 일을 한 덕택에 그녀의 가족은 평양 시내의 한 아파트에서 상대적으로 좀 나은 생활을 하며 살았다. 그러나 70년대 중반에 할아버지, 할머니가 6.25 때 월남한 기독교 집안이라는 사실이 밝혀져

출신 성분이 나쁘다는 이유로 온가족이 양강도 삼수군 관동리 두메산골로 추방되었다. 그녀의 나이 열한 살 때 그들이 쫓겨 간 그곳은 조선시대 삼수갑산 유배지로 혁명화구역이다. 소위 정치범 수용소 같은 그곳에서는 '감시 대상 계층'인 사람들이 모여 살아 배급이 없어 아이들까지 먹고사는 문제를 스스로 해결해야 하는 치열한 삶이었다. 온 가족이 벌목하며 감자 몇 개로 하루를 버텨야 하는 배고픔이 심각한 혹독한 생활을 8년간이나 계속했다. 그 기간 적대분자로 멸시당하며 정신적·육체적으로 극한의 상황을 견뎌야 했다.

"출신 성분은 말 그대로 타고난 환경이에요. 저는 악조건을 두루 갖추고 태어났어요. 광복 이전 평양 대지주이자 크리스천인 조부모가 월남을 하셨거든요. 월남자 가족은 추방을 당하고 모든 일상에서 차별을 받아요. 대학진학과 취업은 물론 식량배급조차 받을 수 없죠. 심지어 수학여행을 갈 때도 제약을 받아요."

그녀는 혁명화구역을 '지옥' '완전히 다른 세상'이라고 표현했다. 어린 그가 그곳을 벗어나기 위해 고민 끝에 내린 결론은 '공부'였다.

"매일 잠들기 전 '이건 악몽이야' 라는 말을 했어요. 그 악몽에서 벗어나고 싶었어요. 그래서 죽기 살기로 공부했습니다. 그곳을 한시라도 빨리 나갈 수 있는 방법은 '최고의 수재로 소문이 나 평양 사람들이 날 데려가는 것뿐'이라고 믿었으니까요. 순진한 생각이었죠."

신문은 물론 전기조차 제대로 들어오지 않는 외딴곳에서 살았지만 욕심 많고 야무진 그녀는 꿈을 잃지 않고 살려고 애썼다. 공부하기를 좋아한 그녀는 궁금한 것도, 배우고 싶은 것도, 하고 싶은 일도 많아 노력하였으나 철이 들면서 그 꿈은 절망으로 변했다. 유배생활이 끝나도 '월남자 가족' 꼬리표는 벗을 수 없다는 사실을 깨달은 것이다. 박탈당한 자유와 부당한 현실에 대한 고민으로 힘든 사춘기를 보내던 어느 날, 그녀는 이것이 한계라는 생각에 자살을 시도하기도 했다.

"고등학교 때 성적이 좋았어요. 살던 지역 대표로 김일성대학 수학경시대회를 죽기 살기로 준비해 상위 25등 안에 들었지만 출신성분이 나빠 대학을 갈 기회조차 얻지 못 했어요. 대학에 가기 힘들다는 걸 알면서도 마음을 접을 수 없었어요. 그러던 어느 날 담임교사가 수업시간에 그러더군요. '네가 공부를 잘한다고 대학에 갈 줄 아느냐. 너는 대학에 못 간다' 라고요. 그 뒤로 학교는 물론 바깥에도 못 나갔어요. 감수성이 가뜩이나 예민한 시절, 친구들 앞에서 망신당한 충격이 컸던 거죠. 상태가 나빠지자 사는 것보다 죽는 게 낫다는 생각이 들었어요."

자살 방법으로는 농약을 택했다. 자살을 하면 민족반역자 딱지가 붙어 가족들이 고생할 게 걱정됐다. 빈대를 잡기 위해 집집마다 하나씩 있던 농약이라면 사고사처럼 보일 수도 있겠다 싶었다. 노란 기름이 둥둥 뜬 액체 한 컵을 단숨에 들이마셨다.

"약을 마시고도 한참 동안 반응이 없어 '죽지 못하고 병신 되면 어쩌지' 하고 걱정했어요. 어머니가 쓰러진 저를 발견해 병원으로 데려가 살리셨죠. 그리고 나서 얼마 뒤에 때마침 과학기술 육성을 위해 출신성분을 따지지 말고 능력이 되면 일부 대학에 갈 수 있도록 법이 바뀌었어요. 그토록 바라던 대학에 입학할 수 있게 됐지요. 지금 생각하면 살아서 천만다행이에요."

출신성분이란 벽에 막혀 자신이 원하던 대학은 갈 수 없었지만, 다행히 8년 만에 그곳을 나와 혜산으로 이주하여 혜산경공업전문학교에 들어가 졸업할 수 있었다.

"혁명화구역을 나오는 것은 죄를 조금 삭감 받았다는 것을 의미해요. 원하던 의대는 못가고 맥주공장에서 일하던 어머니의 영향으로 22살 늦깎이로 평북도 신의주경공업대학에 편입, 식품공학을 전공했어요. 졸업 후 혜산시 북한과학기술위원회에 들어가 품질감독원으로 근무했고, 33세에 의사인 남편과 결혼하였어요."

그녀가 직장에서 한 일은 식량배급업무 및 식료품 검사를 담당했던 영양사였다.

"북한 주민들의 키가 작은 것은 장기간 영양 결핍에 시달렸기 때문입니다. 북한 여성의 경우 키가 155cm만 넘어도 큰 편에 속합니다."

그녀는 탈북 직전 병원에서 애기를 낳았는데 산모 영양 상태가 나빴기 때문에 신생아실의 영아 10여 명 중 2kg을 넘는 아기는 거의 없었다고 한다. 그만큼 북한은 식량난이 심각하고 삶이 대단히 궁핍함을 미루어 알 수 있다.

1996년 결혼하자마자 죽은 줄 알았던 할머니와 미국의 친척들과 연락이 닿았다. 1997년 그녀의 인생에 또 한 번 회오리가 몰아쳤다. 97년 누군가가 카세트테이프를 보내왔다. 카세트의 버튼을 누르자 낯선 할머니의 음성이 흘러나왔다. "중국에 너희들을 데리러 가겠다"는 내용이었다. 월남한 뒤 미국으로 이민 간 조부모가 핍박받으며 살고 있을 가족의 탈북을 위해 연락을 취한 것이었다. 듣는 순간 가족 모두 가슴이 철렁 내려앉았다. 그날 이후 간이 콩알만 해져 수시로 주위를 두리번거렸다. 처음에는 탈북 제안에 회의적이었으나 할머니가 가족을 만나기 위해 중국으로 찾아온 것이었다.

"우리 사는 게 걱정돼 찾아온 할머니를 만나기 위해 저도 중국으로 건너갔어요. 중국에서 만난 할머니는 미국에서 소설가가 된 친척이 북한을 배경으로 쓴 소설에 '아버지가 해방 직후 김일성에 반대하는 활동을 벌였다'는 아버지 이름이 실명으로 등장하는 거예요. 이 책에 등장하는 남자의 딸이 저라는 걸 당국이 알면 다시 혁명화 구역으로 끌려가겠다는 공포감에 도저히 북한에 남아있을 수 없었어요."

태어날 때부터 집안 성분이 좋지 않다고 자유 없는 삶을 선고 받고 많은 고초를 겪어야 했던 그녀에게 생각지 못한 시련이 또 닥쳐온 것이다. 이 사실을 북한 당국이 알면 숙청 대상으로 몰릴 것은 분명하며 그녀의 가족은 아무리 노력해도 '불순분자 가족'으로 가혹한 처분만 있을 뿐 아무런 희망이 없게 되었다.

"북한에 살면서 가장 큰 소원은 집안의 출신 성분을 바꾸는 것이었어요. 출신만 바꿀 수 있으면 모든 걸 내다 팔아도 아깝지 않았죠. 당원이 하나라도 있으면 좀 나아질까 싶어 뇌물을 주고 남동생을 입당시키기도 했어요. 그만큼 차별받고 눈치 보는 생활에 넌더리가 났던 거죠. 시간을 두고 고민하니 무조건 탈북에 반대할 게 아니더군요. 이곳에서 발버둥 치며 사느니 차라리 남한으로 가는 게 낫겠다 싶었어요."

남한으로 갈 것인가 북한에 남을 것인가. 결정은 간단치 않았다. 남으로 가자니 남겨질 가족이 걱정이었고 북에 남자니 살아갈 희망이 없었다. 장고 끝에 그녀를 비롯한 가족 대부분은 탈북 쪽으로 마음을 굳혔다. 그러나 가족 간 합의에 이르는 길은 멀고도 험했다.

"혈연과 결혼으로 얽힌 모든 가족이 함께 갈 수는 없어요. 계획이 탄로 날 수도 있고 발각되기도 쉬우니까요. 저는 남편은 두고 아이만 데려왔어요. 남편에게 미안하지만 어쩔 수 없었죠. 탈북은 인간다운 삶을 선택하면 가족 누군가는 노예처럼 살아야 하는, 가슴 찢어지는 선택이에요. 어머니는 형제가 다 북한에 계셨어요. 그래서 탈북을 반대하셨죠. 월남한 뒤에 얘기를 전해 듣기론, 정치범 수용소로 끌려간 외삼촌이 그곳에서 얼어 죽었다고 하더군요. 어머니는 이곳에 살아도 늘 마음이 불편하다고 말씀하세요."

"무슨 큰 목표가 있어서 잘 먹고 잘 살려고 북한을 떠났겠어요? 그때 갓 100일이었던 아들을 밥 굶지 않는 중국 땅에라도 넘겨 놓고 싶은 마음뿐이었습니다. 사정이 있어 남편에겐 이야기를 못하고 떠나왔지만 당시로선 살아서 압록강을 넘을 수 있을지, 아니면 죽음의 길일지 알 수 없었어요. 나였어도 가족을 두고는 갈 수가 없을 것 같았는데 남편에게 동반을 권할 수는 없었죠."

1997년 8월 그녀와 아들, 남동생, 아버지 등 가족의 절반이 먼저 떠났고 나머지 가족들은 3주 뒤 압록강을 건넜다. 백일이 채 안 된 아들을 업고 국경을 넘으면서 혹시 잡혀가면 아이의 인생은 얼마나 비참해질까. 쥐약 네 봉지를 품고 아슬아슬하게 강행군을 이어갔는데 어느 날 새벽, 그녀는 보위부에 발각되었다.

"지금 생각해도 천운이에요. 발각돼서 집결소(감옥)로 끌려갔는데, 마침 아는 사람이 새벽 당직을 서고 있었어요. 그 사람이 기록부에 참고표시를 하더니 '석 달 된 아기가 있음' 이라고 기록하더군요. 북한도 산모나 임신한 여성에게는 관대한 부분이 있어요. 그 사람이 돌아가도록 편의를 봐 줘서 빠져나올 수 있었죠."

"1997년 8월 16일은 제가 다시 태어난 날이에요. 그날 새벽 3시 30분에 압록강을 넘어 탈북 하여 중국에서 머물다 그 해 9월 5일 베트남 한국 대사관으로 들어가면서 제 인생이 새로 시작되었죠."

"97년 10월, 베트남을 거쳐 드디어 남한 땅을 밟았다. 친정식구 9명과 함께였다. 위험한 모험 끝에 발을 내디딘 남한의 첫인상은 '생소함' 이었다. 가족과 함께 북한을 떠나올 때만 해도 남한에서 집, 돈, 직업 등 살아가는 데 필요한 모든 것이 기다리고 있을 줄로 기대했다. 그러나 돌아온 것은 7백만 원 정도의 정착금뿐이어서 아들과 가족들의 생계를 위한 취업이 급선무였다. 관계기관의 조사가 끝난 후 학원에서 컴퓨터부터 익힌 뒤 발이 부르트도록 이곳저곳 뛰어다녔다. 하지만 IMF 경제관리체제라는 한파가 불어 닥친 데다 아이 딸린 주부 탈북자라는 이유로 매번 취직을 거절당했다. 특히 한 관리공단으로부터 탈북자이기 때문에 받을 수 없다는 말을 들었을 때는 삶의 의욕을 잃어버리기까지 했다. 출신 성분으로 박해를 받던 북한 생활을 벗어나서 한국에 와 보니 탈북자라고 편견과 차별이 혹심하여 실망이 컸다.

그녀는 탈북자들이 남한 사회에 정착하기 위해선 탈북자 개개인의 의지와 인내로 더 열심히 살아야겠다 결심하고 담당 경찰이 알선

해준 호텔 청소원으로 남한에서 첫 직장을 잡았다. 그녀에게 맡겨진 것은 하루 20~30개의 화장실을 청소하는 것이었다. 월급이 50만원으로 아파트 임대료 내고 아이 분유 값도 빠듯한 생활이었다. 청소원을 그만두고 여러 곳에서 식당일을 해봤지만 돈 벌기는 쉽지 않았다. 구직활동을 하는 동안에는 신문배달도 하고 아르바이트를 하며 힘든 시간을 보냈다. 혼자 직업을 구해보기로 작정하고 구인광고 신문을 살펴보다 그녀의 눈에 들어온 것은 모 생명보험회사의 보험설계사 모집 공고였다. 그동안 국내에서 알게 된 몇몇 사람들과 상의했지만 모두 반대였다.

"그거 남한 사람들도 쉽지 않은 거야" "학연·지연이 전혀 없는데 어떻게 하려고 그래"가 주였다. 그러나 더는 물러설 곳이 없다고 마음먹은 그녀는 보험회사를 찾아갔다. 죽기 살기로 해보겠다고 통사정해 어렵사리 보험설계사 명함을 얻었다. 처음 몇 달은 고난의 연속이었다. 문전박대는 예사였다. 설명도 못하면서 무슨 설계사냐는 모욕을 당하기도 했다. 그때 흘린 눈물은 평생을 흘리고도 남을 양만큼 많이 울었다한다. 북한에서 우월감과 자존심이 지나치게 높아 핀잔을 받았을 정도로 남에게 신세지는 것을 유별나게 싫어했던 그녀가 '모욕과 멸시'를 고스란히 받아들여 소화한다는 것은 말 그대로 자신과의 싸움이었다.

"고민이 많았습니다. 하루에도 열두 번도 더 그만두고 싶었습니다. 하지만 이제 물러서면 다시는 일어서지 못하고 주저앉고 만다는 생각이 발목을 잡았습니다. 참아낼 수 있는 한계가 어디까지인지, 또 누가 이기나 어디 한번 해보자는 오기로 일했습니다."

상대방의 마음이 열리기를 인내심을 갖고 기다리면서 고생한 끝에 두 달여 만에 첫 고객과 보험을 계약했을 때 그녀는 너무도 큰 성취감으로 밤새도록 잠을 이루지 못하고 눈물을 흘렸다. 그녀는 자신에게 할 수 있다는 용기를 준 첫 고객을 평생 잊지 못할 것이라고 했다.

"이미 수확한 감자밭에서 누가 감자를 많이 줍는가 하는 것은 누가 열심히 땅을 파보는가에 달려있지 않겠습니까. 보험도 마찬가지라고 생각합니다."

그녀는 보험설계사로 일하면서 단순히 직장만 구한 것이 아니라 자본주의 경제를 어느 정도 알게 됐고 경제적 감각도 상당히 늘어났다.

"그저 아들을 밥 굶지 않게 잘 키우고 싶은 마음으로 시작했는데 보험회사에 다니면서 '노력하면 되겠구나' 하는 자신감이 조금 붙었고 실적이 괜찮았어요."

휴일도 잊고 남보다 두 세배 뛰었다. 그녀의 성실과 열심히 사는 모습에 사람들이 감동하고 도와주기 시작했다. 믿을 만한 한 사람이 다른 한 사람을 소개 시켜주면 그녀는 언제나 웃는 얼굴로 진지하게 성심을 다해 일을 했다. 그렇게 일해서 그녀는 우수보험인으로 상을 받기도 했다. 탈북자 보험 설계사 1년 6개월 만에 그는 최고등급인 '슈퍼'급에 이르러 2000년 '보험왕'에 선정되기도 했다. 그러나 그녀는 보험설계사로만 머무를 수는 없었다.

"북에서 하던 계통의 일을 하면 더 잘 할 수 있겠다는 판단이 들었어요. 식품관리 쪽 일을 해왔는데, 고민을 하다가 웰빙 식당을 열게 됐죠."

특허출원을 하고 북한 음식 중에서 몸에 좋은 신토불이 음식들을 잘 개발하고 응용한 건강음식점을 열었다. 온 가족이 식당에 매달려 정신없이 시간이 흘러가던 중, 우연히 탈북자에 대한 논문을 쓰는 이화여대 학생을 만났다. 이애란 씨의 공부에 대한 열정과 명민함을 알아본 그 학생은 공부하기를 권했다. 하지만 공부란 가족의 생존을 책임지고 있던 가장으로서는 꿈도 꿀 수 없는 사치였다. 어릴 적부터 공부가 꿈이었던 그녀에게 공부는 언제나 부러움 자체였지만 그 당시엔 꿈꿀 수 없는 일이었다.

"아기를 데리고 탈북 한 여자가 먹고살기도 빠듯한 한국 사회에서 공부를 하겠다는 것은 꿈도 꿀 수 없었어요. 당장 먹고사는 문제부터 해결해야 했으니까요. 그런데 그 학생이 내가 공부할 수 있도록 끊임없이 힘을 주고 어느 날 이화여대 대학원 입학원서를 사가지고 왔더라고요. 그때 제 나이 서른일곱이었어요."

그 학생이 이화여대 식품영양학과 교수에게 소개시켜준 덕분에 이대 식품대학원에서 장학금을 받고 공부할 수 있는 기회를 갖게 되었다.

"정말로 학교를 다니게 될 줄은 몰랐어요. 교수님이 장학금 이야기를 하셨을 때도 저는 받을 자격이 안 된다고 고사했어요. 그런데 막상 장학금을 받게 되자 등록을 안 할 수가 없었죠. 공부에 대한 갈망은 있었지만 치열한 현실 속에 아이를 양육하며 공부하기는 무리였죠. 학교 분들의 적극적인 권유와 도움으로 결국 공부를 시작하기로 결정했어요."

2001년 이화여대 식품영양학과 석사과정에 입학하여 공부를 시작했지만 그때부터가 문제였다. 그녀가 공부를 다시 하기에는 넘어야 할 벽이 너무 높았다. 전공은 물론 영어 공부가 만만치 않았고, 어린 학생들과의 생활도 그녀가 극복해야 할 벽이었다.

"북에서 발효를 공부했지만 10여 년 전 일이니, 학부생보다 못한 전공지식을 가지고 시작한 거였죠. 괜히 다른 사람 자리 빼앗았다는 소리 듣기 싫어 정말 잠 안 자고 공부했습니다. 그런데 예상치 못한 큰 벽이 기다리고 있더군요. 영어와 한국어였어요. 우리말로 된 전문 용어도 거의 몰랐으며, 또 한국말도 의사소통이 원활한 단계는 아니었어요. 북에 있을 때 러시아어만 배워 영어는 한마디도 몰랐습니다. 첫 학기부터 원서를 읽고 발표해야 했는데, 이것 때문에 단 하루도 바닥에서 자 본 적이 없어요. 책에 나온 단어마다 사전을 찾아가며 퍼즐 맞추기 하듯 읽었죠."

그녀는 영어를 모르고 한국에서 대학원을 다니는 것은 문맹보다 나을 게 없다는 것을 뼈저리게 깨달았다.

"수업은 그렇다 치고 졸업하려면 토플 500점을 넘어야 하는데, 답이 안 나왔어요. 안되겠다 싶어 교수님께 영어 개인과외를 부탁드리고, 시사영어사 등에서 수강기회를 제공하여 영어를 공부했어요. 토플 시험에 다섯 번 응시, 딱 500점을 받았죠. 탈북 이후 그렇게 뿌듯한 적이 없었습니다."

그렇게 바쁘게 열심히 공부하고 일하고 집으로 돌아온 어느 날, 아이가 데굴거리며 울고 있었다. 혼자 상한 음식을 집어먹고 체한 것이다.

"내가 억만 보화를 얻는다 한들 내 새끼를 제대로 못 키우면 무슨 의미가 있겠나 싶더군요. 식당과 수업, 영어공부로 정신없는 생활을 정리해야겠다는 마음을 먹었죠. 식당을 접을지 학교를 접을지 계산을 해보니, 일단 장학금을 받으며 학위를 딴 뒤 다시 식당을 하는 게 낫다는 결론이 나왔어요."

그녀는 상상 가능한 모든 악조건을 차례로 극복하고, 그간 보험 설계사와 음식가게에서 벌었던 돈으로 생활하며 공부만 전념하여 나이 40에 탈북여성 제1호 석사학위를 받았다. 그녀의 석사논문은 '남한거주 북한이탈주민의 식생활행동에 관한 연구: 인구통계학적 특성과 심리적 문화적응 전략유형을 중심으로' 이다. 이 논문은 탈북자들의 사회문화적인 적응과정을 유형화하고 그에 따른 식생활 행동이 어떤 요인에 의해 차이가 발생하며 남북한 음식 맛 차이를 어떻게 느끼고 있는지 등을 분석한 것이다. 생계가 어려웠고 더군다나 학비는 그녀에게 감당할 수 없는 짐이었지만 돕겠다고 나선 분들이 계시어 그 고마움에 이왕 나선 길을 포기하기 부끄러워서 공부를 지속하게 되었다. 이화여자대학교 일반대학원 식품영양학과 석사학위를 받은 뒤 연이어 동 대학원 박사과정에 진학을 하였다.

"석사과정은 영어와 씨름하느라 전공을 제대로 공부하지 못한 것 같아 제대로 공부하고 싶어서 박사과정에 도전했어요. 그러나 박사논문을 준비하는 과정은 너무 힘들어서 우울증에 걸리기도 했고, 자신 때문에 희생한 가족과 주변 사람들에게 미안해서 한강에 투신할까도 생각 했었어요"

"중간에 교통사고로 병원에서 6개월을 보냈고, 정말 열심히 준비했던 자료들도 쓸 수 없게 되는 등 여러 어려운 상황들을 거쳐 3년 반을 계획했던 과정이 2년이 더 걸려 겨우 완성됐습니다."

석사, 박사과정 8년을 고생한 끝에 2009년 2월 박사의 꿈을 이루어 냈다. 박사학위 논문 '1990년 전후 북한주민의 식생활 양상 변화'라는 제목으로 탈북 여성으로는 최초로 식품영양학 박사가 되었다. 이 박사는 "박사학위는 남한생활의 아픔이 담긴 학위 이상의 의미"라고 말했다.

"제 능력보다는 주변의 도움으로 공부할 기회를 얻었죠. 그건 행운인 동시에 빚이기도 하죠. 어떤 형태로든 제가 받은 것들을 갚을 거예요. 제가 겪은 시행착오를 전수해 후배들이 실수를 피하도록 돕고 싶어요. 제가 남한에서 10여년 넘게 살면서 깨달은 것은, 막 남한에 오면 한심한 처지이지만 노력하면 원하는 걸 이룰 수 있다는 거예요. 오랜 시간이 걸리더라도 도전하다 보면 도움의 손길이 있고, 길이 열리는 것이지요. 어렵더라도 정직하고 성실해야 한다는 이야기를 하고 싶어요."

"남한의 온정으로 공부한 나는 빚진 자, 이제 베풀 일만 남았어요"

이 박사는 스스로를 '빚진 자'라고 말한다. 지도교수와 학우 등 남한에서 맺은 소중한 인연이 아니었다면 오늘의 자신은 없다는 것이다.

이 박사에겐 두 가지 소망이 있다. 하나는 북한 요리와 식생활에 대한 연구로 북한에 대한 이해를 높이는 것이고, 다른 하나는 아들이 사회에 필요한 구성원으로 성장하는 것이다. 젖먹이 때 남한으로 건너온 아들은 어느덧 사춘기 청소년이 되었다.

"북한에 대해 아는 게 없는데, 탈북자 가족이라는 얘기를 들으니 아이가 정체성 갈등을 겪는 것 같아요"

아들을 잘 키우고 싶었던 소박한 엄마는 아들이 탈북자라고 왕따를 당할까 걱정이다. 하지만 그보다 아이에게 아버지 부재의 환경을 제공할 수밖에 없었던 것이 더욱 그녀의 마음을 아프게 한다.

"좋은 옷 입히고, 잘 먹이고, 학원도 보내지만 이게 다는 아니잖아요. 아빠라는 존재의 의미조차 모르는 아들을 보면 가슴이 찢어질 것 같아요. 엄마의 선택으로 아빠 없이 자라게 해서 아이에게 늘 미안해요. 탈북자라는 차별을 딛고 남한에서 밝고 건강한 사회인으로 자랐으면 합니다."

이애란 박사는 서울여자전문대학에서 식품영양학 교수, 사단법인 북한전통음식문화연구원 원장, 2010년부터는 경인여대 식품영양조리학과 교수로 임명되어 학생들을 가르치고 있다.

서울 종로 3가 낙원동의 북한음식문화연구원은 교육을 통해 북한음식을 널리 알리고 탈북자들이 홀로 서는데도 도움을 주기 위해 설립한 것이며, 내건 슬로건은 '통일은 밥상에서부터' 이다.

탈북자들의 직업선호도 1순위가 요리사이다. 이 원장은 탈북자들에게 북한음식 조리법을 가르쳐서 자기만의 기술, 능력을 배양하는 일을 돕는 게 자신의 임무라면서 "탈북자들을 잘 정착시키는 것이 통일을 앞당기는 좋은 방법이며 통일 후를 준비하기 위해서는 사람을 키우는 것이 중요하고 이는 곧 통일비용의 절감대안" 이라고 강조한다.

이 원장은 머지않아 북한음식도 세계화될 수 있다고 보고 있으며 곧 북한의 전통적 민간요법과 지역별 음식문화를 집대성한 북한의 음식교과서를 펴낼 계획이다.

2010. 3. 10 미국 국무부에서 이애란 박사는 '용기 있는 국제여성

상'을 수상하였다. '용기 있는 국제 여성상'은 국무부가 매년 세계 여성의 날(3월8일)을 전후해 여성 인권, 정의 실현에 공로가 큰 전 세계의 여성 지도자들을 뽑아 수상하는 상이다. 캐슬린 스티븐스 주한 미 대사가 한국 내 탈북 여성들을 도운 공로로 이 박사를 직접 추천했고 힐러리 클린턴 국무장관이 직접 수여하였다.

이 박사는 수상소감을 이렇게 밝혔다. "북한을 탈출한 한 아기 엄마가 미국까지 와서 받게 된 이 상은 저 개인에게 주어진 상이 아니라 용기와 희망을 잃지 말고 살아가라고 북한 주민들에게 주어진 상이라고 생각합니다." 이 박사는 2006년부터 어려운 탈북자들을 돕는 데 앞장서고 있다. 그간 이박사의 도움으로 대학을 마친 많은 탈북대학생들이 기업과 사회에서 보람찬 생활을 하고 있다

"탈북자 중에 엘리트를 양성해 다른 탈북자의 멘토가 돼 주고 남한 사회와 연결해 줘야 합니다. 그들이 또 북한을 변화시키는데 도움을 줄 수 있습니다."

그래서 이 박사는 엄마의 마음으로 탈북자를 돕고 있다.

"불행에 익숙했던 삶, 이제는 희망의 등불이 되고 싶습니다."는 이 박사의 말처럼 그녀는 우리에게 스스로 희망의 증거가 되고 있다. 여자는 약하다고 하지만 강한 모성애로 많은 고난을 극복하고 불굴의 의지력과 추진력으로 인간승리를 한 이애란 교수의 성공 모범은 우리 삶의 멘토임에 틀림없다.

직공에서 꿈을 이룬 믿음의 법조인
김 미 애 - 변호사

　　김미애 변호사는 1969년 경북 포항시 구룡포라는 작은 어촌마을에서 2남3녀 중 막내로 태어났다. 미애 부모의 원래 고향은 제주도 우도이지만 어선 사업을 위해 구룡포로 이사했다. 어린 시절 미애는 여느 아이들처럼 바다 내음 맡으며 시골의 자연 속에서 평화롭게 살았다. 엄마가 옆에 있다는 이유만으로도 행복했다. 고향 구룡포의 바다는 어머니의 품처럼 평화로운 곳이었다.

　　"갓난아이인 나를 바위 위에 뉘여 놓고 물질을 하시던 어머니의 체취가 풍겨나는 바다를 보면 지금도 마음이 편안해집니다."

　　집안은 가난했지만 그곳에서 부모님과 더불어 행복한 나날을 보내던 중 열두 살이던 해 봄에 어머니께서 갑자기 많이 편찮으셔서 병원에 입원하셨다.

　　"저는 그 때 앞이 캄캄했습니다. 엄마가 무슨 큰 병에 걸리셨나보다. 내가 할 일이 뭘까를 고민하다가 집 앞마당에디 상을 펴놓고 그 위에 물 한 그릇 떠 놓고는 기도 했습니다.

'제발 우리 엄마 큰 병 아니게 해주시고 빨리 나아서 집에 돌아오게 해 주세요' 라고 말입니다."

어머니는 약 3개월 후 핏기하나 없는 몸으로 아버지의 부축을 받으며 집으로 돌아 오셨다.

이때부터 미애는 집안 살림을 도맡아 했다. 초등학교 5학년의 미애는 김치 담그기, 빨래하기, 청소하기, 이불홑청 풀 먹이고 바느질하기 등의 집안일을 하며 학교를 다녔다. 도움을 청했다가 거절을 당한 상처가 있어 누군가에 기댈 생각은 하지도 않았다. 거절당했던 상처는 오히려 그녀가 굳은 의지로 생활을 하는 무기가 됐다. 어떤 일에도 좌절하지 않고 홀로 일어설 자신감을 갖게 해준 것이다.

어머니의 병원비로 집안 형편은 점점 기울어져 갔다. 그녀는 참고서나 준비물을 살 돈도 없었다. 친구들이 볼까봐 망설였지만 집에서 키운 대파를 읍내시장에 내다팔아 학용품을 사서 쓰기도 했다.

"어머니는 돌아가시는 순간까지 제주에 대한 그리움을 늘 말씀하셨어요. 따개비다, 군소다, 바다에서 나는 것들을 잡숫고 싶다고 찾으셨죠. 전 어른 해녀용 고무장화를 신고 바다로 나가곤 했어요."

1983년 10월15일. 중학교 2학년 때였다. 선생님이 어머니가 위독하다는 전갈이 왔다며 빨리 집에 가보라고 하였다. 마음속으로 '절대로 우리 엄마는 죽지 않아.' 라고 울부짖으며 집으로 뛰어갔다. 동네 골목어귀에 들어서자 동네 어른들이 어머니의 장례를 준비하고 계셨다. 자궁암 말기인 어머니는 4년 동안 투병만하시다 회복되시지 못하고 그렇게 돌아가셨다.

어머니가 돌아가신 후 어둠에 갇힌 생활들이 시작됐다. 일곱 식구의 생계를 맡았던 해녀인 어머니가 돌아가시고 아버지의 선박 사업은 부도가 나서 빚은 말 할 것도 없고, 하루하루 살아가는 것이 힘들어졌다. 아버지는 물론 언니와 오빠들조차 돈을 벌기 위해 집을 떠나버려 혼자 시골집을 지켜야 했다. 담장도 없는 집에서 혼자서 잘 때마다 괴한이 집에 들어오면 어떻게 대피해야 하는가를 생각하며 두려움에 떨다가 잠이 들곤 하는 날이 많았다.

가난 속에서도 뛰어난 성적을 유지했던 그녀는 포항여고에 진학했지만 차비도 없고 도시락도 싸갈 수 없는 가난한 환경 때문에 학교생활이 너무 힘들었다. 매일매일 학교 갈 차비가 없어 아침마다 남의 집에 차비 빌리러 다니는 게 일과였다. 참고서를 산다는 것은 생각조차 할 수 없었다. 오직 한 분, 동네 교회 목사님이 자신의 주머니에 있던 돈을 털어 주어 그 돈으로 일주일을 겨우 버텼다.

"그때 저는 너무 우울했습니다. 친구가 한 명도 없었으니까요. 도시락을 못 싸가서 늘 방황했고, 성적도 점점 떨어졌습니다. 의미 없는 학교생활을 하고 있었죠."

그해 5월 김미애에게 결정적인 사건이 벌어졌다. 불우이웃 돕기 시즌이었는데, 반 친구들이 그녀에게 나가 있도록 권했다. 돈을 모아 건네줬다. 전교생이 모여 있는 조회시간에 교장선생님은 반 아이들과 담임선생님을 칭찬했다.

"제가 원했던 것은 평소의 따뜻한 말 한마디였고, 관심이었는데…. 혼자 있는 내게 따뜻한 말 한 마디 건네지 않던 아이들이 불우이웃 돕기를 한다는 명목으로 돈을 모아 줄 때 난 얼굴이 화끈거렸어요. 지금은 그들이 정말 나를 돕고 싶은 마음에서 그랬을 것이라고 생각하지만 어린 마음에 상처를 입었지요. 이 일이 있은 후 학교에 다니는 것을 포기하고 산업체학교에 다니던 친구들을 따라 고향을 떠나 부산으로 갔어요. 여고 1학년인 그때가 1985년이었지요. 친구들을 따라 태광산업 방직공장에 취직을 했어요."

그녀는 낮에는 해운대구 반여동 사업장에서 실 뽑는 일을 3교대로 하고 밤에는 경남여상에서 공부를 계속하였다.

"무척 힘들었습니다. 먼지가 너무 많은 곳에서 하루 8시간씩 일하고 학교에도 다녔으니까요. 하지만 거기서 일해 봐야 별로 내 인생에 도움도 되지 않는다는 것을 깨달았습니다."

"나이 스물둘이 되자 위기의식이 생겼습니다. '아무것도 해놓은 것 없이 나이만 먹는구나!' 싶었죠. 관광 통역가이드가 되기 위해 일본어 공부를 무척 열심히 했어요. 통역가이드는 제 길이 아닌 것 같아 일본인 관광객 대상 쇼핑센터에서 일했습니다. 월급이 50만 원이었는데, 3년 동안 이 악물고 1,000만 원을 벌었습니다."

그 돈을 밑천 삼아 부산에서 15평짜리 초밥 집을 냈다. 그녀의 나이 24살이었다. 시장도 직접 보고 초밥도 만들고 계산도 하며 1인 3역을 했다. 잠도 안자고 혼자서 다 하다 보니 일주일 만에 살이 5kg이나 빠졌다. 일에 지쳐 코피를 쏟는 일이 다반사였던 생활이었기에 결혼은 생각조차 할 수 없었다. 사람들은 "나이 어린 아가씨가 기특하다"며 자주 찾았고 단골도 생겼다. 한 달에 300만 원을 벌 정도로 수입이 괜찮았다.

"돈을 많이 벌어도 채워지지 않는 공허감이 있었습니다. 난 공부하는 게 참 좋은데, 어릴 때 내 꿈은 이게 아닌데 어쩌다 여기 있는 걸까, 하는 불안감이 들었죠."

어느 날 부산 부전시장에서 장을 본 후 가게로 돌아가는 길이었는데, 지하차도로 내려가는 순간 양 벽이 그녀를 향해 달려오는 것 같았다. 죽음이 떠올랐다. '이렇게 살아서는 안 된다'는 생각이 스쳤다. 그리곤 9년 동안 다니지 않던 교회에 다시 나갔다.

"정말 울면서 기도했습니다. 내가 좋아하고, 잘할 수 있고, 해야 할 일을 찾게 해달라고요. 선교사를 할까, 법관을 할까 고민하다 법대를 선택했습니다. 그동안 장사하면서 약자를 괴롭히는 이들을 많이 봐왔죠. 결정한 후에는 뒤도 안 돌아봤습니다."

그녀는 배움에 대한 열정을 불살라 27살 때에 7개월 동안 수능을 준비해 96년 수능시험에 응시, 마침내 동아대 법대 야간학부 97학번 학생이 됐다.

"처음 학교에 갔을 때 얼마나 행복한지. 수업시간이 스트레스 해소 시간이었습니다. 교수님들의 말씀을 듣고 공부한 것을 정리할 수 있으니까요. 너무 좋아서 혼자서 웃고 다닌 적이 많았습니다. 태양이 나만 비추는 것 같았습니다."

그녀는 새벽 5시 30분이면 학교에 나와 도서관 창가에 자리를 잡았다. 기도하고 성경책을 읽고 난 후 공부를 시작했다. 그녀는 다른 곳에 눈 돌릴 새 없이 하루 12시간 넘게 책상에 앉아 공부에만 매달렸다. 고시반 입실시험에 1등으로 합격해 학비면제와 숙식제공, 보조금을 받으며 공부했다.

"입학해 학교 고시실 입실 시험에서 1등을 한 덕분에 학교에서 보조금도 받을 수 있었죠. 그 후로 졸업 때까지 4년 동안 장학금을 받게 돼 다른 생각은 하지 않고 공부만 할 수 있다는 게 너무 기뻤어요."

"수석 해야만 장학금 받을 수 있다는 생각에 무식할 정도로 공부했어요."

그녀는 졸업반 때를 제외하고 내내 수석을 차지했다. 2학년이던 98년 본격적으로 고시공부를 시작해 2001년 1차에 합격했다. 1차 시험에 합격해 동아대에서 매달 보조금 42만5,000원을 받았다.

"2차 시험 준비를 할 때에는 서울 신림동에 올라와 고시원에서 생활했거든요. 그때 온몸은 안 아픈 데가 없었고, 외롭고 힘들었습니다. 아침에 일어나면 이불을 뒤집어쓰고 엉엉 울었습니다. 그때 제 책상 위에 쓰여 있던 단어가 1)엄마 2)내 고향 바다 3)조카 이름이었거든요. 그걸 생각하면서 마음을 달랬죠."

그녀에겐 희망이 있었기 때문에 포기란 있을 수 없었다. 그러나 열심히 공부하다보니 육체적으로 힘들기도 했다.

"예전에 장사하며 몸을 혹사했던 것 때문에 몸이 아팠죠. 너무 아프면 누워서 하고 그마저도 힘들면 테이프를 들으면서 공부했죠."

"이제껏 살아오면서 힘든 굴곡이 앞을 가로막을 때마다 해녀로 힘들게 살아왔던 어머니의 모습을 떠올렸어요."

꿈이 확실했기 때문에 어떤 고통도 그녀를 막지 못했다. 이렇게 거침없는 그에게도 노력으로 해결할 수 없는 큰 약점이 있었다. 긴장하면 글을 못쓰는 것이었다.

"시험은 많은 내용을 정확하게 써내야 해요. 아는 게 많아도 쓰지 못한다면 아무 소용이 없어요."

그녀는 유독 시험 칠 때 긴장으로 굳는 자신의 모습에 왜 이럴까

안타까워했다. 긴장 속에 그런 약점을 지니고 2002년2차 사법고시 시험을 보는 날을 맞았다. 그녀는 그날 시험보기 전에도 몹시 긴장됐다. 평소에 시험 감독관이 자신의 답안을 보고 있다고 느껴지면 그 순간부터 한 글자도 쓰지 못했기 때문이다. 시험시작 전에 묵상을 하고 요동치던 마음을 가라앉혔다.

"그 날의 시험장은 마치 나를 위해 준비해놓은 듯했어요. 원탁에 3명이 앉았는데 나는 가운데여서 시험관이 내 답안지를 볼 수 없었어요. 나는 편안하게 답을 써 내려갈 수 있었어요. 끝난 후 밖으로 나와 하늘을 향해 기쁜 마음으로 두 손을 들고 찬양했어요."

그녀는 마침내 2002년 2차 사법시험에 합격했다. 합격하던 날, 그녀는 휴대폰도 꺼놓은 채 PC방에 가서 혼자서 결과발표를 봤다. 확인 후 휴대폰을 켜니 축하한다는 음성이 이미 많이 남겨져 있었다.

그녀는 2003년 2월21일. 학사모를 썼다. 그녀는 사법연수원을 수료 후 현재 부산에서 변호사로 활동하고 있다. 김 변호사는 앞으로 해야 할 일이 많이 있다. 그녀는 앞으로 그녀처럼 힘들게 지낸 아이들을 돕는 게 꿈이라고 한다. 우선 비행 청소년들을 선도하는 일을 하겠다고 결심이다.

그녀는 "청소년들에게 꿈과 비전을 주고 싶다"고 소망을 밝혔다. 청소년들을 돕겠다는 초심을 잃지 않기 위해 변호사사무실을 개소하면서 사이버 청소년상담센터를 함께 만들었다. 이를 통해 아이들의 고민이 무엇인지 귀 기울이고 있다. 가정환경 때문에 좌절하고 꿈과 소망이 없이 방황하는 청소년들을 만나면 김 변호사의 마음과 생각은 박동을 친다. 꿈과 소망이 없는, 방황의 어둠이 깊은 줄 알기 때문이다.

"나처럼 힘든 청소년기를 보내는 아이들을 돕고 싶어 작은 일부터 시작했어요". "공부하면서 내가 받은 게 너무 많아. 그래서 받은 만큼이라도 돌려준다는 마음으로 누군가를 도울 일이 있으면 도우려고 해요."

그녀는 이름을 밝히지 않고 몇몇 학생들에게 매달 후원을 해 주고 있다. 소년소녀 가장과 외국인노동자 등을 돕는 데도 힘쓰고 있다. 2005년부터는 모교인 동아대에 연 1천만 원씩을 기부하고 있기도 하다. 사법연수원 첫 월급을 '월드비전'에 기부했을 만큼 기부 활동에 열심인 김 변호사는 이사를 하면 전입신고와 동시에 그 지역의 어려운 어린이 2명을 소개받는 게 일이다. 그녀는 모두 잘사는 미래를 꿈꾸며 기꺼이 자신이 그 시작인 행복의 꽃씨가 되고 싶다고 한다. 언젠가 힘이 닿는다면 비행 청소년들을 위한 쉼터를 마련하고 대안학교도 설립하고 싶단다.

"나는 고시합격보다, 변호사 자격증보다 더 값진 '위로 자격증'을 얻었다고 생각한다. 변호사 자격증은 마음이 아픈 사람들을 위로하고 도울 수 있는 자격을 부여 받은 것이라고 생각한다. 부모가 있지만 제대로 역할을 못해 범죄의 세계에 빠진 아이들의 아픔을 잘 보듬어주고 싶다. 매일 사이버 상담을 통해 청소년들의 고민을 들어주고 그들에게 용기를 심어주려고 노력하고 있다."

"저는 깨끗한 부자가 되어 사람들과 나누고 싶어요." 사람들은 그녀를 가리켜 '아름다운 인생 역전' '드라마 같은 인생'이라고 말한다.

김미애 변호사는 파란만장한 인생을 산 덕분에 사건을 맡을 때도 사람들의 삶과 마음을 먼저 본다.

"저를 찾아오는 분들은 가슴에 한이 많은 사람이 많아요. 남일 같지 않을 때가 있죠"

그 중 17세 소년의 재판은 아직도 기억에 생생하다. 돈을 뺏기 위해 지나가던 행인을 찌른 아이는 할머니와 외롭게 살고 있었다. 부산구치소에 중3때부터 절도로 교도소를 들락거리던 그 아이를 접견하고 대화를 하면서 아이의 성장배경을 알게 됐다. 5세 때 아버지가 재혼한 후 새엄마와 살면서 말할 수 없이 심한 학대를 받았다. 김 변호사는 1심에서 7년형을 선고 받은 아이를 2심 때 만나 4년으로 감해질 수 있도록 했다. 만일 주변에 진심으로 관심과 애정을 가져주는 사람이 있었다면 이 아이가 지금 이런 모습이 됐을까 생각하며 최선을 다해 아이를 도왔다. 그녀는 얼마 전에 아이의 용기를 북돋 위주기 위해 책을 한 권 사들고 찾아 갔다. 그는 표정이 밝았다.

"변호사님, 고교 졸업 검정고시를 준비를 하고 있어요. 저도 꼭 변호사님처럼 남을 도와줄 수 있는 사람이 될 거예요. 기도해 주세요"

"주님, 이 아이가 절대 꿈을 잃지 말고 삶을 포기하지 말게 하소서. 앞으로는 건강한 삶을 살 수 있도록 축복하소서." 김 변호사는 지금도 그를 찾아가 절대로 포기하지 않도록 용기를 준다.

"꿈을 가지고 살아라. 왜 공부를 해야 하는지를 생각하고 주변을 돌아보면서 외로운 친구는 없는지 살펴보라"고 격려한다. 보람 있는 인생을 이루려면 그냥 되는 것이 아니다. 돈이 행복을 주는 것도 아니고 남이 만들어 주는 것은 더욱 아니다. 자신이 인생의 목표를 세대로 세우고 최선을 다하며 살 때 행복을 만들어 갈 수 있는 것이다.

되는 대로 사는 인생에서 이룰 수 있는 것은 아무 것도 없다. 힘들어도 남과 다른 삶의 지혜로 노력해야 좋은 결과가 있다.

 오늘 꿈을 가지고 꿈을 위해 살므로 우리의 삶이 우리의 꿈과 같이 가치가 있고, 꿈이 있으므로 행복한 우리의 삶이 되고 김미애 변호사처럼 노력하여 그 꿈을 이루는 것이다. 그녀의 이야기는 힘들고 어려운 극한의 환경에서도 좌절하거나 포기함이 없이 도전하여 성취의 삶을 살고 희망을 주어 감동적이다.

LPGA 최연소 신인왕, 상금왕, 다승왕
신 지 애 - 골프 선수

　　　　　신지애 선수는 1988년 전라남도 영광에서 태어났으며 영광 홍농중학교와 함평골프고등학교를 졸업하고 연세대학교 체육교육학과에 진학한 한국 여자골프의 지존이다. 그녀는 어려운 가정형편 때문에 국가대표를 포기하고 2005년 만 17세의 나이에 프로에 입문, 해마다 신기록을 세우며 한국 골프무대를 평정하고 2008년에는 미국여자프로골프(LPGA) 투어로 진출하여 각종기록을 경신했다. 스물한 살에 LPGA 투어의 새 역사를 쓴 신지애의 골프는 어떻게 탄생한 것일까?

　신지애가 골프를 시작한 계기는 좀 엉뚱하다. 학생 시절 배드민턴과 볼링 선수였던 아버지 신제섭씨는 "아들이건 딸이건 첫 아이를 낳으면 운동선수를 시키겠다고 마음먹었다"고 한다. 종목도 정해 놓았다. 한국 여자가 세계를 제패한 양궁과 골프 가운데 하나를 시킬 작정이었다. 처음엔 양궁을 시켰으나 아버지(목사)가 교회를 옮기는 바람에 양궁을 그만두고 새로 옮긴 교회 옆에 골프 연습장이 있어지애를 연습장에 데리고 갔는데 생각보다 잘 쳤다. 아버지는 당장 딸을 레슨 프로에게 데려가 테스트를 받도록 했다. 선천적으로 힘이 좋아 소질이 있다는 답을 들었다. 이렇게 신지애의 골프 인생은 시작됐다. 불과 열 살 무렵이었다.

그 때부터 한눈팔 겨를 없이 오직 앞만 보고 달렸다. 형편이 좋아 운동을 시킨 것이 절대 아니다. 오히려 생계를 걱정할 정도로 궁핍했다. 보증금 1천만 원에 월세 15만 원짜리 집에 살았다. 그때가 초등학교 5학년인 1999년, 당시 아버지 신 씨는 전남 영광의 작은 교회에서 목회 일을 하며 한 달 사례비(월급)로 80만원을 받았다. 신씨는 "당시 총 재산은 1500만원이 전부였는데, 지애 엄마에게 지애 골프 시키게 500만원만 달라고 했다. 이 돈이 지애를 가르치는 종자돈이 된 것"이라고 했다.

"지애는 골프장에 있는 기사식당에서 밥을 먹곤 했는데 당시 식대가 3,000원 정도였다. 체력 때문에 장어를 한번 먹이고 싶었는데, 호주머니에는 1인분 돈 밖에 없어 아빠는 화장실 갔다 올 테니 혼자 장어 1인분을 시켜먹고 있으라고 한 적도 있다."

신지애는 초등학교 6학년 때 154cm로 키가 반에서 두 번째로 컸는데 그 후로 2cm밖에 크지 않은 게 어렸을 때 체력훈련을 심하게 한 탓이 아닌가 싶어 딸에게 미안한 마음이 든다"고 아버지는 말한다. 신지애의 신장 156cm는 골프 선수 치고는 작은 키다. 그러나 신지애는 스스로 키가 작다고 생각하지 않는다고 한다. 키가 작다고 생각하면 아무것도 해낼 수 없기 때문이다. 신지애의 손은 온통 굳은살이고, 마디가 울퉁불퉁하다. 매일 완력기를 400번씩 조였고, 아령을 400번씩 들었다. 헌 아이언으로 운동장 땅파기도 했다. 10m 정도의 선을 그려놓고, 그 선 앞 약 3cm 부분을 아이언으로 스윙하면서 파냈다. 10m 정도면 약 100번 정도 스윙을 하게 된다. 그 뿐 아니라 연습장 앞의 20층 아파트를 매일 7번씩 뛰어 오르내리고 학교 운동장을 20바퀴씩 뛰었으며 손목 힘을 기르기 위해 야구 방망이로 타이어 타격을 1백 번씩 했다. 잠자는 시간 외에는 온통 골프뿐인 날들이었다. 그렇게 트레이닝 하여 지금의 '강철 체력'이 되었다. 그 힘든 과정을 지나면서도 신지애는 한 번도 불평하지 않고 골프를 그만두고 싶었던 적이 없었단다.

아버지 신제섭씨는 "다른 아이 같으면 요령을 부렸을 텐데 지애는 '못해요' 라는 말을 한 번도 한 적이 없어요." 신지애는 또 박세리가 무덤 옆에서 '담력 훈련'을 했다는 이야기를 듣고, 중학교 시절 한밤에 공동묘지를 오르내리기도 했다.

요령을 모르는 신지애에게 행운이 찾아 왔다. 중학교 2학년 때, 무안 CC에서 몇 시간이고 퍼팅 연습을 하던 신지애를 지켜본 골프장 사장이 무료로 연습 라운드를 할 수 있게 해줬다. 돈이 없어 라운딩이 부담스러웠던 그에게는 엄청난 도움이었다. 그런데 뜻하지 않은 일이 일어났다. 가난 속에 골프를 배운 신지애를 헌신적으로 돌봐주시던 엄마가 중3 때인 2003년 11월 두 동생과 목포로 가던 중 승용차가 트럭과 충돌하여 어머니가 돌아가셨다. 두 동생도 크게 다쳐 1년 넘게 신지애는 이 기간 병실 한 귀퉁이에 간이침대를 마련해 놓고 동생 병간호를 하면서 생활을 했다. 경제적으로 여유 있는 가정이 아니었기에 신지애는 단칸 셋방에 아버지와 두 동생 등 네 명이 함께 살았다. 신지애는 엄마 역할까지 아빠와 나눠 맡아야 했다. 두 동생을 간병하면서 골프 연습도 했고 대회에도 나갔다.

　엄마가 돌아가시고 받은 보험금으로 훈련 경비를 썼다. "그때 아빠가 통장을 보이며 '이게 엄마 죽음에 대한 보험금이다. 이 돈을 지애 훈련 경비로 쓰자' 고 했지요. 빚을 제하고 남은 보험금 1,700만원이었어요. 그때 내 마음속에는 가족을 일으켜 세우겠다는 일념뿐이었죠. 골프는 '정신게임' 인데, 엄마가 돌아가시고 제가 강한 '멘털' 을 갖게 된 거죠."

　어머니와 두 동생을 위해 한 타 한 타에 모든 걸 걸면서 그의 골프는 만들어져갔다. '독종 승부사' 는 이렇게 탄생했다.

　신지애가 고등학교 1학년이던 2004년 4월 무안CC. 아버지와 친구 그리고 신지애가 연습라운드를 돌던 때 갑자기 아빠 친구한테 "아저씨, 아저씨. 클럽 저에게 주시면 안 돼요? 제가 나중에 성공하면 세계에서 가장 좋은 클럽 사 드릴게요." 세 사람 사이에 잠시 어색한 침묵이 흘렀다. "그래. 정말 이 클럽 주면 나중에 세계에서 제일 좋은 클럽 사주는 거지." 신 씨의 친구는 한 달 전에 큰마음 먹고 산 일제 클럽을 통째로 내주었다. 초등학교 5학년 때 골프를 시작한 지애에게 난생처음 새 골프클럽이 생기는 순간이었다.

　신지애는 엄마가 사망한 이듬해인 2004년 봄 경희대 총장 배 중·고 학생대회에서 첫 전국 대회 우승을 했다. 2위에 9타를 앞선 압도적인 우승이었다. 중학교 3학년 때부터 하루 1000개 이상의 어프로치 샷과 퍼팅 연습을 했고, 엄마를 잃은 역경까지 딛고 선 신지애는 고등학교 1학년 때 4승을 올렸다. 그해 주니어 선수 중 최다승이었고, 상비군이 된 지 1년 만에 곧바로 국가대표가 됐다. 고등학교 2학년 때는 한국여자아마추어선수권 등 굵직한 대회를 우승하며 아마추어 대회에서 6승을 올렸다. 신지애의 골프를 아마추어 단계에서 한 차원 끌어올린 대회는 고등학교 2학년 때 출전한 2005년 한국여자프로골프(KLPGA) 'SK 엔크린 인비테이셔널대회' 였다. 그 때 국가대표로 선발돼 출전을 눈앞에 뒀던 신지애는 아버지가 동생들 병간호와 자신의 뒷바라지를 하느라 사실상 수입이 없었기 때문에 결국 아마추어 최고의 명예인 국가대표를 포기하고 2005년 11월 프로 무대에 뛰어 들었다. 프로 데뷔 무대에서 처음에는 탈락의 쓴 맛도 보았지만 그녀는 "쓰디쓴 보약을 먹었다"며 가볍게 털어버렸다. 2006년 KLPGA(한국여자프로골프)에서는 신인왕-다승왕-상금왕-대상-최저타수 등 사상 첫 5관왕을 달성했다. 2007년에는 국내여자프로골프 각종 기록을 모조리 갈아치웠다. 연간 최다 우승(10승)에 최단기간 누적상금 기록을 전부 경신했다.

  신지애 선수는 2008년 미국여자프로골프(LPGA) 투어로 진출하였다. 해외 무대로 진출하자마자 2008년 LPGA 투어 역대 비회원 최다승(3승)이라는 금자탑을 달성하여 최연소 선수로 세계 골프계에 한국인 신지애의 이름을 날렸다. 2008년에 일본투어 요코하마 레이디스 컵에서도 우승하며 한·미·일 3개 투어 동시우승이라는 믿기 힘든 기록도 만들었다. 2009년에는 정회원 첫 해에 LPGA 역대 최연소 신인왕, 상금왕, 다승왕 등 3관왕에 등극하는 눈부신 활약을 하고 뉴스메이커로 각광을 받았다. LPGA에서 한국인으로 다승왕, 상금왕은 신지애가 처음이다. 아무도 생각 못한 짧은 시간에 '준비된 골프

여제'라는 사실을 확실히 보여줬다. 신지애 선수는 미국골프기자협회(GWAA) 선정 2009 최우수여자선수로 뽑혔으며 신지애의 기세가 무섭다고 전했다.

신지애 선수는 차분하고 냉철한 역전의 명수다. 기회가 오면 절대 놓치지 않는 승부 근성이 있다. 신 선수는 마지막 라운드에서 대담한 역전승을 많이 해 '파이널 퀸(Final queen)'이라는 별명도 붙었다. 한 샷에 모든 것이 걸려 있는 상황에서 누구든 흔들릴 수 있는데 신 선수는 마음의 기본 바탕에서 그 상황을 긍정적으로 받아들여 떨리는 상황일 수밖에 없다는 걸 편하게 받아들인다고 한다.

신 선수의 강점 중 또 하나를 꼽으라면 비거리 270야드를 넘나드는 장타력을 들 수 있다. 잘 맞으면 280~290야드까지 나간다. 그만큼 엄청난 연습과 몸의 유연성이 좋은 것이다. 우승을 하면 며칠간은 우승한 기쁨을 마음껏 누리며 휴식을 취할 법도 한데 그녀는 평소와 다름없이 훈련을 하며 자신을 더욱 달련한다.

그녀의 성장 뒤에는 엄격하신 아버지 신재섭씨가 있다. "아빠 말이라면 군소리 안 하고 무조건 따라주는 지애가 왜 기특하지 않겠어요? 그렇지만 주위 사람들의 과한 칭찬에 들떠 있는 아이 앞에서 부모까지 흔들리면 자칫 정신적으로 해이해질 수 있어요. 교만해지거나 나태해지지 않도록 부모가 컨트롤해줘야 합니다." 그런 이유로 아버지는 말을 아낀다고 한다. 우승을 해도, 경기에서 져도 늘 같은 반응으로 딸을 대한다. 강한 정신력을 키워주기 위해 일부러 모질게도 한다. 부모도 못할 노릇이다. 자식을 한국, 아니 세계 최고의 운동선수로 만들겠다는 것은 그의 오랜 숙원이었다.

신지애는 성격 좋고 IQ가 높은 똑똑한 선수이다. 말도 조리 있게 잘하고, 코스 파악 등 두뇌플레이가 탁월해 머리가 참 좋은 것으로 이미 공인을 받았다. 그 원동력이 바로 '독서'에 있었던 것이다. 신 선수는 2009년 LPGA 신인상 수상식에서 영어 연설로 기립박수를 받기도 했다. 골프지존 신 선수는 2010년 한국여자프로골프(KLPGA)에서 역대 가장 어린나이에 '명예의 전당' 가입 자격을 얻는 영예를 안았다. 신 선수는 2010년 여자프로골프 세계랭킹에서 1위를 지켰다. 신선수가 단기간에 많은 것을 우리에게 보여준 만큼 거는 기대가 크다. 정신력과 체력, 감각, 판단력. 그녀처럼 완벽한 조건을 가진 골퍼도 흔치 않다. 대한의 딸, 세계가 인정한 골프여왕, 이제 즐기면서 플레이 하며 세계적인 선수로 그 이름을 오래 오래 빛내 주리라 믿는다.

제 3 부

역경을 딛고 희망을 열다

정직과 성실로 미국을 정복한 철강왕
백 영 중 - 미국 패코철강 회장

　　　　　미국에서 성공한 한국인 중 대표적 인물로 꼽히는 백영중(白永重) 회장. 그는 연 매출이 2억 달러에 이르는 굴지의 철강 제조업체인 패코 스틸(PACO Steel)사의 창업자이자 회장이다. 그는 한국전쟁 때 혈혈단신 월남하여 힘들게 살다가 미국이라는 기회의 땅에서 역경을 딛고 창업하여 자신을 불태울 수 있는 기회를 가지고 최선을 다해 대 기업으로 성장시킨 입지전적인 인물이다.

　백영중 회장은 1930년 평안남도 성천군에서 3남2녀의 장남으로 태어났다. 그는 일제의 강점 핍박 속에서 15년, 북조선 공산치하에서 5년을 지내면서도 고향 성천에서 고등학교를 졸업하고 1949년 잠시 평양 제1중학교 교사를 한 촉망되는 청년이었다. 1950년 한반도에 전쟁이 일어나자 아버지가 공산당을 반대하던 입장이었기 때문에 유엔군이 평양까지 밀고 들어오자 앞장서서 환영했고, 또 치안대를 조직했었다. 그런데 한 달 만에 다시 인민군 치하에 들어가면서 아버지는 총살당하고 그는 남쪽으로 혼자 피난해야했다. 총알이

귓전을 스치는 전쟁터, 쏟아지는 포탄 속을 뚫고 평양에서 인천, 대전, 경주, 부산까지 걸어서 내려왔다. 생존의 절박감만 안고 당도한 남한 땅은 온통 난리 통에 모두가 절망감에 몸서리치고 있었다.

전쟁 중이라 모두가 어렵고 힘들게 하루하루를 지내는데 그 역시 아는 사람 하나 없는 막막한 땅에서 이곳저곳 전전하며 노숙, 구걸 또는 굶으며 살았다. 먹고 잘 곳이 없었던 때라 교회에 숙식을 해결받으러 가기도 했다. 신앙심이 깊어 교회에 갔다기 보다는 당시 막연하게나마 여러 번 죽을 고비를 넘기면서 절대자의 도우심을 믿고 싶었다.

이런 전쟁 통에서 그의 생존본능이 발동해 부두하역작업 노역자를 했고 어렵게 품삯을 모아 그걸 밑천으로 부산 광복동에서 군밤장사를 시작하였다. 장사가 그의 팔자였는지 군밤장사는 잘 되어 꽤 돈을 모을 수가 있었다. 보통은 이런 장사를 통해 비즈니스를 불려 부자로 가는 길을 택하는 것이 순리였겠지만 그는 어렵사리 모은 돈으로 공부를 더 해야겠다고 결심을 하였다.

"앞으로 이 험난한 세상을 이겨가려면 좀 더 배워야겠다는 생각을 했어요. 그래서 알아보니까, 지금의 연세대학의 전신인 연희대가 부산에 분교가 있었어요. 그래서 연희대 물리학과에 진학을 했는데 말이 대학공부지, 먹고 사는 일이 다급하니까 공부하는데 부끄러운 점이 많았지요."

비극적 상황 속에서도 공부를 해야 한다는 일념으로 1952년 부산 피난지에서 연희대(연세대 전신)에 입학했고 흥사단에도 입단하였다. 존경해 마지않던 도산 안창호 선생의 유지를 받들어 열심히 봉사하면서 청년지도자를 꿈꿨다. 그러나 남한에서 잘 살아보려고 한 그는 시간이 갈수록 돈은 바닥나고 학비가 없어 대학도 중퇴하고 앞길이 열리지 않았다. 그 때 운 좋게도 1956년 흥사단 장학생 시험에 응시하여 선발되어서 단돈 50달러를 가지고 미국 유학길에 오르게 되었다. 미국으로 가면 새로운 인생이 펼쳐질 것이라는 막연한 꿈을 꾸었다. 그 당시 배고프고 의지할 곳 없는 시련 속에서도 흥사단 장학생 선발 시험을 통과해 미국유학을 갔다는 것은 그의 명석한 두뇌와 미래지향적이고 진취적인 안목을 잘 드러내 준다. 한국전쟁이 끝난 그 당시에 미국 유학은 대단히 어려웠는데 그는 흥사단의 주요한 선생의 주선으로 미국 흥사단의 송종익 선생이 재정 보증을 해 주어서 미국 유학길을 갈 수 있었다. 여의도 공항에서 비행기를 타고 일본, 하와이를 거쳐 1956년 3월 미국 로스앤젤레스에 도착하였으나 그는 한마디로 "No Money, No English." 이었다.

미국에서 먼저 등록금을 벌기 위해 허름한 식당에서 접시 치우는 일을 하였고 경비원, 잡역부 등 닥치는 대로 일을 하였다. 영어도 안 통하고 또 하는 일이 서투니 열심히 일하는 수 밖에 없었다.

'북한에서 쫓겨나고, 남한에서도 제대로 못 살고, 이제 미국까지 와서 낙오자가 되면 나는 이제 끝이다. 더 이상 물러설 곳이 없다' 는 각오로 그는 최선을 다했다.

식사시간 30분을 주면 10분 이내에 식사를 끝내고 나머지 20분은 일을 했다. 손발이 퉁퉁 붓는 데도 힘들다는 생각을 할 겨를도 없었다. 식당 주인에게서 '너처럼 열심히 일하는 사람은 처음 봤다.' 는 말을 듣고 이렇게 하면 된다는 자신감을 갖게 됐다.

그는 인생의 나침반으로 간직해 온 원칙이 있었는데 '거짓말하지 말라'는 것이다. 너무나 상식적인 이 말을 뼛속 깊숙이 또 심장 한가운데 새겨놓은 사람은 미국 흥사단 위원장을 맡고 있던 한시대 선생이다. 처음 선생님께 인사드리러 갔었는데 이런저런 얘기를 나누면서 그는 유학 여비를 마련하기 위해 정부에서 유학생에게 바꿔 주는 달러를 암시장에 팔아 여비를 마련했다는 말을 하였다. 그의 얘기를 듣던 한 선생의 얼굴이 갑자기 굳어지더니 듣는 사람이 깜짝 놀라 혼이 빠질 정도로 크게 화를 냈다.

"아니, 젊은 사람이 그 따위 거짓말을 하고 다녔나? 그러니까 우리나라가 못사는 거야. 자네같이 젊고 배운 사람이 그렇게 나라를 속이고 편법을 써서 세금을 안내면 한국이 망하지 않고 배기겠는가?"

그의 생전에 그렇게 엄한 꾸지람은 들어 본 적이 없었다.

"다른 사람이 그러더라도 자네 같은 흥사단 청년 단우가 말렸어야지, 그런 짓에 앞장서고서도 부끄러운 줄 모르는가?"

그는 당시 25년의 인생을 살아오면서 그런 대로 쓸 만하다고 자부하던 자신의 양심이 만신창이가 되는 순간이었다. 선생은 한동안 그를 꾸짖더니 지갑에서 백 달러짜리 지폐를 꺼내 그의 손에 쥐어 주었다. 당시에는 지금의 천 달러짜리처럼 일상생활에서는 쓸 수가 없고 은행에서 바꿔 써야 할 정도로 큰 돈이었다. 이 일로 그는 살아가는 태도가 변했고 지금까지 선생의 그 엄한 표정을 다시 보지 않기 위해 무던히도 애를 쓰며 살아왔다. 그는 한 선생에게 백만금에도 비교할 수 없는 귀중한 은혜를 입은 것이다.

그가 사회생활을 하면서 뼈저리게 느낀 교훈은 '사람은 밥벌이를 제대로 해야 거짓말을 안 하고 떳떳하게 살 수 있다' 는 것이었다. 기술이 있으면 밥벌이를 하기 쉽다는 단순한 생각을 하였다 그래서 처음에는 오리건대학에서 물리학을 전공했으나 다시 인디애나 공대 토목공학과를 다녔다. 토목공학을 다시 공부한 것은 당장 먹고 살 일이 더 중요했기 때문이다. 영어는 '지독하게' 못하는 수준이었지만 교수들의 배려로 대학원생으로부터 특별 지도를 받기도 했다. 하루에 16시간 씩 일하며 고생 끝에 1959년 인디애나 공대 토목공학과를 졸업하였다. 미국학생들은 다 취직됐는데 그만 취직을 할 수 없었다. 당시에는 인종차별이 심해서 영주권이 없는 동양 사람은 직장을 구할 수가 없었다. 학과장이 직접 나서서 오하이오 주 밴워트 라는 시골에 기술공무원으로 취직하게 해 주었다.

공무원 생활을 하면서 영주권도 받고 했으나 다음은 결혼이 문제였다. 도무지 한국 사람이라고는 만날 수 없는 지역이었는데 외로움을 달래기 위해 가끔 시카고로 운전해서 갔다. 그곳 한인감리교회에서 양경숙이라는 아가씨를 사귀어 61년에 결혼을 하였다.

3년 정도 공무원 생활 후에 1962년 로스앤젤레스 '슐레 스틸' 철강회사에 취직했는데 당시에는 인종차별이 심한 때여서 사무실에서만 일하고 상담이나 현장에는 잘 나가지 못했다. 그래서 그는 주로 연구와 설계를 담당하게 되었다. 엔지니어 생활을 하면서 '동양인이기 때문에 남들 하는 대로 쫓아가서는 이 세계에서 성공할 수 없다' 는 생각을 항상 하고 있었기 때문에 좀 더 새로운 발상과 과감한 시도를 할 수 있었다. 당시 베트남전쟁이 일어나면서 철강 수요가 늘어난 데다 개발한 조립식 철강 구조물이 큰 인기를 끌었다. 철강 구조물들은 지금도 팩스 니(Paik's Knee)로 불릴 정도로 성공적이었다. 이런 성공은 소수민족에게는 잘 주어지지 않던 영업 활동을 미국 주류 사회를 대상으로 벌일 수 있는 계기가 됐다. 회사에서 승진을 거듭해서 기술담당 부사장까지 올라갔다.

그러나 아내는 꾸준히 개인 사업을 하자고 졸랐다. 자신도 그간의 경험과 열정을 모두 바치고 그 위에 미래에 대한 희망을 보태 내 회사를 만들고 싶었다. 재벌의 전무(專務)가 되는 것보다 조그마한 기업이라도 오너가 되고 싶었다. 미국에서 자신의 꿈을 펼치지 못한다면 두고두고 후회가 될 것 같았다.

1974년 44세 때 13년간의 직장생활을 청산하고 패코(PACO)를 창업했다. PACO란 그의 성(姓)인 백(白)의 영문 표기(Paik)와 회사(Company)란 영어 단어의 앞에서 각각 알파벳 2개씩을 따서 패코(PACO)라 한 것이다. 당시 상황에서 자금도 넉넉하지 않은 작은 동양인이 자기 능력만 믿고 조그마한 구멍가게도 아닌 철강업체를 세운다는 것은 무모해 보일 수도 있었다. 말이 회사지 전화기 두 대, 직원 둘로 시작했다. 직원은 그와 아내가 전부였고 또 사무실은 그의 집이었다. 그래서 그에게 붙여진 별명이 '가방 회사(Suitcase Company)' 또는 'One Man Company(1인 회사)'였다.

회사를 설립하기는 했지만 본격적으로 가동하는 데는 어려움이 적지 않았다. 일본 노무라 무역으로부터 철강 제품을 위탁 생산 받아 이를 미국 회사에 판매하는 사업이었는데 첫 거래를 트기가 쉽지 않았다. 신설회사 제품을 쓰면 제품의 안정적 공급에 차질이 있을 수 있다는 것이 이유였다. 당시 패코의 여신 한도는 1만 달러였다.

그러나 노무라는 120만 달러어치의 제품을 믿고 맡겼다. 훗날 그 이유를 물어보니 '당신의 뜨거운 가슴을 믿었다.'는 답이 돌아왔다.

그러나 사실 그가 창업하여 명함을 바꿔 패코 엔지니어링 이름으로 마켓에 뛰어들었을 땐 그가 기대했던 것과는 딴판이었다. 한국인이면서 일본상품을 들고 온 그를 반길 곳은 그리 많지 않았다.

"직장 생활할 때 친하게 지냈던 동료들이 회사대표가 돼서 물건을 팔러온 옛날의 친구에게 그러더군요. 날더러 수케이스 컴퍼니(suitcase company, 일종의 보따리장수)로 오해받을 수 있겠다고. 아무리 훌륭한 아이디로 만들어진 상품이라 해도 상호 신뢰가 없으면 어렵다는 것을 그때 다시 알게 된 것이죠. 이런 난관을 만나면 대개는 주저앉기 십상이죠. 하지만 이럴 때 강한 의지를 발휘해야하는 거예요"

그의 긍정적인 마인드는 이런 위기 때 빛을 발했다.

"두 달 치 물량을 그냥 쓰라고 했죠. 맘에 안 들면 돈 안줘도 된다. 싫으면 아무 때나 그만두라고 했어요."

상품에 자신이 있던 그가 밀어붙여 성사시킨 첫 거래는 관련 다른 기업의 주문으로 이어졌다. 그렇게 시작된 그의 비즈니스는 차츰 시장을 석권하는 기염을 토하였다. 패코철강 제품이 좋다는 평판이 내려지면서 석 달 만에 120만 달러어치를 파는 성공으로 이어졌다. 3년 후 77년에는 미국 서부 7개 주 전체 시장의 50%를 장악했다.

"그때 불가능이란 없다(nothing is impossible)는 교훈을 깨달았어요. 세계 1등할 수 있는 자신감을 갖기까지는 대략 5년이 더 걸린 것 같아요"

그의 사업 성공 비결은 성실과 정직이었다. 약속한 날짜에 납품은 틀림없이 지켰고 고객과의 약속은 하늘이 무너져도 지킨다는 것을 철칙으로 삼았다. 고객을 단순히 물건을 팔 대상으로 보지 않고 '고객 전부주의'라고 여긴 것이 백 회장의 영업철학이었다. 어떤 고객을 상대하든 물건이 좋다고 말하기보다 고객이 원하는 바가 무엇인지를 먼저 파악해서 최대한 충족시켜주기 위해 애썼다. 돈을 벌기 위해 사업을 한다고 생각하지 않고 '저 사람이 나를 믿도록 해야 한다'는 생각만 하며 뛰어 차근차근 신용을 쌓았다.

"당신 같은 한국인이 뭘 하겠느냐는 식으로 의심하기 일쑤였으니 단 한 번도 실수하면 안 된다는 각오로 약속은 꼭 지켰어요. 그런 식으로 신뢰가 쌓이니까 내가 이 가격이 최종이라고 하면 믿기 시작하더군요. 설사 직원들이 실수로 100달러짜리를 110달러를 받고 팔았을 때는 10달러를 반드시 돌려주었어요. 그렇게 하면 그 고객과는 다음부터 말이 필요 없는 관계로 발전하지요."

물건 값 싸고, 약속 잘 지키고, 신용을 생명처럼 여기며 거짓말 안 하니 백회장이 판매하는 철골을 사지 않을 고객이 없었다.

한편 그는 끊임없이 신제품 신기술 개발에 몰두하였다. '어떻게 하면 특허를 낼 수 있을까?'를 고민하다가 용접 빔의 무게를 가볍게 하고 강도를 높이는 데 초점을 맞추게 되었다. 무게를 줄이기 위해서는 철판의 두께를 얇게 해야 하는데 이렇게 되면 버티는 힘이 줄어들어 강도에 문제가 생길 수밖에 없었다. 이 두 가지를 함께 해결할 수 있는 방법이 필요했다. 고민에 고민을 거듭하던 날 갑자기 한 생각이 떠올랐다. 철판에 주름을 잡으면 강도가 강해지지 않을까? 함석집을 지을 때 주름을 잡아 강도를 세게 하는 데서 착안했다. 그는 침대에서 벌떡 일어나 거실로 나갔다. 종이 한 장을 여러 겹 접어 주름을 잡은 후 세워봤다. 그냥 종이를 세워 놓으면 아무 힘도 받을 수 없지만 주름을 잡아 세워 놓으니까 버티는 힘이 세졌다. 이번에는 금속을 찾았다. 냉장고에서 코카콜라 캔을 꺼내어 알루미늄 판에 여러 개의 선을 그어 전체적으로 주름을 넣어주니까 빳빳해지면서 잘 구겨지지 않았다. 같은 두께의 철판이라도 주름을 잡으면 강도가 2~3배 강해지고 무게가 25~30% 이상 줄어드는 이치를 알게 되었다.

주름이 잡힌 함석판의 강도가 높아지는 원리를 이용해서 만든 것이 1979년 미 연방특허청에서 특허 받은 '주름형 빔(Corrugated Beam)'으로 세계적 발명품으로 인정받고 있다. 이 제품이 상용화되면서 세계적인 용접 빔 철강업체로 급부상했다. 그는 5개의 미국 연방 특허를 보유하고 있는데 그 라이선스(licence)를 통해 들어오는 로열티 수입만 해도 연간 수십만 달러에 이른다.

"당당하고 정직하게 살려면 기술이 있어야합니다. 그 기술을 익히려면 부지런해야 해요. 내가 별다른 재주가 있어서 기술 개발에 성공한 게 아니라 남 보다 더 잘해보려고 밤잠 안자고 다른 생각 안하고 부지런하게 고민한 결과일 뿐입니다."

백 회장이 말하는 기술의 범위는 광범위한 것이다. 기계를 다루는 기술만이 아니라 사람을 다루는 기술, 다른 사람들이 필요로 하는 전문적인 능력을 기술이라고 정의한다. 그 기술은 창의성과 성실성이 만들어낸다는 것이 그의 지론이다.

"흔히 아이디어가 좋아서 성공했으니 운이 좋다고들 하지만 사람들에게 뭐가 필요할까를 늘 몰두하고 고민하는 과정 없이 성공하는 아이디어가 나올 수는 없어요. 아이디어가 나오더라도 숙련될 때까지 끊임없이 파고드는 부지런함이 있어야합니다."

"기업은 자신만의 고유한 기술을 갖고 있어야 합니다. 그래야만 다른 기업에 종속되지 않습니다. 고유한 기술은 창의성과 근면의 열매입니다"

그가 세운 패코 철강회사는 미국 전체 철골 분야에서 60%의 시장 점유율과 미국 경량 철골 판매 부문 1위를 차지하고 있다. 아칸소 주 히크맨에 있는 15만 스퀘어피트 부지의 생산 공장과 LA를 비롯하여, 오리건 주의 포틀랜드, 애리조나 주 피닉스, 텍사스 주 휴스턴과 댈라스, 조지아 주 사반나, 일리노이 주 시카고, 플로리다 주 탬파 등 미 전역에 8개 물류기지를 갖고 있는 패코의 제 2단계 도약은 세계적인 종합철강회사가 되는 것이 목표이다.

백 회장은 1999년 미국의 종합 회계법인인 Ernst& Young사가 주관하고 CNN, USA 투데이 등이 후원하는 '올해의 기업인(Entrepreneur of The Year)에 한국인으로는 처음 선정됐다.

"패코스틸보다 크게 성공한 기업이 얼마든지 있는데, 어떻게 내가 쟁쟁한 기업들을 제치고 상을 받을 수 있었을까 궁금했어요. 그래서 행사가 끝난 뒤 커미티 위원장에게 가서 물어봤어요. 그랬더니 첫 번째 패코스틸은 무에서 유를 이룬 기업이며, 두 번째 기존의 시장에서 다른 기업과의 경쟁을 통해 남을 누르고 승리한 것이 아니라 새로운 시장을 창출했다는 기예요. 새로운 상품으로 새로운 시장을 개척한 것이 높은 점수를 받았다는 겁니다. 그리고 세 번째로 철강 산업을 통해 관련 시장에 공헌한 바가 크다고 그러더군요. 그 말을 듣고서야 비로소 아! 나도 성공했구나 하는 느낌을 가질 수 있었어요"

그는 독실한 크리스천으로 정직과 성실로 사업을 하였으며 세 가지 계명을 실천하려 노력했다. 첫째, 죽더라도 거짓말은 하지 말자. 둘째, 열심히 일하고 주인같이 살자. 노예처럼 불평하며 살지 말자. 셋째, 서로 사랑하자. 의견이 달라도 헤어질 때는 빙그레 웃자.

백 회장은 자기의 성공은 정직 덕분이라고 단언하면서 다음과 같이 그의 배경에 대하여 말한다.

"나를 키운 것의 8할은 흥사단 정신이었다. 낯선 미국 땅에서 사는 동안 시련 앞에서 당당하게, 장애물 앞에서 슬기롭게, 유혹 앞에서 흔들리지 않게 항상 나를 채찍질하고 한 걸음 한 걸음을 안내해 준 것이 바로 흥사단 정신이다."

그는 비즈니스를 하면서 '거짓말하지 말고 정직하라'를 원칙으로 삼고 살았다. 1. 언제나 정도를 걷자. 2. 높은 도덕성이 모든 생활의 기초이다. 3. 일생을 거는 일일수록 정직이 필수다. 이를 지키려고 그는 노력하며 사업을 했다.

백 회장은 말한다.

"참 열심히 살았습니다. 그리고 생애의 위기 때 마다 훌륭한 스승들을 많이 만났고 또한 하늘이 도와주셨죠."

"어려운 이국땅에서 성공할 수 있었던 것은 하나님이 사랑으로 돌봐 주신데다, 젊은 시절 목표를 향해 쉬지 않고 최선을 다했기 때문입니다."

백영중 회장의 성공담은 '나는 정직과 성실로 미국을 정복했다'

는 그의 자서전에 잘 서술돼 있다. 그는 자신이 이룬 과업을 성공한 사람들이 갖는 성실과 열심 여기에 솔직한 삶의 태도가 가져다준 선물 같은 것이라고 했다.

백 회장은 KBS 해외동포상, 전미소수민족연대협의회(NECO)가 수여하는 '2009 엘리스 아일랜드상' 도 수상하는 등 많은 상을 받았다.

"돈도 많이 벌었고, 상도 받을 만큼 받았다"는 백 회장은 앞으로의 꿈은 늘 통일 조국의 북한 땅 평양에 도산의 이름을 딴 대학과 안창호 선생의 동상을 세우는 것이다.

"이제 인생 마무리를 생각해야 하는 나이가 되고 보니 나를 낳고 길러준 한국, 특히 한국의 젊은이들을 자주 떠올리게 됩니다. 그들에게 작은 디딤돌이 되도록 뭔가 역할을 해보고 싶은 욕심이 솟구치곤 해요. 요즘 한국의 젊은이들이 좋은 두뇌와 기술, 열정을 가지고도 현실에서 그에 합당한 보람을 얻지 못하는 것 같아 안타까운 마음입니다. 한국의 젊은이들에게 '목표를 세우고 전진하라. 할 수 있다고 굳게 믿어라. 노력하면 반드시 이뤄진다.' 를 부탁하고 싶습니다."

백 회장의 가족은 부인과 2남 1녀가 있다. 맏딸은 변호사이고 두 아들은 토목공학을 전공하고 패코 철강 사장과 부사장으로 대를 잇고 있으며 손자가 넷이다.

백 회장은 165㎝ 남짓한 작은 체구지만 그의 행동과 말씨는 아이(I)빔 철강처럼 장중하다. 그는 매일 한 시간씩 걷고 틈나는 대로 수영과 골프를 즐기며 평생 담배는 입에도 댄 적 없고 술 역시 친하지 않다.

그는 기회 있을 때 마다 '정직과 성실로 성공할 수 있다' 를 주제로 강연을 하며 세계한상대회 공동의장 등 지구촌 한국인들의 위상을 위해서 열심히 뛰는 현역이기도 하다.

그의 일생을 담은 '나는 정직과 성실로 미국을 정복했다'의 자서전은 몽골어로 번역돼 몽골대학에서 교과서로 쓰이고 있다.

백 회장은 그간 모교인 연세대학교에 거액을 지원했고 연세대는 개교 120주년 기념식 때 그에게 명예 경영학 박사학위를 수여한바 있다.

어찌 보면 그의 생은 좌절과 낙망, 외로움과 혼돈 그리고 고통의 연속이었으나 역경을 딛고 희망을 열었다. 인생역전은 우연히 오는 게 아닌 열심히 해서 오게 되는 결과이다. 50달러를 들고 시작한 백 회장의 아메리칸 드라마는 한민족의 강인한 생명력을 보여 주는 대표적인 사례라고 할 수 있다. 외국인이 발붙이기 쉽지 않은 미국의 전통 산업분야인 철강업계에서 '고객 전부주의'라는 전략과 성실성으로 세계시장을 개척한 내용은 아무나 할 수 있는 일이 아니었다.

세 개의 조국, 북한에서 태어나 남한에서 꿈을 키우고 미국에서 성공을 이룬 그의 인생이야기는 한국역사이자 이민역사이며 끊임없는 도전정신은 정상에 설수 있게 한다는 성공모델로 오래 기억될 것이다.

거지에서 희망을 연 인간 승리자
신 호 범 - 워싱턴 주 상원부의장

　　신호범(Paull Shin) 의원은 1935년 파주에서 태어나 어린 시절 거지로 살다가 한국전쟁 때 미군에게 입양되어 워싱톤 주 상원의원(부의장)이 된 성공 인생의 모델이다.
　그의 성장 사(史)는 절망, 고난, 불우 그 자체이었다. 네 살 때 어머니가 유방암으로 돌아가시고 아버지는 집을 나가고 할 수 없이 외가 집에서 천덕꾸러기로 괄시를 받으며 자랐다. 먹 거리가 부족했던 시절 사촌의 엿을 뺏어 먹었다고 두들겨 맞고선 여섯 살에 가출하여 무작정 기차에 몸을 싣고 도착한 곳이 서울역 이었다. 세상이 그에게 안겨준 것은 밥을 얻을 수 있는 깡통과 거지라는 이름이 전부였다. 남대문시장을 돌며 순대 찌꺼기 같은 노점상들이 던져주는 음식을 받아먹거나, 서울역 광장에서 구걸한 돈으로 끼니를 때웠고, 그마저도 없으면 쓰레기통을 뒤져야 했다. 거리를 떠돌며 밥을 구걸하던 그는 누구에게서나 멸시의 대상이었다. 그 누구하나 사람 취급도 하지 않는 처지로 구걸하여 하루하루를 근근득생으로 목숨을 이어가기는 했다. 그러나 구걸하며 밥을 얻어다 함께하는 동료 거지들과 나누어 먹으며 목숨을 부지하던 그에게 가장 큰 고통은 겨울의 매서운 추위였다. 따뜻하게 몸을 눕힐 수 있는 곳이 없던 그는 또래의 친구와 꼭 껴안고 잤다. 서로의 체온을 느끼기 위해서다.

그렇게 체온을 나누고 동고동락하며 지내던 친구 '재완'이가 8살, 자신이 7살 때 큰 일이 생겼다. 어느 날 밥을 얻어가지고 와 보니 친구가 어디론가 사라지고 없었다. 보이지 않던 그를 찾았을 때는 평소 '춥고 배고파 못 살겠다' 하던 그가 달려오는 기차에 몸을 던져 목숨을 끊은 후였다. 팔과 다리가 끊기고 처참한 죽음을 맞았던 친구를 부둥켜안고 그는 한없이 울었, 어린 소년에게 그 사건은 큰 충격이 아닐 수 없었다.

그는 다짐했다. "재완아! 이런 죽음은 너무 비겁하다. 나는 결코 죽지 않을 거야. 내 인생의 목적을 찾아 끝까지 살아서 세상을 이기고 말거야. 친구의 몫까지 살고 말거야..." 라고 결심했다.

호범은 그 후 뒤늦게 아버지를 다시 만났지만 아버지는 재혼을 하여 방 한 칸에 이복동생들과 여러 식구가 궁핍하게 살고 있어 끼어들 자리가 없었다. 그래서 다시 집을 나와 거지생활을 계속해야만 했다.

그런 어려운 환경에서도 그는 항상 배워야 한다는 생각으로 공부하고 푼 집착은 버릴 수 없었다.

"책보를 메고 학교로 가는 아이들이 부러워 내 발길도 자꾸 학교로 향했죠. 그러다 아이들이 거지새끼라고 놀리고 때리기까지 했지만 자꾸 학교로 발걸음이 향하는 건 어쩔 수가 없었어요."

어느 해 겨울, 그는 미리 준비한 종이와 연필을 가지고 초등학교를 찾았다. 창문 너머로 보이는 교실 안에서는 학생들이 선생님을 따라 공부를 하고 있었다. 창밖에 선 채 용기를 내어 한 글자 한 글자씩 선생님을 따라 칠판에 적힌 글씨를 쓰고 입술을 움직여 따라 읽었다. 그때 뒤에서 누구냐고 소리쳐 돌아보니 경찰이었다. 너무 놀란 그는 죽을힘을 다해 도망을 쳤지만 얼음판에 미끄러져 붙잡히고 말았다. 화가 난 경찰에게 뺨을 맞고 뭘 훔쳤냐고 다그쳤지만 그의 손엔 몽당연필 한 자루와 기역, 니은이 적힌 누런 종이 한 장뿐이었다. 그걸 본 경찰은 말없이 어린 호범을 데리고 국수집으로 데려가 먹고 싶은 것을 먹으라고 했다. 도둑공부라도 하고 싶었던 거지 소년의 마음이 경찰을 감동시킨 것이다.

그러다 한국전쟁이 터지고 미군들이 들어왔다. 당시 서울역 근처에는 수많은 거지들이 있었다. 미군 차량만 보면 '헬로 초콜릿 기부미' 하며 때 묻은 꼬질 한 손을 내밀어 구걸을 하였다. 달리는 차량을 향해 허기진 배를 움켜쥐고 쫓고 또 쫓아 다녔다. 그러던 어느 날 달리는 차량위에서 한 미군 병사가 손을 내밀기에 먹을 것을 주는 줄 알았는데 그가 호범의 손을 힘껏 잡고 차량위로 잡아당겼다. 그 많은 거지들 중에 자신 만이 선택되는 순간이었으며 그것은 거지의 탈을 벗는 인생 역전의 출발을 알리는 신호였다.

미군부대에서 하우스 보이가 되어 미군 장교들의 심부름꾼으로 일했다. 새벽에 일어나 세숫물을 받아오고, 식사를 나르고, 빨래를 하고, 군복을 다리고, 하루 종일 잔심부름을 했다. '남보다 눈치가 빠르고 부지런하다고 해서 미군들로부터 '벅샷(bug shot)' 이라는 애칭까지 얻었다. 이 단어는 산탄 총알을 의미하는데 그가 총알처럼 빠르게 미군들의 일상을 뒷바라지했음을 말한다. 하우스보이 생활은 더 이상 끼니걱정과 추운 겨울에 얼어 죽을 걱정을 안 해도 되고, 더구나 영어까지 배울 수 있어 거지생활에 비하면 그야말로 천국이었다. 하지만 마냥 좋은 것은 아니었다. 말이 통하지 않아 애를 먹은 적도 많았고, 미군들에게 수모를 당하는 것은 물론 도둑누명을 쓰기도 했다.

어느 날 언덕 위에서 하늘의 별을 올려다보고 부모생각이 나서 한없이 목 놓아 울고 있던 때였다. 그를 지켜보던 한 미군이 가까이 다가와 소년을 포근히 자신의 가슴으로 안아 주었다. 철이 들고 처음으로 사랑이라는 것을 그의 가슴을 통해서 느꼈다.

그날 소년을 가슴에 안아주고 사랑을 보인 분은 레이 폴(Ray Paull) 대위(치과의사)였다. 평소 성실근면하게 생활하는 호범에게 호감을 갖고 있던 터라 그를 자신의 양아들로 삼았다. 4년간 이민 수속절차를 거쳐 호범은 미국으로 떠나게 되었다. 양부모도 생기고 미국에 가서 공부하며 살 수 있는 꿈같은 일이 현실이 된 것이다.

부산항에서 배로 고국을 떠날 때 그는 울면서 침을 뱉고는 다짐을 했다. '나에게 아픔만 안겨준 조국, 배고팠고, 서러웠고, 슬픔 뿐이었고, 외로웠고, 참담했던 조국. 나는 이제 떠나간다. 다시는 돌아보지도 찾지도 않을 것'이라고 마음먹었다.

미국으로 입양되어 가면서 그는 너무나 고생스러웠던 과거를 바다에 던지며 고국을 떠났으나 미국에서의 생활도 순탄하지는 안 했다.

"한국에서 초등학교 문턱도 못 넘어본 처지라 미국에 도착하여 양아버지와 처음에 초등학교에 입학하려고 갔어요. 그런데 나이가 너무 많아서 안 된다는 거예요. 중학교 역시 나이가 많다는 이유로 거부당했어요. 마지막으로 고등학교엘 찾아갔어요. 그랬더니 이번엔 중학교를 안 나와서 안 된다는 거예요. 그 자리에 주저앉아 엉엉 울었어요."

공부를 하기 위해 미국까지 왔는데 자신을 받아줄 수 없다는 말에 그는 절망과 깊은 좌절을 느꼈고 울며불며 교장선생님께 매달렸다. 교장선생님의 말씀이 그렇게 공부 하고 싶으면 검정고시에 합격하면 대학에 갈 수 있으니 그걸 해보라며 권유해 주셨다. 다른 대안이 없었다.

절망적인 상황에서 발견한 그 길에 그는 최선을 다하기로 했다. 새벽 7시면 학교 도서관에 가서 공부를 하다 빈 수업시간을 이용해 영어를 배웠고, 오후엔 양부모님에게 생활비 부담을 주기 싫어 식당에서 접시를 닦는 등 틈틈이 아르바이트를 했다. 다시 밤 10시부터 2시간 동안 양아버지로부터 수학과 물리 등을 배웠다. 새벽 2시까지 복습하고, 다시 5시에 일어나 예습을 했다. 하루에 세 시간 이상 잠을 자지 않았다. 처음부터 영어가 귀에 들어올 리가 없었다. 게다가 영어 단어가 무슨 뜻인지 몰라 영한사전을 찾아보아도 한글을 제대로 모르는 그가 사전의 뜻을 제대로 이해할 리가 없었다. 외우고 돌아서면 잊어버리기 일쑤였다. 그래도 무작정 파고들었다. 불가능이란 단어는 보는 것만으로도 싫었다. 영어사전을 태워 재로 만든 후 물에 섞어 마시면 기어이 잘 될까 싶어 그렇게 해보기도 했다. 입술이 부르터 피가 나고, 하루에도 수없이 코피가 터졌다. 손수건으로는 부족해 항상 휴지를 가지고 다녀야 할 정도였다. 나중에는 얼굴까지 터져 피가 흘렀다. 더 열심히 하려야 더 할 수 없을 정도로 촌음을 아껴가며 공부했다. 양아버지 폴 대위와 가족들의 따뜻한 정성과 노력으로 1년 4개월 만에 미국의 대입 검정고시인 GED에 합격하였다.

초등학교도 못 다닌 그가 초, 중, 고 졸업 학력을 인정받아 미국 대학에 입학할 자격을 얻은 것이다. 학구열에 불타던 그가 대학진학의 결실을 얻어 1962년 브리검영 대학에서 정치학 학사를, 64년 피츠버그 대학에서 국제관계학 석사를, 73년 워싱턴 주립대에서 동아시아학 석사학위와 박사학위를 취득하고 메릴랜드 대학교와 브리검영 대학교의 역사학 교수가 되었다.

박사학위를 받고 교수가 된 후 다시는 돌아오지 않겠다고 침 뱉고 떠난 고국을 1975년 다시 찾아와 떠났던 자리에 서서 절을 했다.

"한국에서 힘겹게 보낸 유년시절이 제 인생에 새로운 기회를 열어 주었습니다. 고국에 한없이 미안하고 고마운 마음이 있어요. 침 뱉고 떠난 것 죄스러워 사과드리러 왔어요. 뿌리가 그리워 찾아 왔습니다"

옛날을 되뇌면서 고국을 다시 찾은 것에 감사를 했다. 고국에 와서 거지로 생활했던 서울역에도 찾아가 옛날을 회상하는 시간을 가졌다. 친구가 보고 싶었으나 그는 이미 이 세상에 없고 그 그리움은 오기가 되어 자신을 채찍질 해 반드시 성공할 것이라는 것을 또 다짐하였다.

호범이 고국에서 거지로 인간 이하의 차별을 받았는데 선진국인 미국에서도 인종차별을 받아 너무나 가슴 아픈 일이 있었다. 1958년 미군에 입대하여 텍사스에서 훈련받을 때 레스토랑에 들어갔다가 동양인이라는 이유로 쫓겨나는 수모를 겪었다. 그는 부대에 들어와 억울하여 많이 울면서 앞으로 불합리한 인종차별 법을 고치기 위해 반드시 정치인이 돼야겠다고 다짐을 하였다.

그러나 그 당시 미국에서 동양인으로 정치를 한다는 것은 상상도 할 수 없는 시대 상황이었다. 그러나 그는 꿈을 꾸면서 준비하고 인내하며 열심히 노력을 하면 언젠가는 실현될 것이라 믿고 살았다. 그때부터 영어도 더 열심히 공부하여 미국사람처럼 말하도록 노력했고 그리고 자신의 뿌리를 찾아야겠다고 마음먹고 마침 미국으로 유학 온 한국 교수와 친해져서 그에게 3년 동안 한국의 말과 역사를 배우고, 대신 그의 집 정원 잔디를 깎아주는 일을 했다. 한국말과 한국 역사 문화를 공부하여 자신을 다시 발견한 그는 미국에서의 적응도 쉬웠다.

신호범은 그 때 교수로 있으면서 워싱턴 주지사의 무역고문으로 있었는데 1986년 주지사를 모시고 일본 한국 중국 대만 홍콩 등을 순방할 때 주지사가 그에게 정치입문을 권하였다. 58년부터 정치를 해야겠다는 생각을 하였는데 절호의 기회가 찾아와 그 때부터 정계 진출을 위해 더 준비하고 92년도에 워싱톤 주 하원의원으로 출마하여 당선되었다. 96년에는 워싱턴 주 부지사(Lieutenant Governor)에 입후보 하였지만, 경쟁 상대와의 아주 적은 표차로 낙선 하였다.

그는 낙선 후 머리를 식힐 겸 해서 우즈베키스탄을 여행했다. 그곳에서 한민족의 고통스런 역사의 산증인을 만나게 되는데 이름이 '조선아' 였다. 그의 아버지는 조국을 위해서 독립운동을 하였으며 러시아의 강제이주에 항의 하다가 이주 중인 열차 안에서 총에 맞아 살해당하였다 한다. 아버지가 자신의 이름을 '조선아'라고 부른 것은 '조선아 조선아' 하고 잠시도 조국인 조선을 잊지 않기 위함이라 하였다.

목숨을 걸고 자신의 조국을 지키려 항쟁하는 분이 있는데 선거에 한번 떨어졌다고 실망할 일이 아니었다. 우즈베키스탄에서 새로운 결심을 하고 돌아 온 신 의원은 이런 곳에서 이기려면 개인적으로 선거 지역 인구인 2만 9천 가구(32만명) 집 문을 모두 두드려 인사를 해야 한다고 생각하고 실천에 옮겼다. 사실 그 당시 극소수에 해당하는 유색인종인 그가 출마한다는 것은 애초 계란으로 바위 치는 격이었다. 백인의 갖은 멸시와 상대팀의 동양인의 약점을 노리는 비방에도 불구하고 꿋꿋이 모든 유권자 가정을 집집마다 방문하여 선거운동 기간 중 운동화를 여러 켤레 갈아 치울 정도로 정성을 다하였다. 그의 열정과 성의에 워싱턴 주민들은 감동하였고, 그 결과 4선 의원을 상대로 그는 압도적인 표차로 의원에 당선되었다. 그가 선거를 승리로 이끈 것은 놀라운 기적이었다. 그는 워싱턴주 역사상 최초로 동양계 출신의 상원의원이 되고 그 누구도 그가 존재하는 한 어떤 상대방도 출마를 꺼리는 곳이 되었다. 신호범의원은 1998년 워싱턴주 상원의원에 당선된 후 2010년 4선의원에 성공하고, 현재 상원 부의장이다.

신의원은 미국에서 인종차별을 해소하기 위해 헌신한 노력을 인정받아 2003년 '미국 최고 해외이민자상'을 받았으며 한국인의 권익 신장에 앞장선 공로로 2006년 '1회 자랑스러운 한국인상' 수상자로 선정되기도 했다. 그는 동양인명칭변경 법·한국어교육법 등을 입법해 워싱턴 주에서 한국어를 제2외국어로 채택할 수 있도록 하는 등 많은 일을 하였다. 미국 50개주마다 한국 정치인이 1명씩 나오게 한다는 취지로 한국인 2세 정치인 후원 장학회를 설립하기도 했다. 그는 자신이 입양인인 만큼 미국 내 입양인 문제에 각별한 관심을 기울이고 있다. 한국계 아들과 딸을 입양시켰고, KIDS(Korean Identity Development Society)를 설립해 입양인이 한글과 태권도 등 한국 문화를 배울 수 있도록 돕고 있다.

한국계 미국인으로는 최초로 미국 워싱턴 주 상원의원에 당선되면서 소수민족에게 희망의 전도사가 된 신호범의원은 현재 아내 도나(Donna)씨와 슬하에 두 자녀와 다섯 명의 손자가 있다. 그러나 그에게는 그동안 아버지에 대한 원망과 미움이 있어 그것을 풀려고 75년 고국을 찾아 아버지를 만났다. '왜 나를 버리셨느냐는 질문을 드리고 그 대답을 아버지께 듣고 싶어서였다.' 아버지는 그 당시 너무나 가난하여 호범을 돌봐 줄 수 없어 외가에 맡기고 남의 집에 머슴을 살러가느라고 헤어지게 되었다며 아들에게 용서를 구했다. 그리고는 아버지와 부둥켜안고 진정한 화해와 못다 한 회환을 풀었고 진정 아버지의 마음을 이해할 수 있었다. 그 후 신호범 의원은 아버지가 재혼하여 낳은 이복동생 5형제의 가족들을 모두 시애틀로 불러들여 공부시켰고 현재 미국에서 잘 살고 있다. 지금도 명절만 되면 40여명 가족이 한자리에 모여 즐거운 시간을 보내고 있다. 아버지와 새 어머니도 미국으로 모셔와 사시다가 93년에 아버지는 돌아가셨다.

그의 삶은 한편의 파노라마와 같은 감동을 준다. 미국 입양된 후 갖은 차별과 멸시를 견뎌 상원의원이 되기까지는 헤아릴 수 없는 그의 땀과 눈물이 있었다. 그는 미국으로 건너간 이후 지금까지 하루 5시간 이상 잔 적이 없다고 한다. 한창 공부할 때는 3시간이 고작이었고, 지금도 새벽 5시만 되면 본능처럼 눈이 떠진다고 한다.

신호범 의원은 파란만장한 자신의 삶을 담은 자전에세이 〈공부 도둑놈, 희망의 선생님〉을 출간하기도 했다

험난한 역경을 차근차근 극복해 나가는 신의원의 인생은 그 자체로 매우 극적이며 영웅을 갈망하는 이 세대에 커다란 울림이다. 그는 위대한 분으로 최대의 찬사를 받아 마땅하다. 그가 단순히 역경을 딛고 일어나서가 아니라 그의 성공 이야기는 우리를 일깨우고 인류보편의 삶의 질을 향상시키는데 충분하기 때문이다. 그의 인생에서 우리는 희망을 배워야한다

전쟁고아에서 자수성가한 성공의 상징
이 철 호 - 노르웨이의 라면 왕

　　노르웨이 사람들에게 미스터 리로 통하는 한국인이 있다. 한국전쟁 중 하우스보이에서 노르웨이의 유명한 요리사, 뷔페식당 사장, 식품관련 공장장으로 굴곡 많은 삶을 살아온 그는 현재 '미스터 리' 상표의 '라면 왕'으로 유명인사이다. 노르웨이 한국인 그의 이름 이철호는 노르웨이 사람들에게 입지전적인 인물이고 자수성가한 성공의 상징이다.

　　이철호 사장은 1937년 천안에서 농부의 아들로 태어나 고향에서 부모님 사랑을 받으며 살았지만 열세 살 때 한국전쟁이 일어났다. 전쟁이 일어나자 아버지는 돈을 가족들에게 고루 나눠주며 혹시 전쟁 통에 헤어지더라도 이 돈으로 끝까지 살아남으라고 했다. 6.25 전쟁의 와중에 가족들과 헤어지게 되어 피난길에 밀짚모자 장사와 냉차 장사 등을 하며 연명했다. 먹을 것을 얻으려고 미군부대 근처를 전전하던 중 우연히 미군 병사와의 인연으로 미군부대에 하우스보이로 들어갔다. 워낙 싹싹하고 성실했던 그를 미군들은 아껴줬다.

그러던 중 어느 날 막사에 떨어진 포탄파편에 다리 대퇴부의 관통상을 입어 야전병원에서 치료를 받았다. 휴전 뒤 부모와 연락이 끊겨 고아 신세가 된 그는 야전병원을 전전하며 수술과 치료를 거듭했지만, 다리의 상처는 더욱 악화되었다. 평소 똑똑하고 정직한 그를 아끼던 당시 해병대 사단장인 월터 스나이더 장군은 그를 좀 더 좋은 의료진에게 보이고 싶어 미국 군인신문에 광고를 내 주었다. 그 광고를 보고 프랑스, 독일, 노르웨이 등지에서 도움을 주겠다는 뜻을 보내왔다. 그런데 그 당시 그를 치료한 파우스 박사가 자기도 얼마 안 있으면 노르웨이 간다고 하여 그분을 따라서 노르웨이로 가게 되었다. 그는 7년 동안 수십 차례에 걸친 수술 끝에 다리를 절기는 해도 어느 정도 몸이 회복되자 그는 노르웨이에 남기로 결심하고 사회 속에서 자립을 위해 뛰기 시작했다.

"제가 노르웨이 땅을 밟았을 때가 1954년도 이었거든요. 그때 노르웨이도 세계 2차 대전이 끝난 지 얼마 안 되었기 때문에 스칸디나비아지역에서는 가난했던 나라예요. 그 당시 감자도 깍지 않고 먹었어요. 깎으면 살이 베껴나가니까요. 그런 가난한 노르웨이에서 살고 싶었던 이유는 노르웨이에 구두 닦는 사람이 별로 없었어요. 한국서 제가 구두를 잘 닦았거든요. 여기서 구두 닦기 시작하면 돈을 벌 것 같은 기분을 느꼈어요. 구두를 닦게 되면 노르웨이 말을 첫째 배워야 될 거다. 그래 열심히 배웠습니다. 제가 노르웨이 말을 병원 침대에서 다 배웠어요. 간호사하고 청소하는 분, 의사들에게 모르는 단어 물어보고 설명해 달라고 해서 주야 불구하고 열심히 공부하였어요."

구두 닦기를 하려면 면허를 받아야 하고 그러려면 기초학력은 있어야했다. 그 당시 노르웨이도 돈이 없는 나라이기 때문에 그때는 사회보장제도가 안 되어 있었다. 그래서 고학을 하기위해 그는 아픈 발을 이끌고 청소, 접시닦이, 벨 보이, 변소치기 등 닥치는 대로 일을 하며 공부를 했다. 구두 닦기 면허를 얻으려고 제법 공부를 많이 했는데도 처음 면허시험에서 낙방을 했다. 그동안 열심히 공부한 것이 억울하였다. 하루의 끼니를 걱정했고 혼자서는 걷지 못할 만큼 몸이 불편했고 머나먼 땅에서 이방인으로 다른 사람의 도움을 받지 않고서는 살 수 없었던 그이지만 그는 산이 오기를 기다리는 대신 산으로 스스로 걸어갔다.

그는 여러 가지 궂은일을 한 것 중에서도 '남의 나라에서 똥지게를 진 일'은 기억에서 잊히지 않는다. 당시엔 노르웨이에도 재래식 화장실이 있었다. 따라서 화장실 청소부로 들어간 그는 재래식 화장실의 용변 양동이를 꺼내 치우는 일을 해야 했다. 처음엔 냄새 때문에 미칠 것 같았지만, 얼마 지나자 어느새 그 냄새에 길들여지게 되어 전처럼 괴롭지가 않았다. 일이 힘들어도 그는 자신의 삶 자체를 비참하거나 힘겹다고 생각하지 않았다. 왜냐하면 그는 궁극적으로 화장실 청소 일만 하려고 이 세상에 온 사람이 아니라 결국은 그가 원하는 일을 하게 되리라고 확신이 있었기 때문이다.

"내가 화장실 청소부를 했다니까 '비참한 생활을 했구나'라고 말할지 모르지만 나는 화장실 청소부로 일하는 동안에도 기죽거나 부끄러워하지 않고 열심히 일 했어요."

"고생도 팔자다, 이런 고생에서 배울 게 있을 거다, 언젠가는 분명히 좋은 일이 있을 거다 하고 느긋하게 생각했어요. 아마도 전형적인 충청도 성격을 타고난 덕분이 아닐까 싶습니다."

"세상 모든 일은 다 마음먹기에 따라 간다고 생각합니다. 슬프게 생각하면 슬픈 일만 생기고, 기쁘게 생각하면 기쁜 일만 생기는 법이죠. 모든 일이 잘될 거라고 믿고 열심히 일하면, 다 잘되는 방향으로 일이 나아가게끔 되어 있어요. 제가 평소에 농담을 잘하고 잘 웃는 사람을 좋아하는 이유도 그 때문이죠. 낙천적인 사람, 언제라도 희망이 있는 사람은 누구와도 친구가 될 수 있는 법입니다."

그는 자신의 희망을 위해 궂은일도 적극적으로 해 돈을 벌어서 방세며 야간학교 학비를 대고 먹고 살았다. 그러나 그는 그렇게 열심히 일해 돈을 버는데도 항상 생활비가 부족하여 하루에 먹는 음식도 빵의 유효기간이 지난 돼지사료용 빵을 헐값에 사다 먹곤 하였다. 그것마저도 하루에 한 끼 물에 불려서 조금씩 아껴 먹어야할 정도였다. 빵을 물에 불려서 먹은 이유는 그만큼 양이 많아지기 때문이었다. 그렇게 부실하게 먹다보니 어느 날 공부하고 오다가 그만 길에서 쓰러졌는데 눈을 떠보니 병원 침상이었다. 영양실조로 쓰러진 것이다. 당시 그의 건강상태를 보고 의사가 혀를 차며 살아 있는 것이 놀랍다고 했다 한다.

그 당시 그에게 가장 고통스러운 것은 배고픔이었다. 물에 불린 '빵죽'으로 한 끼를 때워 항상 배가 고픈 상태라 어디를 가야 밥을 얻어먹을 수 있을까 생각하다 호텔 식당에 가면 될 것 같아서 호텔 식당의 부엌 청소부로 들어갔다. 「홀믄 콜른파크 호텔(Holmen Kollen Park Hotel)」 주방에서 일 하면서도 그의 근면성과 부지런함은 어디가지 않았다. 그는 냄비를 닦을 때에 조금이라도 탄 것이 냄비에 붙어있으면 꼬챙이를 가지고 후벼서 그것을 깨끗이 떨어내고 닦아놓았다. 주방장은 이철호가 자기의 맡은 일을 충실하게 일하는 것은 물론 마지막까지 남아서 내일 사용할 것까지 챙겨놓고 가는 것을 몇 달 동안 눈여겨보았다.

"그릇을 닦을 때 남이 20개를 닦으면 저는 50개쯤 닦으려고 부지런을 떨었어요. 물론 남들보다 더 깨끗하게 닦으려고 애썼고요. 그렇게 열심히 일하니까 하루는 주방장이 부르더군요. 그리곤 저한테 요리사가 되고 싶으냐고 물어요. 그래서 자신 있게 'Yes'라고 대답했죠. 결국 그 주방장 덕분에 요리학교 학생으로 선발이 되었어요."

구두닦이 면허증을 받을 생각으로 진학한 학교 공부였지만 이대로 구두닦이가 되지 말고 공부를 더 해서 전문적인 직업을 갖자는 생각에 그는 요리를 배우기로 마음을 먹었다. 사실 요리사가 되면 먹는 것만큼은 여한 없이 먹겠지 하는 단순한 마음도 있었다. 그때만 해도 먹고 사는 것이 여전히 어려웠기 때문이다.

그는 호텔 주방장 소개로 요리전문학교를 다닐 수 있게 되었다. 그는 어렵게 잡은 기회를 헛되이 보내지 않기 위해 이를 악물고 공부했고, 드디어 최우수 졸업생으로 홀몬 콜른호텔 요리사 자격증과 500크로네의 장학금까지 받게 되었다. 그는 언어도 유창하지 못하고 신체적으로도 장애를 가졌지만 자신의 콤플렉스를 그대로 받아들이고 남보다 서너 배의 노력과 시간을 투자하여 노르웨이에 간 지 7년 만에 결실을 이뤄냈다. 그 후 호텔에서 주는 장학금을 받아들고 1961년 스위스로 본격적인 요리사가 되기 위한 부푼 꿈을 안고 유학길에 오르게 되었다. 스위스 관광호텔 주방보조원으로 근무하며 스위스의 유명한 요리전문학교를 다녔다. 요리에 대한 스위스의 자부심은 노르웨이에 비길 게 아니었다. 스위스에 도착한 미스터 리는 노르웨이 최고 호텔의 요리사 자격증을 스위스 호텔 측에 내밀었으나 그들은 거들떠보지도 않았다. 노르웨이 요리학교에서 최고의 성적으로 졸업했으므로 자부심이 있었지만 스위스에서는 감자나 깎는 허드렛일부터 다시 배워야 했다. 그것은 그이뿐 만 아니라 선임자 모두가 몇 년씩 그 과정을 거치고 나서야 본격적으로 주방에서 칼을 잡을 수 있는 실정이었다. 그러나 열정에 불타는 그에게는 그 수련기간이 너무 길게 느껴졌다. 여기에서도 그의 성실성과 부지런함, 반짝이는 아이디어 등이 유감없이 발휘되었다. 능력이 남만큼 안 되면, 더 많은 노력과 시간을 투자하는 것밖에는 승산이 없다. '감자를 하나 깎더라도 더 효율적으로 깎을 수 없을까?' 그는 감자를 깎되 그냥 막 깎지 않고 그 날 그 날의 요리 메뉴 표를 보고 그 요리에 알맞게 여러 모양으로 감자를 깎아 놓았다. 어떤 것은 네모 모양, 어떤 것은 둥근 모양, 어떤 것은 얇고 길쭉한 모양, 어떤 것은 삼각 모양, 보기 좋고 먹기 좋게 여러 모양으로 깎아 요리하기에 가장 좋은 상태로 준비해 두었다. 호텔의 주방장은 그가 남다른 눈썰매를 가지고 감자를 깎아놓는 것을 보고 큰 호감을 갖게 되었다. 6개월이 지나자 주방장은 그를 불러 주방에 입성시키고 드디어 요리하는 것을 하나씩 하나씩 가르쳐 주기 시작하였다. 꿈을 이루기 위한 또 다른 한 계단을 오르는 순간이었다. 노력 끝에 성공이 있다고 부지런히 자기의 맡은 일에 최선을 다하는 근면한 한국인의 기질이 성공을 거두는 순간이었다.

"기회는 노력하고 준비하는 사람에게 더 빨리 찾아온다." 그의 생활 신조대로 아무리 하찮은 일일지라도 정성과 노력을 다 한 결과이다.

스위스에서 요리공부를 마치고 스위스, 프랑스, 독일의 관광호텔에서 요리사로 근무하며 독일호텔경영 대학을 졸업하기도 하였다. 노르웨이로 돌아와서 홀든 파크 호텔에서 2년 간 근무한 후 그는 그 호텔의 주방장이 되었다. 헐문 호텔은 그가 처음 배고픔을 잊기 위해 부엌 일 자리를 얻었던 곳이다. 그가 헐문 호텔 주방에 발을 처음 디딘 지 만 8년 만에 그는 헐문 호텔 주방의 최고 주인인 주방장의 모자를 쓰게 된 것이다.

"제가 한국에서 학교를 못 다녔기 때문에 여기서 어려운 환경에서도 중 고등학교와 요리전문대학도 나왔는데 이왕이면 더 공부해서 다른 대학을 나오겠다고 하여 호텔대학을 나왔어요. 그렇게 공부를 하다 보니까 이렇게 되더라고요."

그는 서서히 꿈을 이뤄 나갔고 그의 삶은 더는 남루한 이방인의 삶이 아니었다. 노르웨이에 와서 일류식당의 주방장을 거쳐 유수의 호텔 주방장으로 스카우트되어 다녔다. 그곳에는 지난 시절 그의 선배들이 여러 명 있었는데 그들을 부하 직원으로 거느리는 입장이 된 것이었다.

"하지만 나는 그들 위에 서려고 하지 않았습니다. 추호도 그렇게 하고 싶은 마음도 없었습니다. 내가 원하는 것은 그들과 친구가 되는 것이었고 또 실제로도 그렇게 했습니다. 내가 주방장이라고 해서 일방적으로 요구하거나 명령해 본 적이 없습니다. 가능한 한 요리사 저마다의 경험이나 생각을 최대한 존중하려고 노력했습니다. 때로는 내 방법보다 그들 방법이 좋다고 생각할 때에는 주저 없이 상대의 방법을 택했습니다. 그래서 우리가 팀을 이루어서 일하는 동안 서로를 충분히 신뢰했고 보람이 있었다고 확신합니다."

그가 남을 배려하고 타인의 입장에 서서 이해하는 등 착하고 성실한 심성은 많은 사람들에게 인간성 좋은 사람으로 각인되었다.

"나는 요리사가 된 이후로 남에게 아쉬운 소리하며 일자리를 구하러 다녀본 적이 없습니다. 항상 스카우트 제의를 받고 내편에서 일자리를 선택해 일해 왔습니다. 내 경험에 의하면, 기본적인 실력을 갖춘 상태에서 자신이 하는 일에 정성을 다하고 성실하게 일하면 내가 광고하지 않아도 항상 나를 눈여겨보는 사람이 있다는 사실입니다. 실력 있고 성실한 사람에게는 누구나 팀이 되고 싶어 합니다."

그는 좋은 꿈을 가지고 그 꿈을 기르는 방법은 꾸준한 노력밖에 없다고 한다. 누구든 한 걸음씩 도전하면 무슨 일이든 성공할 수 있으며, 처음부터 큰 것을 바라기보다는 하나씩 이루어내는 것이 가장 좋은 방법이라는 것이다.

'지치지 않고 항상 끊임없이 시도하는 도전정신은 대단히 중요한 정신이며, 이 세상에 꿈과 열정이 있다면 못 이룰 것은 없다' 는 것이 그의 인생철학이다.

노르웨이 사람들은 정직하고 공손하며, 아끼는 것을 좋아한다. 의식되거나 잘난 척 하는 것을 싫어하기 때문에 그도 정직하고 공손함으로 다가가기 위해 최선을 다했는데 그 모습을 노르웨이 사람들에게 인정받은 것이다. 그는 다른 사람보다 뚜렷이 나타나는 것을 좋아하지 않으며 다른 사람들처럼 무리에 속하는 것을 좋아하는 데 그

점이 한 몫을 했다. 그를 보면 '근면성과 진취적인' 삶을 살아가는 한민족의 기상을 보게 된다. 그래서인지 세계인들은 '한국인의 근면성'을 자주 칭찬한다. 그것이 바로 세계의 한국인이 성장해가는 삶의 원동력이다. 이철호 님은 주방장 일에 만족치 않고 자신이 운영하는 사업체를 갖고 싶어 했다. 평소 그의 성실성과 어떤 일을 해도 정성을 다하는 그의 사람됨을 인정한 사람들의 도움으로 빵 공장을 인수해서 운영하는 기회를 잡을 수 있었다.

"노르웨이의 멜 하우슨이라는 스캔디나비안에서는 제일 큰 빵 공장이었어요. 멜 하우슨은 170년 전에 독일서 올라온 할아버지들이 시작 했는데 제가 그 당시 식당도 개발해서 15개군데 식당 지점인 체인을 만들었어요. 빵도 굽고 과자도 굽고 케이크도 만들고 했는데 거기에 모든 일을 책임지고 통솔하는 매니저로 있었어요. 68년부터 89년까지 일했어요."

그러나 이철호 님에게도 승승장구한 세월만 있었던 것은 아니었다. "인삼차" 사업에 손을 댔다가 큰 참패를 하고 실의에 빠졌던 때도 있었다. 사람이 살다보면 성공만 있는 것은 아니다. 그가 다시 재기를 한 것은 71년 한국을 방문했을 때 먹어 본 라면이 계기가 되었다.

"한국에서 라면을 처음 맛보았는데 진짜 맛있었다. 요리사로서 노르웨이에 꼭 소개하고 싶었다"

그러나 노르웨이인들에게 낯선 음식인 라면을 소개하는 일은 결코 쉽지 않았다. 우선 한국 라면을 노르웨이시장에 팔기 위해 거쳐야 하는 각종 통관 절차기 3년 이상 걸렸다. 특히 방부제 등 성분검사 통과가 까다로웠다. 실제로 라면 맛을 보고 사업으로 이어지기까지는 많은 시간이 걸렸다. 호텔에서 일하는 등 다른 일을 많이 하면서 시간이 걸렸기 때문이다. 처음 노르웨이에 라면을 선보였을 때 노르웨이 사람들은 라면을 음식이 아닌 것처럼 생각했다. 이상하다고 안 먹는 사람이 많았다. 판매소에 가져다 놓아도 한 쪽에 그대로 쌓여 있고, 맛보라는 라면을 그대로 쓰레기통에 가져다 버리는 사람까지 있었다. 결정적인 문제는 한국 라면이 맵고 얼큰해 노르웨이인 입맛에 맞지 않는다는 지적이었다.

특급 호텔의 주방장 출신인 그는 노르웨이 사람들이 가장 좋아하는 라면 맛을 찾기 위해 연구를 하였다. 모든 라면의 스프를 뜯어서 맛을 보기도 하고 섞어서 먹어보기도 하고 간장을 더 넣어 보기도 하면서 많은 실험을 했다. 그는 해결책을 찾으러 노르웨이인들이 가장 좋아하는 소스를 가지고 한국의 라면회사 연구소를 방문, 연구진과 함께 노르웨이인 입맛을 사로잡을 수 있는 새로운 라면 스프를 개발하는데 전심전력하였다.

"프랑스 독일 등에서 요리사로 일한 경험을 되돌아보니 나라마다 독특한 소스가 굉장히 중요하다는 것을 깨달았다. 노르웨이 사람들이 제일 좋아하는 소스를 먼저 알아놓은 다음 거기에 맞추도록 노력했다".

한국 사람은 좀 맵고 국물을 많이 해 가지고 라면을 먹는데 노르웨이 사람들은 매운맛을 싫어하고 국물이 적고 주로 치즈 또 채소 같은 걸 많이 넣어가지고 만든 것을 좋아한다. 많은 연구와 실험 끝에 노르웨이 사람이라면 다 아는 유명한 스프와 소스 공장의 맛처럼 노르웨이 사람의 입맛에 맞게 라면을 현지화 시켰다. 그의 이름을 딴

'미스터 리 (Mr. ri)'의 라면은 노르웨이 시장에 큰 폭발적인 인기를 가져왔다. 전국을 돌아다니면서 '미스터 리(Mr. ri) 시식회'도 가졌다. 텔레비전과 라디오 신문 각종 보도를 통해 '미스터 리(Mr. ri)'의 라면은 전파를 타고 급속도로 널리 알려졌다. 라면 세 박스로 시작한 라면사업이 지금 '미스터 리'의 라면은 전국 슈퍼마켓은 물론 모든 학교 자판기에 비치되어 있다. 인구 500만 명의 노르웨이에서 연간 8000만 개 이상의 매출을 올리면서 60% 이상의 시장점유율을 차지하는 성공을 거뒀다. 매출 증가와 함께 그는 라면과 한국 홍보를 위해 1970년대 중반 출시될 때부터 갖가지 한글을 라면 겉봉에 넣었는데 호기심을 자극하는 등 고객들 관심을 끌 수 있었다.' 미스터 리' 라면 표지에는 '소고기 맛' '닭고기 맛' 등 한글이 꼭 적혀 있는데 이것이 효과적인 마케팅 수단이 되었다.

그가 만든 라면 브랜드 '미스터 리'를 고부가가치 상품으로 키워 무려 20년 이상 노르웨이 라면시장을 점유하고 있어 '미스터 리'가 노르웨이에서는 라면을 뜻하는 고유명사가 되어있다. 덕분에 그는 노르웨이에서 '라면 왕'으로 불리며 정부 고위직보다 더 유명한 인물이 되었다. 이철호 사장은 현재 노르웨이에서 그의 본명보다도 '누들 킹(라면 왕)'이라는 애칭으로 더 알려져 있다. 노르웨이 사람들은 말한다. 노르웨이에는 왕이 두 사람이라고. 국왕과, 라면 왕 미스터 리. 'king of noodle'로 불리며 노르웨이 사람들의 사랑을 받는 이철호.

사업이 계속 승승장구하던 89년 어느 날 이 사장은 갑자기 자신의 라면 회사를 노르웨이 최대 식품회사에 넘겨 세상을 깜짝 놀라게 했다. 황금 알을 낳는 거위를 팔아치우자 그의 주변 사람들은 이해할 수 없다는 반응이었다.

이 사장은 "내가 100살도 못 살 텐데 내가 없어도 `미스터 리` 라면이 영원히 지속되도록 하기 위해 그런 결정을 내렸다"며 "동양 사람들이 자기 묻힐 묘를 만들고 죽는 것과 같은 맥락" 이라고 설명했다. 더욱이 그의 딸 3명이 모두 사업을 물려받을 뜻이 없다고 밝혀 그는 더 쉽게 `미스터 리` 라면 사업을 넘길 수 있었다. 이철호 사장은 90년부터는 라면 개발만 필요에 따라 해주고 한국과 노르웨이를 양국에 홍보하는 일에 전념해오고 있다. Mr. Lee는 세계 최초로 해산물 대학을 노르웨이에 설립 하려고 추진 중이다.

이철호 사장의 성공 비결 6가지

그가 성공할 수 있었던 비결을 6가지 변화(CHANGE)의 원리로 설명하면 :

1. **변화(CHANGE)의 C에 해당하는 헌신(Commit)** - 요리사로서 걸어온 인생 외길에서 얻은 값진 노하우로 요리와 음식 사업에 매진.
 - 목표에 헌신(Commit)

2. **변화(CHANGE)의 H 에 해당하는 습관(Habits)** - 항상 부지런하고 성실하게 일하는 습관 - 근면 성실한 습관(Habits)

3. **변화(CHANGE)의 A에 해당하는 행동(Action)** - 처음서부터 하나 하나 일을 배워 나갔듯이 한 계단 한 계단 사업을 펼쳐 나갔다. - 한 걸음씩 행동(Action)

4. 변화(CHANGE)의 N에 해당하는 끊임없는 도전(Never) - "나에게는 어려운 것이 없었다. 노력하면 모든 것이 다 되었다."- 끊임없는 도전(Never)

5. 변화(CHANGE)의 G에 해당하는 긍정적 목표(Goal oriented) - "나에게는 두 개의 조국이 있다. 끊임없이 두 조국을 위해 열심히 살아 갈 것이다 " - 긍정적 목표(Goal oriented)

6. 변화(CHANGE)의 E에 해당하는 자기평가(Evaluate) - "일을 추진하고 계획함에 있어 빈틈이 없었다."- 자기평가(Evaluate)

이철호 사장은 아직도 일주일에 한 번씩 수중 물리 치료를 받기위해 릭스 국립병원엘 다니고 있다. 6.25 당시 다친 오른쪽 다리를 이제 약간 저는 정도로 회복될 수 있었던 것은 그를 한국에서부터 치료해준 주치의의 헌신적인 노력이 있었기 때문이다. 그에게는 2개의 고국이 있는데 한국은 태어난 고향이고, 노르웨이는 건강을 찾아 대부분의 인생을 보낸 잊을 수 없는 고마운 곳이다. 그는 오래 전부터 매년 11월 2번째 금요일, 한국전쟁에 참전한 노르웨이 의료진들을 위한 만찬을 열어왔다. 이날은 은혜를 갚는 날이다. 아니 기억하는 날이다. 한국 전쟁 때, 노르웨이는 600여명의 의료병력을 보내왔다, 처음 이 기념행사 때는 500여명으로 시작했으나, 이제는 그 숫자가 줄어서 100여명으로 매년 세월의 무상함을 느끼고 있다. 그는 혼자서 이 일을 이끌 때보다는 이제는 교민회와 대사관이 함께 주최를 하기 때문에 많이 짜임새 있는 모임이 되었디. 그는 세월이 디 흘리, 여남은 명 정도밖에 남지 않는다면 집으로 초대해서 행사를 치르고 싶다고 한다, 그리고 마지막 단 한사람이 남을 때까지 이 행사를 진행할 계획이라 한다. 이 행사야말로 그의 꿈이 무엇인지를 가장 잘 보여주고 있다. 그의 꿈은 자신의 은인인 노르웨이를 잊지 않고 도움이 되기 위한 것이기 때문이다.

이 철호 사장은 말이 아닌 행동으로 성공을 실천한 분으로 초·중·고에서 가장 인기 있는 강사이다. 그는 젊은 학생들에게 삶의 목표와 그리고 노력할 수 있는 용기를 주기 위한 내용을 주축으로 강의를 한다, 노르웨이 문화 역사박물관에는 'Mr. Lee관'이 개관돼 '노르웨이 노동자들에게 꿈과 희망을 심어준 위대한 이민 영웅'으로 그를 소개하고 있다. 그의 파란만장한 일생은 노르웨이 현지 초등학교, 고등학교 교과서에도 실리기도 하였으며 노르웨이 최고훈장인 기사장을 수여 받았고 노르웨이 인명백과사전에도 등록돼 있다.

"저는 제가 성공했다고 생각하지 않아요. 그저 꿈이 있었고, 그 꿈을 이루기 위해 하루하루 열심히 살았던 것뿐이지요. 그리고 지금도 그렇게 살고 있고요."

그의 모습은 '자수성가한 부자'의 보통 이미지와는 거리가 멀다. 솔직하고, 검소하고, 자신의 한계를 인정하면서 무에서 유를 창조해 내는 굳은 의지의 도전정신이 모든 이에게 감명을 주고 인상적이다.

이철호 사장의 가정을 보면 독일인 부인과의 사이에서 딸 셋을 낳고 행복한 생활을 했으나 부인이 임파선 암에 걸려 하늘나라로 가, 딸들을 혼자 힘으로 키웠다.

동양인 홀아비가 서양식의 교육을 받고 자란 세 딸들을 키우는 것이 쉽지 않았지만 그는 자식농사도 잘 지었다. 큰 딸은 오슬로 시립 병원의 소아과 전문의로 있고 둘째는 요리사로 오슬로시내에서 커다란 식당을 운영하고 있다. 셋째는 기자로 활동 중이다. 모두 출가 시켰는데, 재미있는 것은 세 딸이 같은 직종의 남편을 만났다는 사실이다. 큰 딸의 남편은 의사고 둘째는 요리사이며 막내는 기자 사위를 맞은 것이다.

그는 딸들을 훌륭히 키워놓은 뒤 딸들의 성화로 재혼을 했다. 한국 여자이다. 한국에 대한 기억이나 사고방식이 50년대에 머물러있던 그가 재혼 후 많은 변화를 가져왔다. 거의 잊어버렸던 한국말도 다시 할 수 있게 되었고 시조나 교과서도 읽으며 한국을 새롭게 알아가고 있다. 그는 고희가 넘은 나이에도 왕성한 활동을 하고 있으며 현재 노르웨이에서 행복하게 살고 있다.

벼랑 끝 인생에서 백악관 입성까지
강영우 - 시각장애인 박사·미 차관보

✳

　　　　　　실명의 고통과 사회적 편견을 이겨내고 우리나라 최초 시각장애인 박사·교수이자, 미 백악관 국가장애위원회 정책 차관보 및 유엔 세계장애위원회 부의장의 자리에까지 올라가 전 세계 장애인의 인권을 향상시키는 데 기여해 온 강영우 박사, 그의 뒤에는 한평생 그의 지팡이가 되어준 아내 석은옥 여사의 헌신적인 사랑이 있었다.

　강영우 박사는 1944년 경기도 양평에서 출생했으며 아버지는 그가 열네 살 때 돌아가셨다. 영우는 덕수중 1학년 때인 열다섯 살 때 축구를 하다가 공에 눈이 맞아 다쳤다. 2년 동안 눈 치료를 하면서 두 차례의 대수술을 했지만 결국 망막이 파손되어 맹인이 되고 말았다. 멀쩡하던 아들이 맹인이 되었다는 소식을 듣고 어머니는 충격을 받아 뇌일혈로 돌아가셨다. 생계가 막막해지자 누나가 학교를 그만두고 공장에 취직했다. 눈먼 동생과 코 흘리게 동생들을 위해 일하던 누나마저 과로로 쓰러져 죽었다. 모친에 이어 누나마저 잃게 된 형제들은 뿔뿔이 흩어졌다. 영우는 장애인 재활원으로, 여동생은 고아원으로, 남동생은 철물점으로 각각 헤어졌다. 영우는 재활원을 전전하며 수년간 방황하면서 자살도 여러 차례 기도했다. 그러나 어느 목사님의 도움을 받은 뒤 "갖지 못한 한 가지를 불평하기보다 가진 열 가지를 감사하자"라는 말씀을 듣고 마음을 고쳐먹었다.

영우는 주변의 도움으로 18살에 중등과정 맹인학교에 들어가게 되었지만 동기들 보다 5년이나 뒤쳐진 상태였다. 그를 구원한 것은 서울맹학교 1학년 때 만나 후에 부인이 된 석은옥(石銀玉)씨이다. 인생역전의 등대가 된 숙명여대 학생 석씨와 운명적인 만남이 오늘의 강영우 박사가 태어나는 계기가 된 것이다.

아래 내용은 부인 석은옥 여사의 수기를 인용하였다.

"우리의 만남은 어쩌면 숙명적이었다. 그가 평생 단 한 번 걸스카우트를 방문한 그때, 나는 걸스카우트 신입회원으로 그를 돕는 프로그램에 동참하게 되었다. 가난과 실명의 고통에 찌든 모습을 상상했는데 문을 열고 들어서는 학생은 외모만 봐서는 전혀 맹인 같지 않았다. 프로그램이 진행되는 동안 나는 그 학생만 힐금힐금 쳐다보았다. 누군가 그를 버스정류장까지 데려다주고 오라고 했을 때 어디서 그런 용기가 나왔는지 "내가 다녀오겠다"며 허락이 떨어지기도 전에 그 학생의 손을 잡고 광화문 사거리로 나섰다. 그때 처음으로 "숙대 영문과 1학년 석은옥이에요"라며 나를 소개했다. 그 순간부터 나는 그의 지팡이가 되어 오늘에 이르렀다."

영우가 그녀를 처음 만났을 때는 완전히 시력을 잃은 게 아니어서 어렴풋이나마 그녀 젊은 날의 모습을 기억하고 있지만 지금은 불빛

조차도 구별할 수 없는 완전 맹인이다.

그녀는 그때부터 주말이면 맹학교 기숙사에 찾아가 책도 읽어주고 안내도 해주는 등 1년 정도 봉사하다 보니 정이 들어, 그를 동생으로 삼고 싶은 생각이 들었다. 무남독녀 외동딸로 동생이 하나 있었으면 싶었는데 그 생각을 실천에 옮긴 것이다.

"당시 나는 그가 투병과 방황으로 여러 해 학교에 다니지 못했다는 것을 몰랐다. 그저 대학생과 중학생이라는 것만 생각해 부담 없이 그의 누나가 되겠다고 했을지도 모른다. 2년 정도 지나 그의 성적표에 있는 생년월일을 보고 한 살 반 밖에 차이가 나지 않는다는 사실을 알게 되었지만, 그때는 그것이 문제가 되지 않았다."

그녀는 양친이 안 계신 동생이 생기니 누나로서 할 일이 정말 많았다. 학교에서 소풍을 갈 때면 도시락을 싸들고 따라가야 했고 빨래, 장보기부터 대학 진학 준비에 이르기까지 온갖 뒷바라지를 해야 했지만, 동생을 도와준다는 것 자체가 그녀에겐 기쁨이었다. 누나 동생으로 그들은 너무나 아름다운 사랑을 했다. 그들이 만난 지 5년째 되던 해, 석은옥은 그동안 혼자만 생각해온 유학 계획을 그에게 털어놓았다. 영우는 헤어지는 것이 싫었는지, 생각해보지도 않고 안 된다며 반대했다. 그녀는 좀 당혹스러웠지만, 차분히 그를 설득했다. 결혼을 해서도 시각장애인 교육과 재활을 천직으로 알고 계속할 텐데 더 늦기 전에 유학을 다녀와야겠다는 말에 결국 영우도 동의했다.

그녀는 1967년 9월, 미국으로 유학을 떠났다. 그동안 정이 든 두 사람의 이별은 큰 아픔이었다. 게다가 그녀는 처음으로 가보는 세계에 대한 두려움과 걱정이 겹쳤다. 영우에게도 마찬가지였다. 그때까지 그림자처럼 따라다니던 누나를 보내고 혼자 힘으로 다가오는 대입을 준비해야 하는 부담과 불안이 겹쳐 이별의 고통은 가중되었다.

그녀가 떠난 뒤 영우는 마음을 독하게 고쳐먹고 대학 입시에 전념했다. 그리고 1968년 연세대 문과대 교육학과에 입학 원서를 제출했다. 그런데 청천벽력 같은 소식이 들려왔다. 맹인이라는 이유로 입학원서 자체를 접수하지 않는다는 것이었다. 그러나 얼마 지나지 않아 문제가 해결되고 영문과 교수 한 분이 대필해주어 입학시험을 무사히 치르고 교육과에 10등으로 합격했다. 영우학생은 1968년 3월, 서울맹학교 고등부에서 연세대에 입학해 정상인들과 같이 공부하며 잘 적응해 첫 학기부터 장학생이 되었다. 그리고 은옥 학생도 15개월 만에 귀국했다. 그동안의 이별은 그들 두 사람의 관계에도 변화를 가져왔다. 더 이상 누나 동생이 아닌, 사랑하는 사람으로 서로를 바라보게 된 것이다.

1968년 12월, 학기말 시험을 마치고 함께 연세대 백양로를 걷던 중 영우가 그녀에게 사랑을 고백했다. 그녀도 그를 무척 좋아한 데다 남은 생을 시각장애인 교육에 헌신하려고 준비해왔기 때문에 그를 반려자로 맞으면 맹인을 이해하는데 좋아 잘됐다고 생각했다. 그녀는 영우의 사랑을 받아주었다. 아무에게도 알리지 않은 채 장래를 약속한 두 사람은 너무나 행복했다. 그 두 사람은 비밀리에 약혼식을 올렸다. 무남독녀 외동딸을 둔 홀어머니가 애지중지 기른 딸을 맹인에게 준다는 것은 청천벽력이라 어머니는 "절대로 안 된다"며 반대하셨지만 결국 딸의 고집을 꺾지 못했다. 친구들은 더 심했다. "너는 좋아서 결혼한다 해도 그 사이에서 태어나는 자식들을 생각해

봐. 아버지가 장님인데" 하고 말렸다.

주위의 반대에도 불구하고 영우는 1972년 문과대학 전체차석으로 졸업하고 그해 2월 결혼식을 올렸다. 그리고 그 해 8월, 국제로터리 재단의 장학금을 받고 그들 부부는 가슴에 큰 뜻을 품고 LA로 가는 비행기에 올랐다. 당시에는 장애가 해외유학 결격사유에 속했다. 그 항목을 삭제하고 한국 장애인 최초 정규 유학생이 될 때까지 반년 동안 겪은 마음고생은 말로 표현할 수 없을 정도였다.

LA에 도착해 여러 해 동안 그의 학비와 생활비를 지원해주신 양부모님을 만나 일주일을 보내고 피츠버그에는 개강 전날 도착했다. 그 당시 석은옥씨는 정신적, 육체적으로 많이 지쳐 있었다. 서울을 떠나기 직전까지 맹인재활센터에서 일했고, 입덧이 심했기 때문이다. 그러나 영우를 그림자처럼 따라다니면서 돕지 않으면 강의실에도 갈 수 없어 편하게 쉴 수도 없었다. 하루는 남편을 강의실에 들여보낸 뒤 도서관에서 책을 녹음하다 깜빡 잠이 들었다. 정신을 차리고 보니 이미 강의가 끝난 지 30분 이상 지난 시간이었다. 온 힘을 다해 강의실로 뛰어가 보니 남편은 불안한 모습으로 그녀를 기다리고 있었다.

그 일을 계기로 영우는 보행훈련을 받기로 했다. 아기가 태어나면 혼자 강의를 받으러 다녀야 하는데 엄두를 못 내고 미루던 차에 결단의 기회가 된 것이다. 하지만 아무리 보행훈련을 받아도 자주 다니지 않은 곳이나 생소한 지역을 갈 때는 여전히 정상인의 도움이 필요하였다. 그러니까 보행훈련을 받아 부인에 대한 의존도가 다소 줄어들기는 했지만, 여전히 부인은 그를 안내해주어야 했다. 부인은 어린 아들을 남에게 맡긴 채 남편의 대학원 강의실을 향해 떠날 때, 아이들이 안쓰럽기도 했지만, 남편의 강의가 먼저였다. 그녀는 몸이 아플 겨를도 없이 매일 동분서주하는 고달프고 바쁜 나날을 보냈다.

그 후 새로운 위기가 찾아왔다. 수업료는 문제가 없었는데, 생활비로 나오던 장학금이 만료된 것이다. 부인은 닥치는 대로 막일이라도 해야 생활비를 벌 수 있어 병원 청소원으로 취업 했지만 이민국에서 노동 허가가 나지 않았다. 이 때문에 고민하던 어느 날, 캠퍼스 근처 공원에서 그네를 타는 한 맹인 여성을 우연히 보게 되었다. 부부가 함께 다가가 한국에서 유학 온 맹인 학생이라고 소개하면서 말을 걸었다. 그랬더니 그네를 밀어주던 남자가 자신이 남편이라고 했다. 과부가 과부사정을 안다고, 현재의 어려운 형편을 털어놓았다. 그 부부는 자기 집 3층을 내줄 테니 와서 함께 지내자고 했다. 대신 식사 후 설거지를 해주고, 두 내외가 외출할 때 어린 두 자녀를 돌봐달라고 했다. 영우는 박사학위를 받을 때까지 가족의 생계가 해결될 수 있을 것 같아 그 제안을 받아들였다. 그 집에 살면서 부인은 매일 설거지하고 아이들을 돌봐주는 일을 해도 행복하기만 했다. 남의 집에서 식모살이한다고 생각하지 않고 머지않아 박사가 될 남편을 내조한다고 생각하며 그러한 기회를 오히려 감사했다. 주인은 자신들과 처지도 같고 동년배라 아주 좋은 친구가 되었을 뿐만 아니라 미국 문화를 배우는 계기도 되었다. 또 두 살 된 진석이도 네 살, 다섯 살이던 그 집 아이들과 친구가 되어 많은 것을 배울 수 있었다. 그때 둘째 아이 진영이가 생겨 더욱 감사한 마음이었다.

"나는 남편이 맹인이기 때문에 불행하다고 생각해본 적이 한 번도 없다. 우리 내외는 출세 지향적이 아닌, 성취 지향적 가치관을 가지고 있어 맹인이기 때문에 넘어야 할 물리적, 심리적, 법적, 제도적 장벽을 넘을 때마다 오히려 성취감을 느꼈다. 또 쾌락보다는 보람을 추구했기 때문에 어려움을 극복할 때마다 승리감과 보람을 느끼며 감사할 수 있었다."

강영우는 1976년 4월 25일, 미국 피츠버그 대에서 3년 8개월 만에 교육학 석사, 심리학 석사, 교육 전공 철학 박사 학위를 취득하여 한국 최초 맹인 박사가 되었다. 그렇게도 고대하던 박사학위를 받았는데 강 박사는 고국에 돌아가 대학 강단에 설 기회를 얻지 못해 무직자로 8개월을 보냈다. 맹인이 어떻게 눈뜬 대학생이나 대학원생을 가르치고 논문지도를 할 수 있겠느냐며, 어디에서도 강 박사를 채용하지 않았다. 무직자인 강 박사 가족 즉 아직 어린 진석이, 갓 태어난 진영이, 그리고 부인 이렇게 네 식구가 당장 길거리에 나앉을 형편이었다. 장학금으로 지급되던 생활비가 졸업과 동시에 끊겼기 때문이다.

졸업과 동시에 만료된 유학생 비자를 다시 살리기 위해 강 박사가 포스트 닥터럴 프로그램에 들어갈 때의 일이다. 오도 가도 못하고 막다른 골목에 배수진을 친 강 박사의 고통을 너무나 잘 아는 부인은 담대하게 말하였다.

"여기까지 인도하신 하나님께서는 반드시 현재의 고난을 성공의 조건으로 바꿔주실 테니 인내하며 좀 더 기다려 봐요. 부디 아무 걱정 말고 연구에 몰두하고 직장 찾는 노력이나 계속하세요."

지금도 강 박사는 당시 자신의 고통을 함께하면서 그러한 위로와 격려의 말을 해준 부인이 가장 고마웠다고 말한다. 그러던 어느 날 강 박사는 면접을 보고 취직이 되었다. 기적이었다. 그동안 여러 차례 면접을 보았지만 번번이 영주권이 없어 채용되지 못했는데, 이번에는 일단 학생비자로 취직이 된 것이다. 강 박사는 인디애나 주정부 교육부에 근무하게 되었다. 1977년 1월 3일 첫 출근을 하게 되어 서둘러 인디애나로 이사를 가야 했다. 인디애나에 도착해 강박사의 첫 출근과 함께 부인은 운전을 시작해 벌써 30여년 무사고 운전으로 남편을 돕고 있다. 강 박사는 인디애나 주정부 교육부에 근무하면서, 저녁에는 노스이스턴 일리노이대 대학원에 출강하기도 했다. 그뿐만이 아니다. 로터리 클럽 회원으로 매주 주회에 참석하는 것을 비롯해 왕성한 사회활동을 했다.

강 박사가 인디애나에서 직장생활을 한 지 2년 가까이 되던 1978년 9월, 유학을 떠난 지 6년 만에 처음으로 고국을 방문하게 되었다. 그때 한국 언론은 '우리나라 최초 장님 박사 탄생', '한국 최초 맹인 박사 금의환향' 등의 제목으로 강박사의 귀국을 대서특필했다.

1983년 6월 5일은 강 박사가 최초로 국제무대에 등단한 날이다. 캐나다 토론토에서 열린 국제 로터리 세계대회에서 그가 연설을 한 것이다. 1만6000명의 세계 민간 지도자가 모인 곳에서 강 박사는 그다지 긴장하지 않고 연설을 하여 열광적인 기립박수를 받았다.

미국 연방정부 공무원은 450만 명에 달한다. 그중 2500명이 대통령의 임명을 받으며, 그중 500명은 상원 인준까지 받아 이름 앞에 'Honorable'이 붙는다. 먼 이국땅에 유학 와서 이민자로 정착한 지 사반세기 만에 강 박사는 'Honorable'이라는 경칭이 붙는 연방정부 최고 공직자가 되었다. 대통령 직속 국가 장애위원회 정책 차관보 자리에 오른 것이다. 그가 일하는 국가장애위원회(National Council on Disability)는 백악관 직속 연방 정부 독립 기구로 대통령 임명, 상원 인준을 받아 차관보급 15명이 운영위원이 된다. 5,400만 장애인들의 사회 통합, 자립, 권리를 증진시키기 위한 정책을 다루는 유일한 연방 정부 기구로서 UN을 비롯한 국제기구에서도 미국 공식 입장을 대표한다.

이렇게 이들 부부는 서로의 강점으로 약점을 보완하는 하나의 팀으로서 아메리칸드림을 이루게 되었다. 1972년 신혼부부로 미국 땅에 도착할 때 태중에 있던 큰 아들 진석이는 미국 명문고등학교인 "엑서터"를 졸업하고 '아버지 눈을 고쳐드리겠다' 고 하버드의대를 졸업한 뒤 조지타운대 교수 겸 안과전문의로 활동하고 있다. 그는 현지 언론이 꼽은 2008년도 최고 의사에 선정됐으며 2009년에는 최연소 워싱턴 수도권 안과 학회장에 취임하였다. 큰 며느리는 산부인과 의사이다. 작은아들 진영이는 필립스 앤도버 아카데미 출신으로 하버드 법대를 졸업한 뒤 연방 상원 법사위원회에서 리처드 더빈 상원의원 입법 활동을 보좌하는 고문변호사로 있다가 2009년 1월에 취임한 오바마 대통령의 백악관 특별 보좌관으로 임명됨으로써 부자가 대를 이어 백악관에 입성하는 진기록을 만들었다. 작은 며느리 역시 하버드 법대를 졸업하고 변호사로 활동 중이다. 그리고 석은옥 여사는 이민자로 미국 땅에 와서 교육자의 꿈을 이루었을 뿐만 아니라, 미국교육인명사전, 미국여성명사인명사전에 올라 역사 속에 흔적을 남기게 되었다. 강 박사 집안은 아들, 며느리 네 명의 박사와 함께 한집에 다섯 명의 박사가 있다. 그러나 이 집안의 등대인 석은옥 여사가 헌신적인 아내로, 두 아들을 잘 키워 훌륭한 며느리들까지 본 어머니로, 명문가를 만든 위대한 원동력은 박사 못지않게 명예롭다 하겠다.

강 박사는 2001년부터 2009년까지 근무한 백악관에서 퇴직 이 후 더 분주한 나날을 보내고 있다. 현재 국제교육재활교류재단 회장과 유엔 세계장애인위원회 부위원장, 루스벨트재단 고문 등으로 활동하며 세계 각지에서 들어오는 초청강연을 소화하고 있다. 또한 국제 로터리재단 장학생으로 공부한 빚을 갚기 위해 로터리 클럽 회원이 되어 활동하고 있다. 강 박사는 그간 1992년 재단 창립 75주년을 기념해 선정한 75명의 봉사의 촛불 중 한 명이 되었으며, 1992년 6월 전 세계 3만여 로터리 대표들 앞에서의 연설, 1998년 3월 UN 본부에서 있었던 제2회 루스벨트 국제 장애인상 만찬회에서의 연설, 2008년에는 120만 회원 가운데 한 명에게 주는 지구촌 인권 박애상을 수상하고 참석한 수만 명을 대상으로 감동적인 연설을 하기도 했다. 강 박사는 UN과 세계를 무대로 한 활동으로 한국을 세계 속에 빛내고 있다.

모국인 한국은 물론 세계를 누비며 활약하는 그는 『미국 명사 인명사전』과 『세계 명사 인명사전』에 각각 2000년, 2001년부터 수록되고 있으며, 우리나라의 중학교 영어 교과서에 '현대의 영웅'으로 소개되었다. 그의 영문판 자서전인 『빛은 내 가슴에』(A Light in My Heart)는 1987년 출간되어 6개 국어로 번역되었으며, 미국 의회 도서관에서 녹음 도서로 보급되었다. 그 외 『우리가 오르지 못할 산은 없다』, 『강영우 박사의 성공적인 자녀 교육법』, 『내 안의 성공을 찾아라』, 『백악관으로 간 맹인 소년 강영우』, 『도전과 기회 3C 혁명』, 『꿈이 있으면 미래가 있다』, 『교육을 통한 성공의 비결』, 『아버지와 아들의 꿈』, 『어둠을 비추는 한 쌍의 촛불』(아내 석은옥과 공저) 등 다수가 있다.

강 박사가 저술한 '도전과 기회 3C 혁명'은 국내는 물론 세계 10여개 언어로 번역되어 판매하고 있다. 자녀를 지도자로 키우려면 3C형 인간으로 교육해야 한다고 한다. 3C란 실력(Competence), 인격(Character), 헌신(Commitment)이다. 진정한 실력은 지식만 의미하는 것이 아니라 지금보다 더 나은 세상을 위해 일하는 자세 즉 꿈을 실현하는 도구이며, 또 인격은 나 자신보다 남을 위해 사는 섬김의 자세로 시련과 역경을 통해 인격이 만들어지고, 헌신은 리더십의 본체로 헌신의 자세를 기르면 성공적인 인생을 살 수 있다는 것이다. 최고의 교육으로 두 아들을 차세대 지도자로 우뚝 서게 한 것은 실력, 인격, 헌신이 어우러진 3C형 인간으로 자녀를 변화시키는 자녀 교육방법에서 비롯된 것이다.

강영우 박사 가족은 시련과 역경을 성취의 동기로 삼아 인생을 성공적으로 개척해낸 가정이다. 시각장애인의 한계를 뛰어넘어 장애인 1호 박사가 되고 재미동포 중 미 연방정부 최고위직에 올라 모든 장애인의 희망이 되었다. 또한 부인 석은옥 여사는 장애 남편을 위해 평생 헌신적으로 남편의 지팡이와 등대가 되어 자녀를 훌륭히 키워 내어 우리에게 귀감이 되고 있다.

우리가 오르지 못할 산은 없다. 눈으로 아무 것도 볼 수 없는 데도 새로운 세상을 개척해 성취의 기쁨과 새로운 역사를 쓴 강영우 박사 가정을 보고 우리는 시련극복의 용기와 희망을 배워야 할 것이다.

많은 사람에게 용기와 희망이 되고 있는 의지의 한국인인 강영우 박사와 석은옥 여사의 삶을 통해 역경을 이겨내는 힘을 얻고 미래를 준비하는 방법을 배우며 세상을 향해 보다 더 큰 꿈을 키울 수 있어야 하겠다.

강영우 박사의 성공에 이르는 7가지 원리

"누구나 성공의 잠재력을 갖고 있다. 다만 그것을 찾아내고 개발하지 않았을 뿐이다. 자기 창조에 대한 노력을 통해 성공에 이르는 7가지 원리가 있다"

1. 인간으로서 자긍심을 가지라. 인간은 무한한 잠재력이 있다. 또 누구나 존귀하고 평등하다. 내재된 가능성을 개발할 의무와 책임이 있다. 따라서 인간으로서 자긍심과 자부심을 가져야 하는 것이다. 자신에 대한 생각이 바뀌면 새로운 세상을 볼 수 있다.

2. 미래에 대한 확신을 가지고 불가능에 도전하라. 믿음이 크면 모험심도 생기고 불가능해 보이는 것에 도전하는 힘도 생긴다. '내일의 성취는 오늘의 비전과 꿈으로 결정된다' 는 말은 이미 검증됐다. 빈곤과 불투명한 미래밖에 없던 링컨은 큰 믿음으로 변호사를 거쳐 대통령에 당선, 노예해방이란 평등의 가치를 실현했다. 우리는 분명

한 인생의 목적을 향해 정진해야 한다.

3. 긍정적인 사고로 새 세상을 보라. 나는 실명 후 절망감으로 앞길이 막막했다. 그런데 "실명을 하나님의 영광을 돌리는 도구로 쓰라"는 말에 용기와 힘을 얻었다. 같은 상황도 어떻게 보느냐에 엄청난 차이가 있다. 너무 답답하고 비참한 사실도 그보다 더한 상황을 생각하면 위로를 받는다.

4. 선명한 비전으로 타고난 능력을 개발하라. 사람마다 개성과 성격이 다르듯 능력도 다르다. 다재다능해도 잘하는 것이 있다. 이것을 선택해 집중적으로 개발하는 노력이 필요하다. 수많은 직업 중에 자신이 기쁨을 가지고 즐겁게 할 수 있는 일을 찾아야 한다. 여기서 비교 경쟁은 금물이다. 에디슨과 아인슈타인이 공부를 잘해서 성취자가 된 것이 아니다.

5. 사랑과 봉사로 리더십을 길러라. 9.11 테러 한 달 후 부시 대통령이 TV에서 어린이들을 향해 "아르바이트를 해서 1달러를 백악관으로 보내면 아프가니스탄 고아들의 겨울나기에 쓸 것"이라고 호소, 우수한 교육방법으로 호평 받았다. 봉사와 리더십의 근본은 타인의 아픔에 동참하는 마음에서 출발한다. 참된 지도자는 섬기고 봉사하는 것이다.

6. 전체를 보는 눈으로 실력과 인격을 갖추라. 백악관 클레이 존슨

인사국장은 인사기준을 첫째 실력, 둘째 인격과 도덕성, 셋째 최고의 전문성을 본다고 했다. 아울러 자신을 도와줄 많은 인맥과 폭넓게 교류할 수 있는 기회를 만드는 것도 중요하다. 자신의 입지를 넓히는 것에는 독서나 인터넷을 이용한 무한한 정보와의 만남도 필요하다. 좋은 책 한권이 인생을 바꾼다.

7. 약점을 성공의 발판으로 삼아라. 루스벨트는 소아마비 장애인이었지만 "마음속의 공포 외에는 두려워할 것이 없으며 확신을 갖고 미래를 향해 정진하라"고 했다. 약점의 원인이 된 환경, 조상, 운명을 탓해선 안 된다. 모든 악조건을 오히려 더 나은 자산으로 변화시킬 수 있기 때문이다.

미국 최고 관직에 오른 교포 여성
전 신 애 - 미 노동부 차관보

재미(在美) 한국인 여성으로는 최고 관직에 오른 입지전적인 인물 전신애(Shinae Chun)씨. 89년 일리노이 주 사상 최초의 동양계 장관, 2001년 재미교포 여성 최초 미 연방정부 노동부 차관보를 지낸 그녀는 자신이 미국 정부 고위직에 오르는 것은 고사하고 직장생활을 하는 것조차 젊었을 때는 꿈에도 생각하지 않았다.

그녀는 1943년 일본에서 태어났으나 경남 마산에서 성장하고 이화여대 영문과를 졸업하였다. 남편과의 만남이 평범한 전업주부의 삶을 꿈꾸던 그녀의 운명을 바꾸어놓았다. 오빠 친구로 동성동본이었던 남편 전경철 박사(아르곤연구소 연구원)와 사랑에 빠져서 아버지의 뜻을 거역하고 미국에 가서 결혼을 했다.

미국에서 가난한 유학생의 아내로 평범하게 살던 그의 인생에 변화를 일으킨 이는 남편이었다. 장남 토비를 임신했을 때인 69년 봄, "미국에서 살고 미국을 알려면 학교에 가는 것이 상책"이라며 자기가 돈을 더 벌어 학비를 댈 테니 대학원에 진학하라고 권한 것이다. 2년 후인 71년, 그는 둘째 아들 그레그를 임신한 상태에서 노스웨스턴대 대학원에서 석사학위를 받았다.

둘째가 유치원에 다니기 시작한 76년, 그녀의 나이 32살 때 여자도 자기 자신에 만족해야 더 나은 아내나 어머니의 역할을 할 수 있다는 생각이 들어 처음으로 일을 한 곳이 이중 언어 교육센터였다.

"나는 말띠 해가 저물 무렵 태어났다. 그런데 어머니가 출생 신고를 일부러 2주일 늦추는 바람에 양띠로 둔갑하게 됐다. 양띠 여자는 양같이 순해서 시집을 잘 갈 수 있지만 말띠 여자는 팔자가 너무 드세서 시집도 못갈까 염려하신 것이다. 그런데 아무리 출생 신고를 늦게 해도 말띠는 말띠일 수밖에 없었다. 나는 시집가서 아이 둘 낳고 집에서 살림을 잘 해 보려고 노력했다. 하지만 매일같이 부엌에서 유리잔과 접시를 깨트렸다. 보다 못한 남편이 밖에 나가서 일을 찾아보라고 등을 떠밀었다. 막상 직장을 찾아서 일을 해 보니까 그렇게 재미있을 수가 없었다. 내 재주는 부엌 밖에 있었던 것이다. 미국이라는 환경도 나에게는 도움이 됐다. 남의 일에 참견 잘 하고 의견이 구구절절한 사람을 '문제 해결사'로 봐준 것이다."

교육센터에서 일하며 그녀는 제3세계 이민자들이 문화적 차이로 인해 겪는 문제들을 생생하게 목격하였다. 그래서 교사들이 미국과는 문화적 특성이 전혀 다른 이민 학생들을 올바르게 이해할 수 있도록 돕는 훈련과정을 개발했다.

1980년대 들어 아시아에서 온 이민자가 늘어나면서 미국인들의 탄압이 시작되었다. 그녀는 낯선 땅에 와서 온갖 경멸과 무시를 당하는 힘없는 이민자들, 조용한 성품과 서툰 언어 때문에 제대로 따지지 조차 못하는 사람들을 돕겠다는 결심을 했다. 아시아 이민자가 급증하면서 학교 적응 문제, 소수민족 여성과 취업 문제에 관심을 갖고 중국과 일본, 한국이 뭉친다면 미국 내 영향력도 커질 것이라고 판단, 아시아 13개 나라에서 온 리더들을 한 사람씩 모아 '아시아계미국인동맹'을 구축하는 데 앞장섰다.

이후 아시아인들의 정착 문제와 이민 자녀들을 위한 평등 교육 등의 일을 추진하면서 그녀는 고군분투하며 일리노이 주정부 관계자들을 찾아다니다 82년 주지사의 아시아계 미국인 자문위원회 위원장을 맡게 되었다. 이것이 계기가 되어 84년에는 아시아계 미국인 업무를 담당하는 주지사 특별보좌관으로 임명되었고 또한 89년엔 일리노이 주정부 금융규제부 장관에 임명돼 주정부 사상 최초의 동양계 각료가 되었다. 91년부터는 10년여 동안 일리노이 주 노동부 장관으로 일을 하였다.

2000년 대선 때 공화당 캠프에서 공약개발팀을 이끈 공로를 인정받아 부시가 대통령에 당선된 후 2001년 미연방 노동부 여성국 15대 차관보에 임명되었다. 아시안 여성이 차관보가 된 것은 여성국 역사 81년 동안 처음 있는 일이었다.

"미국에서 고위직 공무원이 되려면 엄격한 검증을 받아야 한다. 이 과정에서 공직 후보자의 인격적 강점과 약점이 낱낱이 드러난다. 나는 일리노이 주 장관에 임명됐을 때 무려 40여 개의 질문을 받아야 했다. 그들은 술을 얼마나 마시는지, 마약 중독 경험이 있는지, 교통사고를 내고 뺑소니를 친 적은 없는지 등을 캐물었다. 연방정부 차관보에 임명됐을 때는 연방수사국(FBI)까지 동원됐다. 그들은 우리 집 쓰레기통의 술병 수까지 확인하는 철저한 뒷조사를 마치고 나에게 보증인 3명을 추천하라고 요구했다. 인지상정으로 나에 대해 좋은 말을 해줄 수 있는 사람을 소개했다. 그런데 거기서 끝나지 않았다. 그 3명에게 다시 각자 3명을 추천하게 하고, 9명에게 다시 각자 3명을 추천하라는 식으로 해서 나의 평판을 탐문했다."

일리노이 주 노동부와 금융규제위원회에서 일하던 당시에 직간접으로 관계를 맺었던 사람들의 증언이 있었는데, 다행히도 "전신애는 공정하고 공평하다"는 표현이 가장 많이 나왔다고 한다. 전 차관보는 "따라서 우리는 항상 자신에게 '나는 유능한 사람인가', '나는 정직한 사람인가', '나는 용기 있는 사람인가', '나의 DNA는 무엇인가'를 질문해야 한다"고 말했다.

"여성국 차관보가 하는 일은 한마디로 말한다면, 미국의 여성 근로자들을 21세기에 경쟁할 수 있는 일꾼으로 준비시키는 것이다. 나이든 여성은 직업 재훈련을 통해 직장을 갖고 사회에 당당히 진출하게 해주고, 젊은 여성들에겐 미래를 위해 재정 관리를 할 수 있게 훈련시켜주는 것이다. 갈수록 시대가 준비된 여성을 원하기 때문에 그 추세를 따라갈 수 있게 여성의 파워를 강화시키는 프로그램 등으로 교육을 하고 있다."

전 차관보는 여성국의 전략적인 사업계획과 효율화에 대한 기여와 능력을 인정받아 부시 2기 행정부에서도 연임되어 임기 8년을 마친 장수 차관보가 되었다.

소수민족 출신으로 미국 공직사회에 진출해 성공한 비결에 대해 그녀는 "내가 맡은 분야에만 집중하는 것, 그리고 베스트 아이디어를 내는 거죠." 라고 말했다. 일에 대한 그녀의 열정은 놀라울 정도로 스스로도 지난 세월 동안 무섭게 일을 했다고 한다. 지금도 밤에 3시간만 자고 부족한 잠은 오후에 낮잠으로 보충한다고 하며 "아이디어는 새벽 1시에서 3시 사이에 주로 나온다"면서 열정적으로 생활을 한다.

그녀는 일을 하면서 상사와 동료들로부터 견제를 받기도 하고, 자신의 아이디어나 성과물을 남에게 빼앗긴 적도 많았지만 그로 인해 분노하거나 좌절하지 않았다고 한다. 자신의 아이디어 6개를 다른 사람에게 주더라도 그 사람으로부터 그 절반의 도움을 받으면 손해가 아니라는 마음가짐을 가졌기 때문이다.

"내가 워싱턴에 와서 바꾼 말투가 있다. '내가 했다'에서 '우리가 했다'로, '내 아이디어다'에서 '우리 아이디어다'로 바꾼 것이다. 이렇게 나(I)를 죽이고 우리(We)를 살리자 팀워크가 발휘되기 시작했다. 물론 실력이 뛰어난 사람들 속에서 배우는 것이 중요하다. 그래야 나의 경쟁력도 키울 수 있기 때문이다. 어떨 때는 조직에서 인재를 고를 때 A^+보다 B^-가 나은 경우도 있다. 왜냐하면 후자는 그나마 배우고 조절할 가능성은 남아 있기 때문이다. 나아가 주변의 작은 것을 챙길 줄 아는 부드러운 사람이 돼야 한다. 비전이 아무리 좋아도 작은 것을 챙기지 못하면 성공하지 못한다. '소프트 스킬'을 키워야 한다."

그녀는 한국의 여성들에게 "무엇이든 자신의 일을 갖고, 그 일을 열심히 하라"고 충고한다.

"엄마가 열심히 사는 모습을 보여주는 게 아이들에게 가장 훌륭한 교육이다"

그녀는 자신의 성공적인 비결에 대해 "나는 열정적으로 뛰는 여자, 끈기 있는 여자인 동시에 베풀고 나누는 전형적인 한국 여성의 모습도 가지고 있다며 성공비결은 자심감과 의사소통에 있다. 남보다 2배는 열심히 일해야 한다. 소수계가 인정받기 위해서는 그렇게 하지 않을 수 없다. 일과 나를 조화시켜 나가고, 분명한 원칙과 가치를 지켜나가야 한다. 또 각계각층의 많은 사람들을 아는 게 큰 자산이 된다."라고 말한다.

그녀는 다음 세대들에게 들려주고 싶은 말은 "3P 즉 매사에 긍정적이고(Positive), 활동적이며(Proactive), 인내(Persevere)하라."를 지키라고 하고 싶다고 한다.

그녀는 지금도 아이들이 집에 오면 꼭 부엌일을 시킨다. 여성이 사회에서 능력을 발휘하기 위해서는 집안일에서부터 가족의 협력, 특히 남자의 협력이 중요하다고 생각하기 때문이다. 그녀는 아이들이 가족 및 약자를 돕고 자립심을 가지도록 키우는데 주력하였다. 부모가 뭐든 해결해주면 아이들은 발전이 없다는 것. 아이들이 스스로 자기 문제를 해결할 때 지도력, 지구력, 창의력이 생긴다는 게 그녀의 지론이다. 그래서일까. 첫째 토비는 지금 변호사로, 둘째 그레그는 영화음악 작곡가로 자신의 개성을 발휘하고 있다고 한다.

그녀는 퇴직 후 자신의 인생 경험과 성공 노하우를 담은 저서 '너는 99%의 가능성이다'를 펴냈는데 누구나 99%의 가능성을 가지고 있으며, 나머지 1%를 채우는 포기하지 않는 도전정신과 열정, 노력이 성공의 길을 열어준다고 한다.

전 차관보는 70을 바라보는 나이가 믿겨지지 않을 정도로 1년의 반을 미전역을 돌며 왕성한 활동을 펼치고 있다. 그녀의 삶은 여전히 도전과 모험을 즐기고 있다. 그녀는 특히 젊은이들에겐 자신이 이룩한 리더로서의 성공 노하우를 전수하는데 게을리 하지 않는다.

전신애 차관보는 그간 여성지위향상 공로상 (미 전국여성조직위원회), 자랑스러운 한국인상 (동포사회발전후원재단), KBS 해외동포상 (한국방송공사)을 수상하였다. 그녀의 저서는 《마산의 산등성에서 링컨의 대지까지》,《뚝심 좋은 마산 색시 미국 장관 10년 해보니》,《너는 99%의 가능성이다》가 있다.

'CAN DO'의 희망 증인
김 태 연 - TYK 그룹 총수

　　　　　　김태연 회장은 세계 최초의 여성 그랜드 마스터, 미국 여성들 사이에서는 노벨상 이상의 가치를 가진 '수잔 앤소니상'의 수상자, 태권도 공인 8단의 실력과 미국 100대 우량기업으로 미국을 정복한 백만장자이다. 미국의 언론으로부터 '한국이 낳은 여자 삼손'이라는 별명을 얻은 그녀는 실제는 150cm 단신이고, 미국 내 소수인종이라는 핸디캡에, 공부도 많이 못하고, 가진 재산도 없었으며 심지어 부모에게서조차 사랑받지 못했던 열악한 환경의 한 여인이었다. 40년 전 미국으로 건너가 쓰레기통 치우는 청소 일부터 시작해 현재 실리콘밸리 라이트하우스 및 6개 회사의 CEO가 되기까지 그간의 차별과 금기의 벽을 깨트리고 고난 속에서 이룬 성공의 길은 인생역전의 감동 메시지이다.

　김태연 회장은 1946년 정월 초하루 경북 김천에서 태어났다. 설날 가문을 이을 아들이 태어난다고 기대하던 집안 분위기가 갑자기 싸늘해 졌다.

"이를 어쩌나, 이를 어째. 암만 봐도 고추가 없네, 고추가 없어요. 저 년이 김 씨 집안을 망칠 년이지. 조상님 전에 차례를 모시는데 방정맞게 가시나를 낳았으니…"

아들을 바라던 집안 어른들에게 아들이 아닌 죄로 출생하면서 부터 그녀는 천덕꾸러기가 되었다. 특히 아버지의 냉대는 어린 마음에 지울 수 없는 상처를 입혔다. 실망한 어른들의 구박에 눈물이 마를 새 없었고 여자라는 이유만으로 턱없이 무시당한 유년 시절은 늘 싸늘한 시선과 모진 시련의 연속이었다.

문중을 중시하고 대를 잇는 걸 삶의 최대과제로 생각했던 가정에서 어릴 때부터 '넌 안 돼'라는 소리만 듣던 그녀는 어린 마음에도 '왜 난 안 돼?'라고 생각하며 지냈다. 그러던 중 한국 전쟁이 일어나 외가에서 지내던 어느 날 새벽, 태권도 고단자인 외삼촌 두 분이 무술을 닦고 있는 것을 보았다. 그녀의 눈엔 그 무술이 아름다운 춤으로 보였다. 정교한 모양새가 간간이 내지르는 기합소리와 어우러져 힘찬 곡선을 그려내고 있어 신비스러웠다. 그 '정체 모를 신비한 춤'을 보면서 그녀는 막연히 호기심이 발동했다.

"날이 밝으면 외삼촌들에게 졸라야지. 외삼촌들은 날 귀여워하시니까 분명히 가르쳐주실 거야."

"가시나가 무슨 태권도야… 바느질이나 잘하고 수나 잘 놓으면 되지. 여자가 할 운동이 아니야. 알겠니?"

어른들의 만류에도 불구하고 많은 우여곡절 끝에 외삼촌에게서 태권도를 배우게 되어 태권도와 인연을 맺고 이에 몰두하면서 천대받던 설움을 달랬다. 혹독한 훈련이 계속되면서 온몸이 상처투성이가 되어 성한 곳이 없었다. 그녀는 피멍이 든 다리를 감추느라 늘 바지만 입고 다닐 수밖에 없었다. 마침내 열네 살 때 도복에 검은 띠를 두르는 날이 왔다. 그녀는 하늘을 곧게 가르며 머리 위까지 박차는 앞차기와 용이 꿈틀거리듯 힘 있게 곡선을 그리는 돌려차기를 완벽하게 시연할 수 있었다.

검은 띠를 따고 난 후 그녀는 더 심오한 무술의 세계를 맛보기 위해 다른 스승을 찾아 나섰다. 그러나 그녀가 얻은 것은 세상의 배척, 심하게는 경멸에 가까운 것이었다. 남자들이 갈고 닦는 것이 상식인 태권도를 열네 살짜리 계집아이가 검은 띠의 경지까지 수련했다는 사실에 놀라워하면서도, 금녀의 영역을 비집고 들어온 파격을 인정하지 않았다. 가족의 반대도 대단했다.

그러나 그녀는 태권도를 배우면서 진정한 자아에 대해, 그리고 그 자아를 표현하는 방법에 대해 서서히 눈을 떠가고 있었다. 달리 말해 그녀는 이미 바느질이나 하고 음식이나 하는 평범한 여자와는 다른 길로 접어든 셈이었다. 그녀는 태권도를 통해 자신의 삶을 다른 방식으로 표현하고 싶었다. 보통 여자들이 취하는 전통적인 사고방식과는 다른 정신세계를 맛보고 싶었던 것이다.

바로 그때 그녀는 기(氣)의 권위자인 김호 스승을 만나게 되고 고대 전통 무술뿐 아니라 기의 세계를 깨달아 가게 되는 행운을 얻게 되었다. 그분은 그녀가 오늘날 그랜드 마스터의 경지까지 이를 수 있도록 전통 무술의 오묘한 깊이는 물론이고 범상한 사람들은 이해하기조차 어려운 기의 세계를 가르쳐 준 위대한 스승이었다. 스승님은 그녀에게 호흡을 통한 자기 조절의 정수를 가르쳐 주었다. 이른

바 명상법이라고 하는데 동트기 직전의 숲이 보여주는 고요함처럼 마음을 한없이 가라앉히고, 주변의 소리에 귀를 기울이다 마침내는 내 자신의 내부에서 퍼져 나오는 깊은 울림과 떨림을 깨닫는 수련이었다.

"적과 이기기에 앞서 네 안에서 너울거리는 두려움과 나약함을 먼저 이겨야 한다."

스승님은 결국 '나를 이겨야만' 진정한 대가의 길에 접어들 수 있다는 것을 가르쳤던 것이다. 결국 자기를 이기려는 노력을 통해 심안이 열리면서 아름다움과 자비의 실체를 깨달을 수 있었다.

고도의 명상 훈련을 통해 들을 수 있는 '지혜의 소리'를 '사일런트 마스터'라고 일컫는데, 그 소리를 들을 수 있게 되는 신비한 체험이 참으로 운명처럼 그 때 그녀의 앞에 놓여있었던 것이다. 명상법을 통해 그녀는 지혜의 눈이 떠지면서 세상이 온통 아름다운 빛깔로 빛나고 있다는 사실을 알았다. 기 수련을 시작한 후로는 태권도도 다르게 인식되었다. 처음 외삼촌에게 태권도를 배울 때는 단순히 동작이 주는 아름다움에 반했었고 그 동작에 실려 있는 어떤 힘에 매료되었었다. 어린 눈에 비친 태권도는 무술이었으나 세계에 대한 인식의 확장은 태권도를 무도로 인식하게 했다.

그때부터는 동작 하나하나를 연마해 갈 때도 우주의 삼라만상과 조화를 생각했고 힘의 원천인 자연계의 기와 내 속의 기를 합일 시키려고 노력했다. 그러자 태권도는 단지 신체단련의 수단을 넘어서 명상과 기 수련을 심화 시켜 주는 징검다리로 여겨졌다.

김천여고를 어렵게 졸업한 그녀는 여전히 천덕꾸러기였고 태권도

만이 유일한 낙이었다. 당시 그녀의 태권도 실력은 4단이었다. 그녀는 부농의 집안에서 태어났지만 버림받은 아이로 대학진학도 못하고, 커가면서 계속 아버지로부터 냉대와 구박을 받으며 불행한 나날을 보내다 집을 벗어나기 위해 68년 도망치듯 미국으로 건너갔다. 인생의 전환점을 찾기 위해 도착한 미국에서 고등학교를 졸업한 게 학력의 전부인 그녀가 처음 할 수 있는 일은 청소원 일밖에 없었다.

"처음 미국으로 건너가 시작한 일은 구정물 냄새 맡아가며 쓰레기통 치우는 청소였는데 아주 신바람 나게 일했습니다. 딸이라서 받았던 설움 대신 동양사람 냄새가 난다는 비아냥거림에 시달렸지만 일한 만큼 대가를 받는 일이 기쁘기만 했습니다."

"성공해서 한국 땅을 밟을 것이라고 결심하자 한국에서 받았던 천덕꾸러기 대접은 오히려 오기가 되어 험난한 삶을 헤쳐 나가는 저력이 되었습니다."

청소 뿐 아니라 식당과 주유소 등을 전전하며 막노동을 거듭하고 비록 하루끼니를 걱정해야 하는 삶 속에서도 그녀는 꿈꾸기를 포기하지 않았다. 태권도 수련을 게을리 하지 않았던 것이다. 그렇게 막노동을 하다가 태권도 실력을 써 먹을 수는 없을까 생각했다. 그녀는 My name is Tae Yun, Kim. I want to be your friend." 라는 피켓을 든 채 미국인의 이웃집을 찾아다니며 이웃을 사귀었다. 그리고 인근 학교를 찾아다니며 태권도 사범으로 일할 수 있게 해 달라고 부탁했다. 한 달 동안을 쉬지 않고 교장선생님을 찾아간 끝에 미국 고등학교의 태권도 교사 자리를 얻게 되었다. 그녀는 학생들에게 태권도는 단순한 무술이 아니라 정신 수양의 높은 경지를 이루기 위한 무도라는 점을 인식시켜 주었다. 그녀 나름의 인성교육이 효과를 보면서 그녀는 체육 교사 뿐 만이 아닌 도덕 교사로 자리를 잡게 되었다. 그녀는 당시 60년대 말에서 70년대의 물질적 풍요 속에 정신적 방황을 하는 미국의 아이들에게 한국의 '정'으로 가르치기 시작한 것이다. 마약과 섹스, 폭력에 절어있던 10대들에게 그녀의 놀랄만한 태권도와 정을 통해 아이들은 달라지기 시작했다. 태권도를 가르치면서 그녀의 명성도 올라갔다.

미국에 와서 2년 뒤 그는 자신의 가정을 꾸렸다. 미국인과 결혼을 한 것이다. 남편은 한국에서 군복무를 하였고 그녀가 살고 있던 버몬트 출신에다 태권도까지 배운 터라 주변 사람들의 강요 속에 얼떨결에 결혼식을 올렸다. 마음속엔 솔직히 이제 더 이상 정월초하루에 태어난 재수 없는 계집애란 오명을 벗고 싶은 마음도 있었다. 하지만 시집 식구와 함께 산 시집살이는 고추보다도 더 매웠다. 인종차별에 대한 편견으로 시어머니와 두 명의 시누이가 드러내놓고 눈치를 주고 구박했다. 힘든 시집살이로 인해 그는 두 번이나 유산을 했다. 첫 번째 유산 때 자궁이 약하다는 진단을 받아 두 번째 임신에서는 무척 조심했으나 큰 시누이의 폭언으로 충격을 받고 또 유산을 하였다. 그들은 황색인종의 피가 섞인 아이를 얻고 싶지 않았을지도 모른다는 생각이 들 정도로 냉대가 심했다.

"저는 그곳에서 강아지보다도 못한 존재였어요. 그들은 강아지를 아끼며 귀여워했지만 저에겐 전혀 그러지 않았죠."

"결혼 생활 동안 식물인간 상태가 되기도 하고, 교통사고와 자궁종양으로 죽음의 상황에 처하기도 했어요. 그런데 생사의 기로에 서니까 오히려 마음이 평온해지더라고요. 그러면서 이제 못할 것이 없다는 자신감도 생기고요. 왜냐하면 죽음의 직전까지 갔으니 이제 더 이상 나빠질 것도 없잖아요."

시집과의 불화를 극복하기 위해 분가도 해보았지만 이미 부부사이의 애정은 사라진 후라 결국 1980년에 이혼을 했다.

건강이 좋질 않았던 그녀는 운동에 전념하기 위해 7살 때부터 배워온 태권도 실력을 믿고 '정수원' 이라는 태권도장을 열었다. '정수원' 은 몸과 마음을 바르게 갈고 닦아 정신의 조화와 안정을 이루는 곳이라는 뜻이다. 정수원은 단순히 태권도의 형과 격파술 등의 외형적인 기술만을 가르치는 곳이 아니라 태권도를 가르치되 정신수양의 경지에 이르도록 하기 위해 기(氣)를 가르치고 체험하게 한다는 점에서 다른 도장과는 달랐다. 태권도장은 개장하자 수련생이 60여 명이 될 정도로 성황을 이루었다. 그녀는 정성을 다해 미국 아이들에게 태권도를 가르쳤고 태권도 실력은 그녀가 미국사회에 터전을 내리는데 결정적인 역할을 하였다. 태권도는 1년도 되지 않아 그녀가 미국인들과 같은 어깨높이로 사는 법을 그녀의 것으로 만드는 계기가 되었다. 그녀의 삶의 목표는 '죽을 때까지 가르치는 것' 이라고 한다. 그녀에게 무술은 무술을 통해 깨달은 삶의 지혜를 가르치기 위한 일종의 방법론이다.

그러나 도장을 시작한지 1년쯤 지나자 도장 분위기가 이상했다. 진상을 알아보니 하나 둘 유단자가 생겨나면서 그들이 작당해 스승을 내쫓고 자신들이 도장을 차지할 계획을 세웠던 것이다. 동양인 여자라고 우습게 본 것이다. 그는 갓 들어온 흰 띠 몇 명만 남겨놓고 모두 제명했다. 그리고 며칠 동안 도장 문을 닫았다. 그런데 제명된 제자들 중에서 다시 제자로 받아달라고 간청한 청년이 한명 있었다. 마약에 빠져 생활하다 태권도를 배우며 새 인생을 시작했다는 유태인 청년으로 이름이 스캇이었다. 스캇은 그녀를 진정한 스승으로 모시고 따랐다. 그 뒤 스캇은 그녀를 어머니로 모시겠다고 간청했다. 양자가 되겠다는 것이었다. 스캇 이외에도 마이클과 토머스가 제자로 태권도를 배우며 그를 믿고 따르다 양아들이 되었다.

"입양하려고 해서 한 것은 아니고, 제가 정에 굶주리고 뼛속 깊숙이 아픈 상처를 가지고 있는 만큼 남에게 베풀자는 생각을 가지고 있었어요. 아이들도 저와 같은 마음이었고요."

그녀는 아들들과 태권도 가르치는 일에 열정을 쏟으면서도 한편 다른 계획을 추진하고 있었다. 그녀는 컴퓨터 사업을 할 계획으로 양아들을 컴퓨터학과에 보내고 태권도장에서 번 돈을 밑천으로 1982년에 컴퓨터산업에 뛰어들었으나 1년 후 망하고 말았다. 결국 2년 뒤 양아들 셋을 데리고 삶의 둥지였던 버몬트에서 캘리포니아 산호세로 떠났다. 한번 실패했다고 포기할 그녀가 아니므로 1985년 다시 실리콘밸리에 사무실을 열어 컴퓨터 사업을 시작하였다. 그녀와 아들들의 고생은 이루 말할 수 없었다. 방 두 개짜리 비좁은 아파트에서 덩치 큰 사내 3명과 그가 함께 생활하기에는 불편한 것이 많았다. 더구나 사업 자금이 부족하여 끼니를 고구마로 때우기도 하고 정육점에서 쓸모가 없어 버린 소뼈를 얻어 푹 곤 국물에다 값 싼 밀가루로 수제비를 만들어 먹으며 살기도 했다.

그런 어려운 여건 속에서도 산호세의 새로운 신화를 만들어 가는

데 전력을 다했다. 최첨단 기술만이 살아남는 실리콘밸리에서 그녀의 유일한 무기가 된 것은 'Can Do' 정신. 모두들 성공하지 못할 것이라 했을 때 그녀는 '할 수 있다'는 생각으로 사업에 열정을 다했다. 드디어 1989년 집적회로나 하드드라이브, 의료기기 등 청정실 오염방지에 필요한 LMS(Lighthouse Monitoring System) 즉 컴퓨터를 이용, 미세 먼지까지 없앨 수 있는 클린 시스템을 개발하였다. 그 후부터 본격적으로 발전하기 시작하여 라이트하우스는 반도체 장비 분야에서 업계 1위를 기록하고 연 매출액 1,500여 억 원을 자랑하는 기업체로 성장하였으며 1995년엔 미국 100대 우량기업으로 선정되는 쾌거를 이뤄내기도 했다.

김태연 회장은 그녀가 회사운영으로 고생할 때의 교훈을 들려준다.

"그때의 경험을 통해 난 다시 한 번 농부의 교훈을 되새겼다. 지혜로운 농부는 씨 뿌릴 때를 놓치지 않지만, 서두르지 않고 기다릴 줄도 안다. 피를 뽑아 줄 때는 피를 뽑고, 벌레를 잡아 줄 때는 벌레를 잡아 주고, 논물이 넘치지 않도록 적당한 때를 봐서 물꼬를 터놓기도 한다. 그리고 차분히 수확할 때를 기다린다."

"사람들은 제게 '어떻게 그런 큰 성공을 거둘 수 있었느냐'고 묻습니다. 그리고 '참 힘들었겠어요.'라고 얘기하죠. 네. 정말 어렵고 고통스러웠어요. 하지만 좌절과 시련은 누구나 겪게 되어 있습니다. 마음의 준비를 하지 않으면 쓰러져버려요. 인생은 전쟁이니까요. 저도 어느 순간 문득 깨달았습니다. 나의 무기는 '눈물을 알았다'는 것이라는 점을요."

"여기까지 오는 동안 누군가 나에게 침을 뱉기도 했고 아프게 하기도 했죠. 하지만 흔들리지 않으려고 언제나 노력했습니다. 물론 그게 쉽지는 않았어요. 고통을 견디려고 흘린 눈물로 한강을 채우면 아마 넘칠 거예요."

김 회장이 우리에게 주는 메시지는 분명하다. "실패를 두려워하지 마세요. 스스로를 명품이라고 생각하세요. 하지만 그 과정에 고통이나 역경, 실패, 눈물, 아픔 등은 원하지 않지만 분명 함께 합니다. 재도전하면 실패도 익숙해지죠. 우리 모두 할 수 있습니다. '할 수 있다' 는 도전 정신은 인생의 필수 준비물입니다."

"내 지문을 가진 사람은 오로지 나 하나죠. 내 인생의 주인공은 나이기 때문에 오늘이 마지막이라는 생각으로 최선을 다하며 살아갑니다."

"8~9시간씩 다 자고 일하려고 하면 안 됩니다. 새벽에 일어나 떠오르는 해를 맞고 신선한 공기를 마시면서 저 자신과 대화하며 하루를 시작합니다. 또 목적의식이 분명해야죠. 나의 목적은 환경이 변한다고 해서 움직이지 않습니다."

"나는 인생에서 뭐든 마음먹기 나름이라고 봅니다. 중요한 것은 내 인생의 주인공은 나라는 것을 잊지 않고, 'can do spirit' (할 수 있다는 정신)으로 부딪치는 겁니다."

"사업가에게 정말 필요한 건 신용이에요. 돈은 없으면 다시 벌 수 있지만 신용이 바닥나면 설 데가 없어요. 내 재산은 김태연이지 회사나 돈이 아니지요."

"많은 사람들이 저에게 물어요. 성공비결이 뭐냐고. 저라고 특별한 점은 없어요. 'Can Do.' 할 수 있다는 자신감이죠. 저는 할 수 있다는 마음의 자세가 있느냐가 성공의 열쇠라고 생각해요."

"내가 오늘의 자리에 오른 것은 고통과 어려움과 난관이 있었기 때문입니다. 도전하는 자만이 성공합니다. 포기라는 말은 내 사전에는 없습니다. 인내와 용기, 노력과 도전, 봉사와 희생으로 오늘의 명성과 명예를 얻었다고 할 수 있습니다."

자신감 넘치고 자아존중감이 뛰어난 김태연 여성 CEO 회사의 이름 '라이트 하우스'(Light house)는 말 그대로 등대이다. 항해하는 선박이 등댓불을 보고 길을 잃지 않듯 어둠 속에서 방황하는 사람들에게 빛을 비춰주는 일에 그녀는 인생을 바치기로 작정한 것이다.

김 회장은 사업체만 아니라 정수원 태권도장에 정성을 다하고 있다. 수백 여 명의 제자가 아리랑과 애국가를 부르며 태권도를 배우고 있는 것을 보며 흐뭇해한다. 그녀는 30년 이상 태권도를 가르쳤다. 그녀가 제자들에게 가르친 것은 스스로 자신의 삶을 변화시키는 의지였다. 여성의 몸으로 북가주 최고의 태권도 도장과 기 에너지 센터를 이끄는 그랜드 마스터로 자리 잡기까지 겪어야 했던 시련은 너무나 큰 것이었다.

"미국에서 생활하면서 괴롭고 힘들 때면 샤워실로 달려가 참 많이도 울었어요. 그럴 때마다 이렇게 다짐했죠. '김태연. 지금 흘린 눈물과 함께 속상하고 아픈 것 다 흘려보내는 거야. 그리고 다시 시작하는 거야.' 누가 저를 욕하고 손가락질하면 저는 속으로 그래요. 감사합니다. 저를 채찍질해 주셔서 감사합니다. 그리고 더 열심히 하는 겁니다."

그녀가 중요하게 여기는 태권도 교육방법은 자연과의 호흡을 통해서 무술정신의 실체를 깨닫도록 하는 것이다. 자연을 수련의 도량으로 삼아 온 것은 정수원의 오랜 전통이다. 그녀는 세계최초의 여성 그랜드 마스터이다. 그녀는 수련생들이 스스로 내면의 힘을 발견하도록 돕고, 발견된 내면의 힘을 이용해 달라진 삶을 살아가도록 이끌고 있다.

김태연 회장은 사업, 태권도 뿐 아니라 많은 봉사활동을 하고 있다. 그녀가 받은 수잔 앤소니(Susan Anthony) 상은 미국 여성들에게 여성의 인권을 위해 땀 흘리고 불우한 여성들을 위해 봉사하는 사람들에게 주어지는데 미국 내에서 이 상은 노벨상이상의 가치를 가지는 상이다. 또한 마약퇴치운동에도 참여하여 조지 부시대통령으로부터 공로상을 받고, 한인 공동체 사회로부터 'Cultural Living Treasure'를 받기도 했다.

「우리는 귀하의 사회적 공헌을 인정하면서 이에 경의를 표합니다. 정수원의 무술의 창시자로서 귀하는 세계적인 공헌자이며, 기 에너지의 마스터로서 귀하는 강인한 빛입니다. 귀하는 또한 작가로서 사람들의 영혼을 일깨웠으며, 하이테크 컴퓨터 회사의 회장으로서 미래의 비전을 보여 주었습니다. 귀하는 우리의 젊은이들과 우리 모두에게 모범이며, 한국의 딸로서 새롭고 더 나은 미래를 이끄는 희망입니다. 귀하는 'Cultural Living Treasure' 입니다.」

김 회장은 같은 핏줄에게서 상을 받은 것을 가장 값진 것으로 자랑스러워한다.

'난 한국인이야. 난 한국인이니까 내가 세운 꿈을 이룰 수 있어.' 그녀가 시련에 부딪힐 때마다 이를 악물며 되뇌었던 말이다. 그녀는 그랜드 마스터나 라이트하우스 회장 김태연이라는 이름보다 모국을 사랑하는 한국인 김태연으로 남고 싶어 한다.

맨손으로 도미해 미국 100대 우량기업인 TYK 그룹 총수로 유망 하이테크 산업의 최고 경영자일 뿐만 아니라 태권도 도장인 정수원 아카데미의 그랜드 마스터로, 또 자신의 이름을 내건 프로그램인 '태연 김 쇼' 진행자 등으로 미국 내의 저명인사반열에 올라 있다.

김태연 회장은 지칠 줄 모르는 열정의 여인으로 불린다. 어떻게 그리 작은 체구에서 그렇게 큰 열정이 분출되는 걸까? 그것은 바로 오늘이 생애 마지막 날이라는 신념에서 비롯된다고 한다. 오늘이 생애 마지막 날인데 어찌 몸속에 담겨 있는 열정이 모두 분출되지 않겠는가라고 한다.

김태연 회장의 성공비결

POINT 1 : He can do, She can do, Why not me?

지금까지 숱한 고생 속에서도 늘 할 수 있다는 자신감, 'Can Do'를 잊지 않았다. 'He can do, She can do, Why not me?' (그도 할 수 있고, 그녀도 할 수 있는데 왜 나라고 못하겠느냐?) 이것은 김 회장의 좌우명이다. 자신의 성공 포인트는 '할 수 있다'는 정신이라고 강조한다." 사람의 마음가짐이 인생을 결정짓는 중대한 역할을 한다는 사실을 잊어서는 안 됩니다. 안된다고 생각 때문에 조바심을 내고 자학을 하는 것처럼 자신을 망치는 지름길은 없습니다. 그런 마음이 자신의 발전을 방해하는 가장 큰 적임을 알아야 합니다. 다른 사람들이 다 할 수 있는 일을 왜 자신은 못한다고 생각을 합니까? 모든 일은 할 수 있다는 자신감부터 출발을 합니다. 자신의 마음속에 꿈을 가지고 그것을 실현시킬 수 있다는 생각을 하면 그것이야 말로 성공의 출발이 되는 것입니다."

"누구나 꿈을 이루기전까지 난관을 겪습니다. 아기 낳기 전 잉태의 아픔과 같은 것이지요. 시련에 부딪칠 때마다 할 수 있다(Can Do)는 정신으로 어려움을 극복해야 합니다."

POINT 2 : 도전하는 자만이 성공을 만난다.

성공을 한 사람들의 공통점 중 빼놓을 수 없는 것이 바로 도전정신이다. 김 회장 역시 남다른 도전 정신으로 무장되어 있다. 특히 그녀의 인생을 살펴보면 무엇 하나 쉽게 이루어진 것이 없다. 하지만 할 수 있다는 마음가짐은 그녀로 하여금 세상을 두려워하기보다는 자신감으로 도전하는 자세를 갖추게 했다.

그녀가 미국에 갔을 때 사람을 사귀기 위해 하루에 백 여 집을 방문해 초인종을 눌러 자신을 홍보하고 다녔던 일. 버몬트의 한 고등학교 교장을 찾아가 아이들에게 태권도를 가르치고 싶다는 당당한 의사 표현에 열정이 느껴져 수업을 허락받은 일 등 지성이면 감천이라고 미국에서의 첫 도전은 이렇게 성공을 만들어 갔다. 그녀의 끊임없는 도전정신은 결국 사업으로까지 이어져 1985년 '라이트 하우스' 라는 이름의 회사를 설립하고 컴퓨터 사업을 시작하여 실리콘밸리의 신화를 창조하였다. 이런 성공은 그녀가 세계적으로 성공한 사람들의 공통점인 일에 대한 정열과 아픔을 딛고 일어선 도전정신을 실천한 결과이다.

POINT 3 : 포기라는 말을 사전에서 지운다.

처음 컴퓨터 사업을 시작하면서 자금난과 많은 어려움으로 결국 실패를 했지만 굴하지 않고 다시 시작하여 라이트 하우스를 미국 내 굴지의 기업으로 성장시켰다. 이는 어려움 앞에서 포기하기보다는 할 수 있다는 신념으로 더욱 열심히 한 때문이다. 태권도장을 버몬트의 허름한 건물의 2층을 빌려 개관할 때도 동양인 여자가 운영하는 체육관이라고 해서 허가를 내는 것부터 애를 먹었고 '더러운 동양 여자는 이 땅에서 살 자격이 없다'고 갖가지 욕을 하며 도장 안에 쓰레기를 던지는 등 심한 수모까지 당했다. "그럴 때 마다 오히려 제 자신을 더 채찍질 했습니다. 그런 모욕을 받을 때마다 반드시 성공을 하리라고 결심을 했으니까요." 힘들 때마다 샤워 실에 들어가 물을 틀어놓고 목 놓아 울면서도 그들보다는 강해지고 단단해져 언젠가는 성공하고 말겠다고 스스로를 다졌다는 그녀는 무슨 일이 닥쳐도 포기하지 않았다. 그리고 마침내 승자의 미소를 갖게 되었다.

POINT 4 : 진실한 마음으로 사람을 대한다.

그녀는 산호세에서 15만 평의 대지에 '스타게이저'라는 대저택에서 살고 있다. 오래 전 이혼 후 그녀는 6명의 아들과 세 명의 딸을 입양해 함께 가정을 꾸리고 있다. 이들 외국인 자녀들은 효성이 지극하고 어머니의 말이라면 한 치의 어긋남이 없이 시키고 그녀의 사업을 이끌고 있는 주춧돌이기도 하다. 이들이 지금의 어머니인 김 회장을 만나기 전에는 결손가정의 자녀들이었으며 그야말로 문제아들이었다. 이들 대부분은 태권도를 배우면서 사제지간으로 만나 김 회장의 따뜻한 정과 인간적인 마음에 이끌려 모자의 인연을 맺은 것이다. 김 회장으로부터 엄격한 훈련을 받은 이들은 과거의 어두웠던 생활은 완전히 잊고 지금은 모두들 김 회장의 그룹에서 놀라운 능력을 발휘하고 있다.

김 회장은 그녀의 기업에서 일하는 직원들을 가족처럼 대하며 그녀의 남다른 인간경영 능력은 모든 회사 직원들이 끈끈한 정으로 하나가 되게 만들어 회사를 발전시키는 원동력이 되고 있다. 한편 정수원에서 태권도를 배우고 있는 제자들에게도 성의를 다하여 사람들이 그녀에게 존경과 감사의 마음을 갖으며 그녀는 이를 무엇보다 고마워한다.

POINT 5 : 내 자신도 '상품' 임을 잊지 않는다.

김 회장은 상대를 배려하는 마음에서 외모에 세심한 신경을 쓴다. 그만큼 자기 관리에 철저한 사람이다. 전에는 외모를 꾸미는 일에 관심이 없었지만 스스로가 '상품' 임을 내세우면서부터 다소 '튀는 느낌' 의 화장과 옷을 입는다. 항상 완벽한 메이크업과 정장. 자신을 상징하는 헤어스타일과 꽃을 가지고 있다. "살면서 가장 중점을 두는 부분은 '상대방의 가슴에 불을 지를 수 있느냐' 하는 거예요. 어떻게 하면 상대의 시선을 잡아 끌 수 있을까 고민해요."

내면을 보여줄 기회를 얻기 위해 우선 상대방에게 자신을 각인시키려면 특징적인 외모만큼 좋은 것도 없다. 이렇다 할 배경도 없는 조그만 동양 여자로서는 보통 사람들과 동일한 출발선에 서는 것조차 어려웠기 때문이다. 화려한 옷차림과 짙은 화장은 어떻게 보면 필수적인 선택이었을지 모른다. 그녀는 만나는 사람들, 혹은 그 자리의 성격에 맞춰서 옷을 입는다. 이렇듯 그녀는 뛰어난 Self-Marketing 능력으로 자신을 철저히 상품화시켰다.

그녀가 신경을 쓰는 것은 외모뿐만 아니라 세계 최초 그랜드마스터인 만큼 운동을 게을리 하지 않고 있으며 늘 계획적인 생활을 유지한다. 사업과 방송, 강연 등 많은 일을 하면서도 명상과 운동 등 스스로를 단련하는데 게을리 하지 않는 것이 그녀가 젊게 사는 비결이며 성공의 한 요인이기도 하다.

김태연 회장의 독특한 경영철학과 조직 관리

1. 회사 직원들은 과거가 불우한 사람들이 많은데 그들의 사람 됨됨이를 보고 채용하여 그에 맞는 전문적인 교육을 받게 하고 끊임없는 신뢰와 정을 준다. 그래서 거의 모든 사원들은 회사의 발전을 위해 전심전력 노력을 한다.
2. 회사운영에 자금이 부족해도 은행에서 빚을 얻지 않는다. 남의 돈을 얻어 사용하게 되면 꼭 해내야겠단 마음가짐 자체가 약해지기 때문이다. 그래서 그녀는 계열사 간에도 지급 보증, 자본유동은 없으며 주식투자 또한 하지 않는다.
3. '사업은 곧 사람'이라는 믿음을 가진 김 회장은 회사의 작은 일을 맡아하는 사원일지라도 그들과 대화하는 일을 게을리 하지 않

으며 항상 사기를 북돋아 준다. 그래서 그의 막내아들 아담에게 처음 시킨 일이 바로 세일즈였고 그 과정을 통해 사업에 있어 사람의 중요성, 경영자의 자질 등을 일깨워 주기도 했다.

4. '오늘이 생애 마지막 날'이라 여기고 매사에 최선을 다한다. 하루 24시간이 모자랄 정도로 열심히 산다.

김태연 회장의 성공 노하우 7가지 액션플랜

1. 두드려라! 그러면 열릴 것이다.
한번으로 그치지 말고 열릴 때까지 두드려라. 문을 두드리지 못하는 것은 용기가 없기 때문이다.

2. 부지런 하라!
일의 능률을 높이는 것과 부지런함이 병행된다면 성공은 반드시 가까워진다는 점을 명심하라.

3. 건강을 지켜라!
건강을 유지하는 비결은 걷고, 좋은 습관과 규칙적 운동이다.

4. 높은 곳에서 멀리 보라!
지금 당신의 행동은 미래의 당신의 성공과 반드시 연결되어 있음을 잊지 말라. 무엇보다 현재, 바로 이 순간을 가장 축복된 시간으로 생각하라.

5. 잠재능력을 보라!
자신의 능력을 스스로 인정하고 존중하라. 무엇인가 부족하다고 생각하면 적극적으로 만들어 내라.

6. 노력하라!

자기가 정한 목표를 이룰 때까지 행로를 유지하면서 노력하라. 모든 어려움과 장애물과 실수는 패배가 아니다. 승리로 이끄는 밑거름이다.

7. 세계시민이 되어라!

영어공부는 필수다. 세계를 무대로 무엇인가를 해보겠다는 당신의 열정어린 마음으로 출발하라. 세계를 무대로 활약하는 비즈니스 우먼이 되겠다는 의지를 가지고 행동하라.

김태연 회장의 자전에세이 『사람들은 나를 성공이라는 말로 표현한다』 저서에 그녀의 오늘날 성공이야기가 담겨있다. 김태연 회장이 여성으로 어려운 상황일수록 더 강해지고 더 밝은 미소로 미래를 내다보는 통찰력과 자신감, 긍정적인 사고방식으로 도전하여 성공을 이룬 과정은 감탄스러울 따름이다. 밑바닥에서 CAN DO 정신을 실천하여 성공신화를 창조한 그녀 삶의 이야기는 '살아있는 용기이며 희망의 증거' 이다.

모자하나로 세계를 제패한 코리언
조 병 태 - 소네트회장

　　　　조병태 회장은 모자하나로 세계를 제패한 소네트(SONETTE) 그룹의 창업주이다. 1975년 단돈 500달러를 들고 도미하여 갖은 역경을 딛고 일어나 매년 3000만개의 모자를 판매, 세계 스포츠 모자 시장 점유율 1위 그리고 연 매출 1억5천만 달러로 성공신화를 쓴 열혈 코리언 모자 왕이다. 그러나 그에게도 많은 시행착오와 시련이 있었다. '실패는 성공의 어머니'라는 격언을 곱씹으며 넘어질 때마다 힘차게 일어났다. 그 결과 '세계 최고'라는 타이틀을 갖고 전 세계 한인경제인들 사이에서 '오뚝이'로 통하고 있다.

　조병태 회장은 1946년 경북 영덕에서 출생하였고 경희대 체대를 졸업하였다. 69~74년까지 중학교 체육교사, 핸드볼 선수 및 핸드볼 한국여자대표팀 코치를 역임한 태권도 4단의 스포츠맨이다. 한국에서 잘 나가던 핸드볼 선수였던 그가 미국행을 결심한 것은 '새로운 도전'을 하고 싶어서였다. 1974년 유풍실업에 들어가 모자사업을 배우고 1975년 미국에 단돈 500달러를 들고 이민자격으로 처자식과 함께 도미하였다. 뉴욕 브루클린 빈민가에서 낡은 아파트를 월세로 얻어 이민생활을 시작했지만 그에게 미국 땅은 그리 만만치 않았다.

그는 미국 갈 때 세 가지 밑천을 믿고 새 인생을 출발했다. 태권도 4단의 사범자격증이 있는 밑천과 핸드볼 코치, 그리고 당시 한국 '영안모자'의 대미 수출량이 엄청난 것을 보고 가능성이 있을 것으로 판단 샘플 20여개를 갖고 삼자택일의 심산으로 인생의 도전을 시작하였다.

"처음에 미국에 갔을 때 태권도장부터 찾아갔지요, 하지만 도장엔 거칠고 험한 동작이 엇갈리는 흑인들이 자리를 모두 차지하고 있었어요. 더욱 미국은 이따금 주머니에서 권총을 꺼내 휘두르는 이들도 있어 생명의 위협을 느낄 정도로 문화의 차이가 많이 나는 곳이었어요. 미국을 기회의 땅으로만 알았지 이처럼 살벌한 곳일 줄은 꿈에도 생각지 못했어요. 당시 1살, 4살 된 자녀를 둔 가장으로서 당장 먹고 살 일이 막막했어요."

그는 태권도로 밥을 먹겠다는 생각은 그날로 접고 생존을 위한 두 번째 카드를 꺼냈다. 그것은 바로 모자였다. 서툰 영어를 써가며 시장조사를 위해 매일같이 뉴욕 34가의 백화점들을 돌고 또 돌았다. '스포츠 정신'으로 하루 3~4시간만 자며 뛰었다. 맨하탄의 백화점에 들어가 모자 판매대를 찾아 여러 가지 디자인을 세심히 살펴보고 나서 자신감이 생겼다. 자기가 갖고 온 모자 샘플에 비해 그곳 모자의 품질이나 디자인이 크게 떨어졌기 때문이다.

그는 형이 운영하던 원단회사에서 모자 견본을 받아 미국에서 모자시장을 개척하면 잘 될 것 같았다. 그러나 생각보다 초기 모자시장 개척은 쉽지 않고 한국의 모자는 천대받기 일쑤였다. 특히 그 당시 미국 모자시장은 유태인이 주도하고 있었다. 모자와 관련된 정보가 전무한 상황에서 그는 부착된 모자라벨에 적힌 정보를 바탕으로 모자 샘플을 들고 판매자를 무작정 찾아갔다. 문전박대 받기를 밥 먹 듯 하였으나 생존을 위해선 모든 걸 개의치 않았다. 하루에 보통 10여 명씩 만났다. 서투른 영어로 손짓몸짓을 보태여 가며 한국모자의 우수성과 자신의 구상을 역설하였다.

"수 없이 사람들을 찾아다녔지만 성과를 보지 못했어요, 거듭되는 푸대접과 무시 속에서도 '이것은 할 수 있는 일이다' 라는 확신이 생겼어요. 그들이 나를 무시하는 것은 나를 모르고 있고, 한국에 대한 인지도가 없기 때문이지 결코 모자의 품질이 떨어지기 때문이라고는 생각하지 않았어요. 저로서는 '할 수 있다' 라는 강한 신념이 있었지요."

그러나 그가 비즈니스를 시작한지 1년도 채 되지 않았을 때 첫 시련을 경험했다. 구두 여러 켤레가 닳아 떨어지도록 바이어를 찾아다니던 어느 날 그는 유태인 노인 바이어에게서 주문을 받았다. 노인은 젊은 청년이 그저 딱해 보여 거래를 시작하게 되었다고 한다. 하지만 기쁨도 잠깐, 정작 사업에 착수하자고 보니 당시 섬유제품쿼터제의 높은 장벽을 넘지 못해 첫 희열은 물거품이 되고 말았다.

1년이 지나서 천신만고 끝에 20만 달러 가죽모자 납품의 첫 계약을 따냈다. 그가 고안한 디자인에 따라 한국의 가죽제품 회사에서 자투리 가죽을 풀로 도배하여 만든 멋진 모자였다. 당시 인건비가 쌌던 한국에서 모자를 만들어 배로 운송해 왔다. 그러나 한국에서 배에 실려 미국으로 보내진 모자가 곰팡이가 피어 불량품이 되어버렸다. 제조할 때 가죽에 바른 풀이 45일 간의 운송기간동안 풀에서 곰팡이가 자란 것이다. 바이어는 당장 손해 배상을 하지 않으면 기소하겠다고 야단이었다. 상인들에게 큰 모욕과 목숨까지 위협을 당할 정도로 어려움을 겪었다. 결국 그는 고객에게 큰 빚을 지고 말았다. 아무 것도 가진 것 없는 그는 바이어에게 영주권을 맡기고 "반드시 빚을 갚겠다"는 지불각서를 써 주고 어떻게 하든 돈을 꼭 갚겠으니 시간을 달라고 사정하였다. 20만 달러 납품이 허무하게 날라 가 버린 것이다.

그는 한국에 다시 들어와 부모님을 설득하여 자그마한 부동산을 처분하고 친척들로부터 돈을 꾸어 새로운 도전을 시작하였다. 하지만 평범한 모자를 평범하게 판매해서는 성과를 거둘 수 없다고 여긴 그는 처음부터 차별화를 시도했다.

그는 남들이 생각하지 못했던 비닐을 소재로 모자를 만들어 재도약의 기회를 노렸다. 가죽 모자에 실패한 그는 역시 노-쿼터 원단인 린넨에 도전했다. 신제품 개발에 전력, 린넨 모자를 제작하였다. 고급 소재 린넨을 활용한 모자를 만들어 50만 달러어치 주문을 받았다. 역시 생산과 운송은 순조롭게 진행됐다. 하지만 물건을 받아보니 린넨 모자는 모두 구겨져 있었다. 린넨이 쉽게 구겨지는 성질을 파악하지 못했던 것이다. 구겨진 린넨 모자는 팔수가 없었다. 다시 다림질을 하고서야 팔 수 있었다. 하지만 다림질을 하느라 10만 달러 빚이 또 생겼다.

한국에서 장래가 촉망되었던 체육인이었는데 왜 이 길을 택해 외국에서 실패와 수모를 당하는 신세가 되었는지 원망스럽기도 했다. 이대로 포기해야 하나. 한국으로 돌아가야 하나 고민하다 그는 뉴욕시를 가로지르는 허드슨 강을 찾았다. 유유히 흐르는 강물을 오래도록 바라보며 서성대었다. 좌절감이 컸다. 자살을 생각했다. 이를 악물고 투신자살을 시도했으나 눈앞에 집요하게 다가오는 가족의 그림자가 그의 발목을 잡았다.

"그래 죽을 생각까지 했는데 죽기를 각오하고 다시 해보자."

이대로 물러앉아서는 안 된다. 다시 일어나 가족을 살리고 내 꿈을 실현해야 한다. 집으로 발길을 돌리면서 그는 비장한 결의를 다졌다.

그는 어떤 역경 속에서도 결코 '포기' 하지 않겠다고 마음을 다잡고는 죽기를 각오하고 다시 모자하나에만 모든 정성을 다하였다. 그는 획기적인 아이디어와 디자인으로 새로운 승부수를 던졌다.

그 당시 각종 매체를 통해 광고가 넘쳐났지만 아무도 모자를 광고 수단으로 활용하지는 않았다. 모자 앞을 광고판으로 이용하여 좋은 천에 프린트를 해서 모자를 만들었다. 처음 작품은 '토마스 C 프로모션(당시 회사 이름)' 으로 토마스는 조 회장의 영어 이름이며 그것은 첫 상품 '프린팅' 모자로 히트를 쳤다. 그 후 버드와이저 로고를 모자 앞에 새겼다. 말보로, GM과 포드 등 클라이언트가 늘어났다. GM과 포드는 신차가 나올 때마다 그의 모자를 통해 홍보했다. 판매는 폭발적이었다.

다음으로 눈을 돌린 분야는 스포츠 모자이다. 먼저 야구 리그를 뚫었다. 뉴욕 양키즈를 시작으로 미국 전역 26개 야구팀의 모자를 납품했다. 농구, 풋볼, 아이스하키 등 각 프로 스포츠 리그 선수의 모자를 만들었다. 스포츠 모자를 개발, 그야말로 대박을 맞은 것이다. 한 마디로 무섭게 팔렸다.

그간 진 빚도 다 갚고 아파트와 좋은 차도 사고 자신감이 생겼다. 새로운 모자 개발에 들어갔다. 모자에 수를 놓아보자. 82년 내놓은 '자수' 모자는 88년까지 인기를 끌었다. 1981년부터 세계 모자업계의 Top 5위에 들게 되었고 매년 50%의 매출을 올리면서 급속하게 성장, 1억불 수출에 세계 제1위를 차지하게 되었다.

하지만 그는 이어지는 호황에 만족하지 않았다. 경쟁이 치열하고 또 모방하기 쉬운 제품이라 특허를 출원하는 동시 해마다 이윤의 20%를 시장조사와 새 제품개발에 투입하였다. 전문 사원을 세계 각지에 파견하여 미묘한 동향을 파악하고 트렌드를 분석하며 모자시장 선도확보에 고삐를 늦추지 않았다. 그 동안 조 회장은 자기 두발로 찾아다닌 나라만 100여개에 달하였다.

그러나 1990년대 중국시장 개방으로 위기를 맞게 되었다. 중국의 가격 덤핑으로 인해 매출은 눈에 띄게 떨어지기 시작해 점유시장을 빼앗기게 된 것이다.

그럼에도 불구하고 위기 상황은 오히려 도약의 계기가 되었다. 전략을 바꿔 가격보다는 품질로 승부를 건 그는 더욱 기술개발에 전력하였다. 그는 모자 사이즈에 주목했다. 당시 모자 사이즈는 10가지로 재고 부담이 컸다. 원(one) 사이즈를 만들어 누구나 모자를 조절하여 쓸 수 있게 고안하였다. 고탄력의 스판덱스 소재를 사용하고 모자 뒷부분에는 머리 크기에 맞게 모자 크기를 조절히는 밴드 대신 신축성 좋은 소재를 사용하기로 했다. 특수 밴드를 모자 테두리에

댄 '플렉스 피트(Flex Fit)'이었다. 플렉스 피트는 1994년 개발해 96년 첫 출시했다. 98년엔 특허 출원했다. 플렉스 피트(flexfit)는 사람 머리 사이즈에 맞게 자동적으로 탄력성이 작동되고 프린터가 선명한 장점을 가지고 있어 출시되자 선풍적인 인기를 끌었다.

그 결과 나이키, 아디다스, 리복 등 세계적인 스포츠용품 업체에 모자를 납품하고, 플렉스 피트 모자는 전 세계 젊은이들 사이에 일대 센세이션을 일으키며, 정상의 자리에 우뚝 서게 되었다. 연간 3,000만개의 모자를 파는 세계 최고의 모자회사, 연간 매출액이 1억 5000만 달러로 철옹성처럼 모자업계의 '넘버 1' 자리를 지키고 있다. 모자 업을 시작한 이후 그가 판매한 모자만도 줄잡아 10억 개는 될 것이라는 추산이다. 그의 모자는 중국을 제외하고 전 세계 안 들어가는 나라가 없다. 미국을 비롯해 한국 등 동남아 지역에 플렉스 피트 모자공장이 도합 4개, 직원은 만 여 명에 달한다. 현재 60여명의 디자이너가 디자인 개발에 전력하고 있다. 뉴욕에 본사를 두고 LA와 애틀랜타에 지사, 한국에는 연구소가 있다.

30년을 미 동부에서만 지낸 조 회장은 2004년 LA에 들러 시장조사를 했다. 사계절 내내 서핑, 스노보드 등 액션 스포츠 발달이 잘 된 곳이라 모자를 즐겨 쓰는 캘리포니아 주민들을 보고 시장을 키울 수 있겠구나 생각했다. 그는 2005년 여름 LA로 이사를 했고 몬테벨로시에 3만5000스퀘어피트 규모의 LA지사 건물도 매입했다. 그가 LA이주를 결심한 것은 '또 다른 20년'을 준비하기 위해서다.

"미국 모자시장은 LA를 중심으로 한 서부지역이 70% 차지한다"

"앞으로 미국은 물론 중국, 인도 등 신흥시장 진출을 위해서도 LA

가 중요한 거점 역할을 할 수 있을 것으로 판단했다"

세계시장을 무대로 한 '글로벌 경영'을 계획하고 있는 조 회장은 연매출 '5억 달러'가 목표라고 밝혔다.

그의 새로운 야심작은 '210 피티드 캡(fitted cap)'이다. 플렉스 피트에서 한 단계 업그레이드돼 밴드를 없애고 원단 자체의 신축성만으로 크기를 조절하는 모자다. '210'은 2개로 10가지 사이즈를 커버한다는 의미다. 210 피티드는 이미 모자 시장에 새로운 바람을 일으키고 있다.

조병태 회장에게 '세상은 노다지'다. 그의 열정은 여전히 뜨겁다. 그는 샘솟는 아이디어로 또 다른 모자 특허를 준비 중이다. 그리고 그의 도전에 쉼표는 있어도 마침표는 없다. 체육인답게 전진만 있을 뿐이다.

조병태 회장의 성공비결

1. 기술력이 무기

조 회장은 끊임없는 선두유지의 첫째 비결로 기술개발을 꼽았다. 거의 10년 주기로 출시된 플렉스피트의 '특허품'들은 모자시장의 판도를 바꿀 만큼 파괴력이 있었다. 첫 번째 제품이 80년대 말에 선보인 '프린팅 모자'. 프린트가 잘 되는 특수원단을 개발해 어떤 형태와 색상의 프린트라도 선명하게 인쇄되는 강점으로 인해 주문량이 폭증했다. 이 제품의 인기 덕에 단번에 판매량 1억 자리에 올라섰다.

다음이 96년 시판한 '플렉스 피트' 제품. 신축성 있는 소재에 모자

테두리는 특수밴드를 붙인 '원 사이즈' 형태다. 프로야구 선수들이 사용하는 것처럼 뒷부분이 막혀있는 것이 특징이다. 3년여의 연구 끝에 탄생한 이 제품은 고부가 상품으로의 진입에 발판이 됐다.

그리고 플렉스 피트는 또 하나의 획기적 제품을 출시했다. '플렉스 피트'를 한 단계 업그레이드 시킨 '210 피티드 캡(fitted cap)'이 그것. 밴드를 없애고 원단자체의 신축성만으로 모자 크기가 조절된다.

한국과 미국에서 연구개발에 전문 인력이 전념하고 있고 연간 2000만 달러 이상을 개발과 마케팅 비용으로 지출하고 있다.

2. 감동 서비스

조 회장은 직원들에게 웬만한 클레임은 다 받아들이라고 지시한다. 소수의 '나쁜 고객' 때문에 좋은 고객을 놓칠 수 없다는 신념 때문이다.

"10-10-10을 판매의 원칙으로 삼고 있습니다. 고객을 잃는 데는 10초가 걸리고 고객을 다시 설득하는 데는 10달, 고객을 돌아오게 하는 데는 10년이 필요하다는 의미죠."

"최고의 고객을 알아야 하고 고객을 감동시켜야 한다"

조병태 회장은 신제품 개발, 최고의 서비스가 중요함을 강조하며 포기하지 말고 혼신을 다해 죽기를 각오하고 뛰어들면 성공한다고 말한다.

그 외 사업운영에 심혈을 기우리는 것은 철저한 시장조사와 디자인 개발, 품질관리이다. 시장이 필요로 하는 것, 시장을 놀라게 하는 것, 시장을 장악할 수 있는 것이 무엇인지는 철저한 리서치 속에서 발견할 수 있다는 게 조 회장의 지론이다.

"계속적으로 신제품을 개발하고 차세대를 위한 제품을 연구해서 한국기술이 세계를 제패할 수 있도록 하는 것이 저의 꿈입니다."

조병태 회장은 뉴욕한인경제인협회장, 세계해외한인무역협회장, 미주 한인이민 100주년 기념사업회 공동회장, 미주한인재단 전국총회장을 역임하고 전미 엘리스 아일랜드 메달 수상, 대한민국 대통령상, 세계한인무역인 대상, 덕망 있고 리더십 있는 인물에게 주는 '2003 한인상'을 수상한 미국 한인사회에서 눈에 띄는 성과를 거둔 인물로 주목받고 있다.

세계 속의 한국인의 역량을 남김없이 발휘하며 플렉스 피트를 동류업종 세계최고의 기업으로 성장시킨 조병태 회장. 그는 자신의 사업성공에 만족하지 않고 고국의 경제발전을 위해 오늘도 혼신의 힘을 쏟고 있다.

직공에서 하버드대 박사 된 희망 전도사
서 진 규 - 희망연구소 소장

　　　　　　서진규 박사는 가발공장 직공에서 하버드대 박사학위를 받기까지 파란만장한 삶 자체가 드라마 같은 입지전적인 인물이다. 가장 낮은 곳, 열악한 환경 속에서도 절망하지 않고 꿈을 향해 한발 한발 나아가는 여정을 통해 감동과 '희망의 증거'를 보여준 그녀의 인생 이야기는 우리들의 삶에 무한한 희망과 도전을 향한 동기를 부여하기에 충분하다. 그녀는 "등대가 꿈이라면 등대의 빛은 희망이다"라며 사람들에게 꿈과 희망을 주어 단 한 명에게라도 희망의 불씨를 일으키기 위해 노력하는 희망전도사이다.

　서진규 박사는 1948년 경남 동래의 한 어촌마을에서 엿장수 딸로 태어났다. 아버지가 벌어오는 돈으로는 부모와 4남2녀의 여섯 식구 풀칠하기 조차 어려웠다. 그녀가 4학년이 되던 해 아버지를 따라 제천으로 올라왔고, 5학년 때 어머니는 술집을 시작했다. 어린 진규는 '쓸데없는 가시나'라는 이유만으로 차별을 받고 궂은 일 힘든 일을 도맡아 하였다. 추운 겨울에도 새벽 5시면 일어나 개울로 가서 손이 얼어 감각이 없을 만큼 빨래를 했다. 그 때가 6학년이었는데 답답하고 속상해서 어떻게 하면 이 현실에서 헤어 나올 수 있을까 많은 고민을 하였다. '여자도 남자 못지않게 성공할 수 있다는 것을 꼭 증명해 세상에 인정받는 사람이 되어 보란 듯이 나타날 거야!'

그녀는 어떻게 하면 성공 할 수 있을 까 생각하다가 선생님께 물어보았다. 선생님이 말씀하시기를 '열심히 공부하여 박사가 되면 성공하는 것이다.' 라고 하시어 그때부터 그는 박사를 목표로 열심히 공부했다. 그렇게 목표를 가지고 공부했더니 성적이 올라 전교 2등을 했다. 성취감을 맛보니 공부에 재미가 붙었다. 담임선생님이 가정방문을 오셔서 "이 아이는 크게 될 거다" 칭찬해주셨고 그 말씀 덕분에 제천에서 중학교를 진학하여 졸업을 했다. 고등학교는 군 장교인 서울 작은 아버지 댁에서 기거하며 풍문여고를 다녔다. 잡지판매 아르바이트로 학비를 충당하면서도 우등생으로 공부를 잘 하였으나 어려운 가정형편으로 대학 진학을 포기할 수밖에 없었다.

고교 졸업 후 가발공장에서 일하고 골프장 식당 종업원을 하며 생활전선에서 굴곡 많은 인생이 시작되었다. 힘들어서 많이 울기도 했지만 그래도 버틸 수 있었던 것은 스스로 거는 주문 덕분이었다.

'남들이 너를 힘들게 해도 나는 네 편이다. 너는 큰일을 할 사람이고, 지금은 그 일을 위한 준비단계야. 그러니까 또 다시 일어나야 해!'

죽을 만큼 힘든 시절, 가난하다고 희망조차 접어 버릴 수 없었다. 마침 미국에서 가정부를 구한다는 구인광고를 보고 미국 갈 결심을 하나 부모님과 일가친척들이 '매춘부가 되려느냐.' 고 반대를 하였다. 그러나 71년 100달러를 마련해 혈혈단신으로 생면부지 미국행 비행기를 탔다. 그런데 이미 가정부 자리는 다른 사람에게 넘어간 뒤라 뉴욕에 있는 식당에서 일을 하였다. 그 곳에서의 생활도 힘들고 어려운 것은 마찬가지였다. 그럴수록 그녀는 열심히 일을 하여 인정을 받고 1971년 당시 월급으로 1천불을 받아, 먹고 사는 것이 해결되었다. 돈도 모이게 되자 어려서부터 꾸었던 꿈을 이루기 위해 미국에 온 다음해 대학에 입학을 하여 낮에는 대학생으로 밤에는 웨이트리스로 일을 하였다.

오뚜이처럼 힘차게 땅을 박차고 일어나 공부에 제법 맛이 들어갈 무렵, 그녀는 우연찮은 만남으로 한 남자와 결혼을 하고 가정을 꾸렸다. 아이까지 낳았지만 심해지는 남편의 폭력에 시달려 신혼의 단꿈은 오래가지 못했다.

그의 손아귀에서 벗어나기 위해, 생계를 위해, 더불어 갓 낳은 딸의 미래를 위해 군에 입대했다. 8개월 된 딸을 제천 부모님에게 보내고 피난처 삼아 자원입대한 군대는 살아있는 지옥이었다. '탈영군인의 마음을 이해할 만큼' 훈련병 생활은 힘들었다, 입대 전 유산을 했고, 딸을 낳고 회복이 안 된 상태였으니 보병훈련은 신체적으로 따라갈 수 없을 정도였다. 하지만 그녀는 견뎠다. 포기는 죽음이라는 각오로 버티고 또 버텼다. 포기하고 싶을 때 그녀는 스스로 격려하고 용기를 주었다. 그녀는 열 살이나 어린 건강한 젊은이들과 경쟁해야 하는 군대에서 살아남겠다는 일념으로 어려움을 참고 도전하여 '강철 여인' 이라는 소리까지 들었고 3개월간의 훈련을 마쳤을 때는 200명 중에 일등의 성적을 거두었다. 그 과정을 통해 체력도 정신력이 중요함을 다시 깨닫고 '죽기 살기로 하면 되는구나.' 하는 값진 경험을 온몸으로 얻게 되었다. 일등병이 된 그녀는 대한민국 용산구의 주한 미군 부대에서 군수업무를 맡았으며, 상등병 시절 주위의 권유로 간부사관을 지원하여 고된 훈련 끝에 임관하였다. 최우수 사관생으로 32살에 소위로 임관되어 당당히 미군의 한국인 장교로서 새로운 인생을 시작하였다.

장교 근무시절 그녀는 독일과 일본에서 해외근무를 하였다. 항상 도전할 준비가 되어 있는 그녀는 동북아지역전문가 지원을 준비했다. 합격하면 그 지역으로 4년간 파견을 나가 지역 언어도 배우고, 대학원을 다니면서 군인외교관 역할을 할 수 있어 지원을 했으나 남녀차별로 떨어져 군 본부를 설득해서 시범 케이스로 뽑혀 일본으로 갔다. 일본 남자들이 자신을 무시하지 못하도록 하기 위해 필요한 것이 무엇인가 생각해보니 세계에서 제일 선망하는 대학인 '하버드 학위'였다. 그 전에는 상상도 해보지 않았던 학교다. 그녀는 하버드대 대학원 진학을 위해 열심히 공부했다. 사실 그녀는 매릴랜드대에서 경영학을 전공했지만 15년 동안 여섯 군데 대학을 거쳐 학사를 마쳤다. 대학과정도 영어도 부족하고 기본이 되는 공부마저 전무했던 까닭에 매 수업 시간이 매 시험이 고비였던 것도 사실이었다. 일과 공부를 병행했기 때문에 남들보다 시간적 여유 또한 있을 턱이 없었다. 그래서 잠을 줄이고 평소에 남는 시간들을 적극 활용했다. 특히 동양인으로 장기를 살릴 수 있는 과목에 집중했다. 이를테면 수학이라든지 중국어와 같은 학문에 탁월한 실력을 발휘했고 이를 무기로 부족한 과목들로 몰리는 시선을 분산시킬 수 있었다.

중위를 거쳐 대위로 진급한 그녀는 군 생활을 하면서도 자신의 공부를 게을리 하지 않아 1990년 그 어렵다는 하버드 대학 석사과정 시험에 당당히 합격하였다. 그러나 그녀는 고민에 빠지게 되었다. 예정된 중령 진급을 해야 할 것인가. 공부를 계속 하기위해 군복을 벗을 것인가 결정을 내려야했기 때문이다. 그녀는 하버드를 선택했다. 어려운 선택을 하게 된 이유는 단 하나. 그것은 자신의 희망이 아직 끝나지 않았음을 스스로에게 말하고 싶었기 때문이었다.

그녀는 모두가 천재인 하버드의 학생들 틈에서 생존할 수 있었던 비법 중 하나는 자신을 스스로 다스려 나가며 부끄러움을 쓴 약으로 삼고 무지를 건전한 무기로 학문의 세계를 돌파해나갔다.

"상상을 통해서 스스로 채찍과 당근을 줬어요. 공부가 하기 힘들 때는 내가 무시당하고 짓밟히고 초라한 모습을 상상했어요. 아주 비참하고 가여울 정도로. 분노와 반항, 오기가 올라오고. 그러면 다시 힘을 내서 공부하게 됐죠."

또한 그녀는 아무리 공부도 좋다지만 무엇보다 먼저 인간으로 옳음이 우선이라는 걸 알았다. 그러나 공부하던 중 그녀는 만성 C형 간염의 악화로 생사의 기로에 서기도 했다. 스트레스가 가장 큰 적이라 하니 손을 놓을 만한데도 그녀는 박사논문에 몰입했다. 어차피 누구나 죽을 목숨, 미국 땅을 홀로 밟을 때의 그 독한 마음으로 결국은 박사학위를 따내고야 말았다. 어릴 적부터 그녀의 꿈이었던 '서 박사', 그 희망이 이뤄진 것이다. 결국 하버드 석사학위와 2006년도 하버드대 국제외교사·동아시아언어학 박사학위를 받는 영광을 안았다. 그의 박사학위 논문 주제는 '한국에서 미군정에 미친 일본의 영향'이다.

오랜 염원대로 하버드의 박사가 된 지금 그녀는 이미 또 다른 꿈을 향해 날개를 활짝 펴고 힘차게 날아오르고 있다. 그녀는 온갖 고난과 역경을 이겨낸 자신의 삶을 밑천으로 쓴 자전적인 이야기로 세계적인 베스트셀러 작가가 되었다. 그리고 서 박사는 현재 한국과 미국을 오가며 Motivational Speaker(동기 부여 연사)로 사람들에게 꿈과 미래를 밝혀주는 촛불, 즉 희망의 메신저로 온 세상 많은 이들을 감화시키며 희망의 메시지를 전하는 강연활동에 바쁜 나날을 보내고 있다.

또한 그녀는 앞으로 미국의 국무장관이 되는 꿈을 꾸고 있다. 혹자들이 너무 원대한 꿈이라며 의심의 눈초리를 보내올 때마다 그녀는 말한다.

"초라하고 보잘 것 없던 한국의 가발공장 직공이 하버드박사가 되는 것. 이 또한 모두가 불가능한 일이라 미리 단정하겠지요. 하지만 이루어 냈지 않습니까. 그런데 이미 아메리칸 드림을 일구어낸, 그야말로 무에서 유를 창출해낸 하버드의 박사가 미국의 국무장관이 되는 것이 어찌 불가능이기만 하겠습니까. 이민자 출신인 메들린 올브라이트와 콜린 파월 전 국무장관들이 해냈듯이. 꿈은 믿음을 가지고 이루고자 최선을 다하는 자에게는 꼭 이루어진다는 것을 확신합니다."

서진규 박사는 '미국의 국무장관'이 되는 꿈을 이루기 위해 우선 '희망의 증거가 되고 싶다'의 저서를 영문판으로 미국에서 출간하고, 미국 곳곳을 다니면서 미국인을 대상으로 강연 활동을 펼칠 계획이다. 수많은 위기를 기회로 삼으며 많은 사람들에게 '희망의 증거'가 된 서진규 박사의 꿈이 꼭 이뤄지는 날이 곧 오기를 기대한다.

사실 이를 통해 그녀가 얻고자 하는 것은 자신의 명예도 부도 아니다. 그저 한 인간이 한 생에서 이룰 수 있는 엄청난 가능성의 존재를 보여주고 싶은 것이다. 그리고 또 하나의 꿈. 오늘을 살고 내일을 살아갈 모든 사람들에게, 꿈을 이루고자 노력하는 세상의 모든 이들에게 평등의 기회가 주어지도록 기여하는 것. '노벨평화상'에 버금가는 '세계 평등상'을 만들어 두고 떠나는 것이 이승에서의 마지막 희망이라 한다. 이 꿈들이 이루어지는 그날을 위해 그녀는 오늘도 쉬지 않고 노력하는 중이다.

서 박사는 자신의 성공비법은 특별하지 않다고 말한다. 개울가에서 빨래를 하면서 힘들 때마다 박사가 되어 금의환향하는 모습을 상상했고 자신을 괄시하던 사람들이 "네가 자랑스럽다"고 대우해 주는 꿈을 꾸면서 노력한 것이 결국 꿈이 현실이 됐다며 사람들에게 희망을 전도하고 있다.

그녀는 말한다. "세상이 당신을 힘들게 하고 지치게 할 때 자신이라도 내 편이 되어서 스스로 위로하고 칭찬하고 격려하세요. 당신의 꿈에 생명을 주십시오. 그러면 당신은 멋진 삶을 얻을 것입니다"

역경이 자신을 강하게 만들었다는 서 박사는 무슨 일에 도전하기에 앞서 항상 세 가지 리스트를 작성했다고 한다. 첫째, 나에게 꼭 필요한 것은 무엇인가? 둘째, 내가 가지고 있는 것은 무엇인가? 셋째, 나는 무엇을 준비해야 하는가? 이 세 가지 문제에 답할 수 있다면, 현재의 나를 정확히 파악하고 있는 것이고 희망에 도전하려는 나를 알고 있다면, 그 희망은 이미 절반을 이룬 셈이라고 했다. 희망을 품고 도전하는 사람만이 인생의 진정한 승자가 될 수 있다는 평범한 진리를 보여준 서진규 박사. 그녀는 성공비결을 이렇게 말한다.

"최악의 경험은 진짜 인생을 살게 합니다. 살아서 겪는 모든 감정들은 그대로 내 희망의 질료가 되었습니다. '언젠가는 성공해야지, 밑바닥에서 태어난 사람들에게도 할 수 있다는 것을 보여줘야지' 하는 마음으로, 그 좌절 속에서도 살아갈 방법을 찾는 것입니다."

"또 하나의 재료는 상상력이었습니다. 암행어사가 되어야겠다는 생각을 늘 했었습니다. 언젠가 진짜 암행어사가 되어 정의를 행하는 통쾌한 상상, 그게 소위 나의 비전이었던 셈인데, 내가 언젠가는 이 불쌍한 사람들을 불행으로부터 구해야겠다는 상상은 어쩌면 제일 먼저 나를 구했습니다."

꿈을 크게 가지되 먼 산을 보며 좌절하지 말고 발걸음을 내디디면 높은 산이지만 가보면 다음 발자국을 내디딜 틈새가 항상 있는 법이므로 한 발짝 한 발짝 내딛으라고 그녀는 강조한다.

그녀의 인생철학은 '첫째, 인간 태어날 때 스스로 선택할 수 있는 게 없다. 둘째, 죽는다는 사실에도 선택의 여지가 없다. 셋째, 우리가 이생에서 가진 기회는 단 한번밖에 없다. 넷째, 한번 뿐인 기회를 어떻게 살다 갈까는 바로 내가 결정한다. 다섯째, 이왕 태어난 삶, 한번 힘차고 보람 있게 살아가자' 이다. 그녀는 "이런 다섯 가지 철학으로 인생을 보면 어려움이 왔다고 좌절할 것이 아니라 오히려 자신을 게으름에서 구할 기회라고 생각하게 될 것이라고 확신한다."고 희망의 전도를 한다.

"단 한번 주어지는 인생을 어떻게 사느냐는 것은 자신의 선택에 좌우된다."면서 어떤 환경에 처해 있든 그 환경을 바꿀 수 있는 것은 오직 자신뿐이라고 강조한다.

　서 박사는 자전적 희망메시지를 담은 《나는 희망의 증거가 되고 싶다.》, 《희망은 또 다른 희망을 낳는다》, 《서진규의 희망》등 저서 3권을 출판했다.

　그녀는 자신을 가로막는 역경의 장벽을 뚫고 마침내 '희망의 증거'로 우리 앞에 서 있다. 그에게 고난의 벽은 꿈을 이루기 위한 관문에 불과했다. 스스로에 대한 믿음이 도전을 가능하게 했다고 말하는 그는 군인으로서, 학자로서, 어머니로서 우리사회의 '희망의 증거'로 자리매김하고 있으며 아직도 그녀의 꿈은 진행 중이다.

미국 IT업계에서 가장 성공한 한국인
김 종 훈 - 벨연구소 사장

　　　　　김종훈 사장은 1960년 서울에서 태어났으나 학교에 도시락도 싸 가지 못할 정도로 집안이 가난하였다. 어린 시절 너무 힘들게 살던 그의 가족은 미국가면 먹고는 살 수 있을 것 같아 1975년 고려중학교 2학년 때 부모님과 미국으로 이민을 갔다. 부모를 따라 건너온 미국은 기대했던 것과는 딴판이었다. 미국 땅에 첫 발을 디딘 곳은 메릴랜드 주 흑인 빈민촌. 정부 보조로 지어진 싸구려 공공주택이 밀집돼 있는 슬럼가였다. 종훈이는 부모가 맞벌이를 나간 텅 빈 집을 지키며 우울한 나날을 보냈다. 밖에 나가면 서투른 영어와 다른 피부색 때문에 다른 아이들의 놀림을 받았기 때문이다. 그러나 그는 공부를 해야만 자신의 꿈을 키울 수 있다고 생각하고 메릴랜드 주, 앤 어런덜 카운티 (Anne Arundel County)에 있는 학교를 다녔다.

　1976년 16세 때 고등학교에 입학하면서부터는 철저히 경제적으로 독립해야 했다. 편의점 세븐일레븐에 야간점원으로 들어가서 밤 11

시부터 아침 7시까지 피곤한 밤 근무를 하고 학교에 다녔다. 어릴 때부터 무엇을 하던 세계 최고가 되고 싶었던 그는 그렇게 힘든 여건 속에서도 "성공하려면 공부를 해야 한다."고 다짐하고 학교 끝난 뒤 2~3시간씩만 잠을 자며 공부하고 일했다. 편의점에서 새벽까지 아르바이트한 뒤에도 과제물을 한 번도 빠뜨리지 않을 정도로 자기관리가 철저하였다.

그는 신문배달, 야채가게 점원, 레스토랑 주방보조 등 돈 버는 일이면 닥치는 대로 일하면서도 끝까지 희망을 버리지 않고 꿈을 키워 나갔다. 학교에서 주는 공짜 점심을 먹는다는 건 가난을 스스로 인정하는 거라고 생각하여 배가 고파도 다른 핑계를 대고 점심을 굶기도 했다. 그는 1978년 다른 학생들보다 1년 일찍 졸업했다. 전교 2등으로 졸업할 만큼 성적도 좋았다.

그는 명문 존스 홉킨스 대학에 입학했지만 학비를 벌기 위해 여전히 풀타임으로 일해야 했다. 고학으로 존스 홉킨스 대학에서 전기공학과 컴퓨터를 전공하여 전자공학 학사를 3년 만에 졸업했다.

그는 그 후 미국 해군에 자원입대하여 1982~1989 까지 7년 동안 원자력 잠수함 장교로 근무했다. 입대를 자원한 동기는 사회에 보답하기 위해서였다. 자신과 같은 처지에 있는 사람이 공부를 마칠 수 있었던 것은 순전히 미국 사회의 제도와 시스템 덕분이라고 생각했던 것이다.

"해군에서 핵잠수함을 탔다. 잠수함에 들어가면 외부와 연락이 어렵다. 독립적이고 책임감 강해야 한다. 팀워크와 리더십도 배웠다. 잠수함처럼 경쟁자에게 내가 하는 일을 노출하지 않는 것이 중요하다는 것도 알게 됐다."

해군에 근무하면서 야간에 존스 홉킨스 대학 경영학 석사 과정을 마쳤다. 학부에서 기술 쪽을 공부했으니까 석사는 경영학을 공부해야겠다고 생각했던 것이다.

"학교는 공부하고 싶은 사람이 가장 효율적으로 공부할 수 있는 곳이다. 교수가 가르쳐 주기 때문이다. 석사를 경영학으로 받은 것은 처음 세웠던 벤처기업이 기술이 아니라 유동성이 부족해서 문을 닫는 것을 보고 충격을 받았기 때문이었다."

그는 해군 소령으로 제대한 후 미국해군연구실험실에 얼라이드 시그널 (Allied Signal)을 위해 일했으며, 다시 메릴랜드 대학에서 2년의 공부와 연구를 하여 1991년에 메릴랜드 대학교가 수여한 공학 박사 학위를 받았다. 일주일에 40시간 이상 일하고, 매일 2시간 정도 자면서 밤에 공부했다. 그는 한 마디로 역경을 딛고 희망을 연 집념의 한국인이다.

김 박사는 1992년 집을 저당 잡히고, 신용카드 대출까지 받아 40만 달러를 들여 벤처기업 '유리 시스템즈' (Yurie Sytems)를 창업하였다. 창업 첫 해에는 한 푼도 벌어들이지 못했다. 그러나 1994년 주력 제품인 비동기전송모드(ATM) 통신장비 개발에 성공하면서 매출액이 늘었다. 1994년에는 매출액이 130만 달러에 불과했다. 하지만 1997년에는 5100만 달러로 껑충 뛰었다. 같은 해 나스닥에 유리시스템즈를 상장시키기도 했다.

"유리시스템즈는 서로 다른 방식의 통신 네트워크를 쉽게 연결해 데이터를 전송할 수 있도록 해주는 ATM 통신장비를 개발했다. '유리'는 큰딸의 이름이다. 1991년 걸프전이 터졌을 때 미군은 이라크가 옛 소련에서 들여온 스커드 미사일 때문에 고전을 했다. 미군 전투기가 스커드 미사일을 정확하게 공격하려면 비행 중에 인공위성 사진을 받아야 하는데 통신 네트워크 사이에 데이터 송수신이 안됐다. 이것을 보고 무선·구리선·광케이블 등 모든 네트워크를 연결해 쉽게 데이터를 전송하는 장치를 만들기로 결심했다. ATM 통신장비를 처음 만들었을 때 한대의 가격이 10만 달러(9400만원)로 당시 벤츠 1대 가격보다 비쌌다. 지금도 전 세계적으로 널리 사용되고 있다."

김 박사는 '유리 시스템즈'에서 무선 장치를 위한 비동기 전송 방식개발을 한 후 그 회사는 미국에서 주목받는 기업으로 고속 성장하였다. 그의 탁월한 창의력에 의해 멀티미디어 데이터 교환 세계 최고 기술을 보유하게 되어 김 박사는 정보통신업계의 빌 게이츠로 불리었다.

1998년에 미국의 세계 최대 통신 장비업체인 루슨트 테크놀러지스 (Lucent Technologies)에 '유리 시스템즈' 회사를 10억 달러(약 1조 4천억 원)에 매각하여 그는 미국 400대 갑부 반열에 오르고 아메리카 드림을 실현하였다. 그가 미국에서 존경받는 인물이 된 것은 단지 그가 축적한 재산의 크기 때문만이 아니다. 가난과 고독으로 점철된 청소년기를 특유의 뚝심으로 견뎌 '아메리칸 드림'을 이뤄냈기 때문이다. 하지만 돈은 그의 목표가 아니었다. 회사를 매각한 그는 루슨트 테크놀로지스에 영입돼 광대역 캐리어 네트워크 부문 사장과 광 네트워킹 부문 사장을 맡아 글로벌 기업의 경영자로서 명성을 쌓았다.

2002년부터는 메릴랜드대 전자공학과 공학 교수로 활동하고 있으며 메릴랜드 대학교는 그에게 명예 혁신 전당 상 (Innovation Hall of Fame award)을 수여했고, 그의 이름을 딴 건물 〈Jeong H. Kim Engineering and Applied Sciences Building〉을 지었다.

2005년 김 박사는 벨연구소 사장으로 발탁되었다. 김 박사는 '미국의 자존심' 이라 할 벨연구소 80년 역사상 최초의 외국인 사장으로 기록되는 쾌거를 이뤘다. 벨연구소는 연간 예산 1억1500만 달러를 쓰며, 글로벌 통신장비업체 루슨트 테크놀로지스 산하의 명성이 높은 최고 기업연구소이다. 벨연구소는 전화기를 발명한 알렉산더 그레이엄 벨의 이름을 따 1925년 설립됐으며 미국 통신 산업 연구의 메카로 불리고 노벨상 수상자를 13명을 배출한 IT 분야의 최고 연구개발(R&D) 기관이다. 또 트랜지스터, 팩시밀리, 통신위성 등 지금까지 3만1000개가 넘는 특허를 보유하고 있는 유명한 연구소이다.

김 박사는 2001년에 벨연구소 사장직을 제의받았다.

"당시 헨리 샤키 회장이 연구소 사장 자리를 3개월씩이나 비워두고 제가 수락하길 기다렸습니다. 벨연구소 역사상 사장 자리를 사양한 것은 제가 처음이라고 하더군요. 당시에는 자격이 부족하다는 것을 느꼈습니다. 과거 소장들은 연구 분야에서 이름을 떨쳤던 분들입니다. 벨연구소의 유명 과학자들을 이끌려면 그들로부터 존경을 받아야 하는데 당시에는 존경 받기 힘들 것으로 생각했습니다. 그래서 대학에서 가르치면서 기술 변화의 흐름이나 연구소의 역할 등을 좀 더 객관적으로 연구할 시간이 필요했습니다. 지금도 교수직은 유지하고 있다"

김 사장은 그 사이에 기술 분야에서는 최고의 영예로 간주하는 국가엔지니어링 아카데미의 회원이 됐고 뛰어난 연구원들을 지휘할 수 있다는 자신감도 생겼다.

"세계적인 연구소의 명성을 유지하려면 유능한 인재, 최신 기자재 및 연구 문화가 필요합니다. 인재와 기자재는 충분하니까 저는 연구 문화를 바꾸는 데 주력할 생각입니다."

김 박사는 사장에 취임한 뒤 매일 아침 설레는 마음으로 출근한다. 세계 최고의 인재들을 만난다는 즐거움 때문이다. 벨연구소에는 박사급 연구자가 1000여 명, 개발자 수는 8000여 명에 달한다. 현재 통신. 소프트웨어 분야뿐 아니라 수학. 물리학. 광학. 재료학 등 다양한 기초 분야의 전문가들이 상주하며 프로젝트별로 팀을 이뤄 '휴먼 인터페이스' 등 40여개 분야에 걸쳐 첨단 응용기술을 연구하고 있다.

"휴먼 인터페이스 같은 기술은 인간과 컴퓨터 간의 거리, 즉 '마지막 몇 인치(last few inch)'를 좁히는 데 결정적인 역할을 한다"

아무도 생각하지 못한 신기술 신제품으로 시장을 창출하는 '이노베이션(혁신)'이 그의 전매특허이다. 김 사장은 취임 당시, 가장 중요한 과제로 '혁신 과정을 혁신하는 것'을 내세웠다. 벨연구소 같은 연구기관은 하는 일 자체가 기술혁신인데, 그 혁신하는 과정을 확 바꾸겠다는 것이다. 통신 분야의 경쟁이 워낙 치열하고 시장변화가 너무 빠르기 때문에, 시장에서 앞서나가기 위해서는 연구개발 과정 자체를 혁신해야만 한다는 생각에서다.

"혁신은 연구에서 시작, 기술이전, 제품개발을 거쳐 시장에 영향을 준다. 특히 새로운 기술은 기술상용화의 과정을 거쳐, 새로운 시장을 창출한다. 이것이 이노베이션이다."

이 혁신을 위한 조직을, 어떻게 보다 효율적으로 혁신할 것인가가 김 사장의 관심사다. 비전은 두 가지다. 벨연구소는 최고 연구기관이 되고, 기술 상용화로 루슨트 테크놀로지스에 업계 최고 지위를 제공하는 것이다.

"우리의 모든 활동은 장기적 관점에 초점을 맞추고, 기술 상용화는 임팩트가 큰 부문에 주력하고 있다"

김 사장은 벨연구소가 중점을 둘 분야는 유무선 통신, 케이블, 위성통신, 인터넷 등 모든 기술의 통합이라고 했다.

김 사장은 요즘 연구소에 경영 시스템을 도입하는 데 주력하고 있다. 그는 취임한 후 기술 상용화(Technology Commercialization) 전담 부서에서 실용화 가능성이 높은 연구 계획들을 직접 관리하는 등 연구소 혁신을 이끌고 있다.

"2명이 개발한 레이저와 3명이 개발한 트랜지스터가 지금에 와서 수천억 달러에 달하는 새로운 시장을 창출하고 있다. 다수가 아닌 최고의 인재가 요구되는 시대다. 우리 회사도 인재 채용 시 중요한 것은 비용의 효율성이 아니다. 개개인의 질적 우수성을 보고 선발한다. 연구소는 얼마나 창의적인 인재로 꾸려졌는가가 핵심이다."

"기술이 아닌 인간을 봐야 한다. 과거에 네트워크는 단순히 통신 서비스를 제공하기 위해 필요했다. 하지만 이제는 사람들이 네트워크로부터 무엇을 얻을 수 있느냐에 초점이 맞춰지고 있다. 네트워크의 미래도 인간적인 관점으로 봐야 답이 나온다."

김 박사가 벨연구소의 사장에 취임한 후 휴대전화로 냄새와 느낌까지 주고받을 수 있는 기술을 개발했다. 이 기술이 상용화하면 휴대전화로 통화하면서 상대방의 냄새까지 맡을 수 있는 시대가 열리게 되는 것이다. 또 서로 마주보며 대화할 때만 느낄 수 있는 상대방의 미묘한 표정의 변화까지도 휴대전화로 감지할 수 있게 된다. 휴대전화에 나노센서를 넣으면 위험을 사전에 방지할 수 도 있게 된다. 벨연구소는 뛰어난 나노기술을 보유하고 있다.

벨연구소에서 최근 개발한 신기술은 "기업 임직원들이 노트북을 잃어버렸을 때 그 안에 들어있는 중요한 정보를 외부인이 절대로 볼 수 없도록 하는 네트워크 카드를 개발했다. 노트북의 위치추적도 가능해 되찾을 수 있다."

'혁신 전도사'인 김종훈 벨연구소 사장이 혁신 창출을 위한 3가지 척도 '혁신 큐브(Innovation Cube)'는 그가 직접 고안한 것이다. 혁신을 통해 경쟁력을 높이려면 시간(timing), 영향력(impact), 프로세스(process)에 따라 혁신 요소들을 정확히 분석, 정의해야 한다는 것이다.

김 사장은 현재의 시장인지 앞으로 다가올 미래의 기회인지, 혁신의 정도가 점진적인지 파격적인지, 창조 프로세스가 분석적인지 해석적인지에 따라 혁신의 특성이 구분될 수 있기 때문에 "타이밍이야말로 굉장히 중요하다"고 강조한다.

김 사장은 "중대한 영향력을 미치는 기술을 연구개발하려면 이런 혁신 요소들을 제대로 파악하고 인력과 시간 그리고 자원을 어떻게 활용할지에 대한 정확한 접근 방식과 전략을 수립하는 게 핵심"이라고 강조한다.

특히 그는 혁신을 이루는 데 문화적 요소가 중요함을 역설한다.
"혁신에는 문화적 요소가 관여할 수밖에 없다."
"가장 위대한 혁신은 주류에서 벗어나 괴팍한 과학자에 의해서 나올 수도 있다. 이상한 의견도 존중할 수 있는 문화 풍토에서 혁신이 가능하다"

이처럼 혁신이란 다양한 의견을 존중하는 문화적 풍토에서 싹을 틔운다.

세계 최고의 정보통신연구소인 미국 벨연구소((Bell Labs)가 서울 상암동 디지털미디어시티(DMC) 산학협력센터에 서울 벨연구소(Bell Labs Seoul)를 2009년 12월 17일 개소했다. 서울시와 고려대, 벨연구소의 혁신적인 협력 모델을 구축하여 국제공동연구를 수행하게 된다. 서울 벨연구소는 벨연구소의 전문 인력, 장비, 시설 등을 연구 프로그램에 활용하여 광대역 컨버전트 네트워크를 위한 서비스 이용 및 관련기술 등 신기술개발을 위해 공동연구를 수행하고 향후 국내기업으로의 기술 이전도 이루어지게 될 것이다.

김종훈 소장의 성공 키워드

1. 혁신을 혁신한다. (Innovating innovation)
2. 기술이 아닌 인간을 보라.
3. 인재 확보에 비용을 아끼지 마라.
4. 이노베이션은 타이밍이 가장 중요하다.
5. 트랜지스터는 3명이 발명했고, 레이저는 2명이 만들어냈지만,

수천 억 달러에 달하는 가치를 만들어 냈다. 혁신에서 중요한 것은 사람의 머릿수가 아닌 창조적인 시각이다.

6. 가장 눈에 띄는 혁신은 주류보다는 괴짜들이 만들어 낸다.
7. 다른 의견을 존중할 수 있는 문화 속에서 혁신은 가능하다.

김 사장은 '미국의 자존심' 처럼 여겨져 온 1만 명이나 되는 과학두뇌집단인 벨연구소에 한국두뇌가 '세계 최초, 세계 최고'를 지향하는 연구소의 책임자가 됐다는 점, 또 과학 연구와 부(富)의 증진이 혼연일체가 되는 모범을 보여주고 있다는 점에서 한국인의 자존심을 높인 분이다.

그는 우리민족이 더 이상 변방에서 냉대 받지 않고 당당히 "신인류", "신세계사", "신문명"을 창조하고 주도할 수 있는 우수한 민족이라는 자부심과 비전을 제공한 신인류공익 신문명 창조자이다.

김 박사는 미국 국립공학학술원(NAE)의 회원으로 활동 중이며, 미국 범아시아인 상공회의소(USPPACC)가 선정한 '가장 영향력 있는 아시아인 10인'에 꼽히기도 했다.

2010년엔 포항공과대학교대학원 공학 명예박사학위를 받기도 하였다.

"오늘 뭔가를 하면 내일이 오늘보다 더 나을 것이란 희망을 갖고 산다. 지금 내가 중요한 것이 아니라 내가 점점 나아지고 있다는 것이 중요하다. 그게 행복의 비결이다."라는 말은 그의 개인철학이다.

김종훈 사장은 2001년 프로농구팀 위저즈에 투자해 공동 구단주가 되었다. 운동을 좋아해서 투자한 것이고, 구단주가 되는 것이 훌

류한 시민의 일원이 되는 것이라 생각했다.

김 박사는 철인3종 경기인 트라이애슬론과 마라톤을 거뜬히 해치우는 강인한 체력과 정신력의 소유자이다. 그는 매일 새벽에 건강을 지키기 위해 대학 시절부터 달리기를 하여 이제는 러닝이 하루도 건너뛸 수 없는 습관이 됐다.

김 박사는 기부활동도 많이 하고 있다. 둘째 딸(주리) 이름을 딴 주리재단과 김종훈 재단을 운영 중이다. 장학사업 등 교육 분야 기부를 많이 한다. 그는 지난해 5월 미 서부의 명문 스탠퍼드대에 한국학 석좌교수 기금으로 200만 달러를 기부해 화제가 되기도 했다.

성공이란 역경에서 얼마나 일어섰느냐, 즉 역경을 극복한 자기행복감이 높은 경지라고 말할 수 있다. 인생에서 역경은 항상 함께 할 수밖에 없는 필연적 존재다. 또한 세상은 점점 복잡하고 다양하게 변화한다. 이런 미래에서는 더 많은 역경이 출현할 것이기 때문에, 명품인재가 갖추어야 할 필수자질로 역경을 극복하는 능력이 더욱 강조될 수밖에 없다.

성공은 역경을 딛고 계속 노력하는 것이라고 생각한다. 하나의 목표를 달성했다고 해서 거기서 가만있으면 행복한 마음은 곧 사라져 버린다. '내일은 반드시 더 나을 것이다' 라고 생각하며 하루하루를 보람 있게 살아가는 것이 성공으로 가는 길이다.

사지마비 장애 딛고 의사 된 슈퍼맨
이 승 복 - 존스홉킨스병원 수석전문의

　　　　　미국 동부 볼티모어에 있는 명문 의대 존스홉킨스대 병원에 들어서면 아주 특별한 의사를 만날 수 있다. 그는 척추신경이 끊어지는 사고로 가슴 아래가 마비된 중증장애인 재미교포 이승복 박사이다. 이 박사는 손가락 근육이 마비돼 도구를 이용해야 환자 차트를 쓸 수 있고 특수 제작한 휠체어를 타야 움직일 수 있다. 전신마비의 사고를 딛고 어떻게 의사로서 성공할 수 있었을까? 그의 인생 스토리는 뉴욕타임스, AP통신, 폭스 TV 등 언론을 통해 미국 전역에 소개돼 수많은 미국인들에게 감동을 주었다.

　이승복 박사는 1965년 서울에서 2남 1녀 중 장남으로 태어났다. 그는 여덟 살 때 가족들과 함께 미국으로 이민을 갔다. 미국에서 그가 무엇보다 견디기 힘들었던 건 동네 아이들의 놀림이었다.

　"영어 못한다고 놀리고, 넌 왜 이렇게 코가 납작하고 키가 작야고 놀리고. 또 넌 중국인이냐? 일본인이냐? 물으면서도 한국 사람이냐고 묻는 사람은 없었어요. 그게 저를 아주 화나게 한 것 같아요. 한국이란 나라를 전혀 모른다는 게 비참했어요."

그는 어떻게 하면 대한민국을 알릴 수 있을까 생각하다가 체조하는 아이들을 보고 한국 대표 체조선수로 올림픽에 나가고 싶다는 생각을 했다. 고달프기만 했던 이민생활에 우연히 만난 체조는 외로움을 달랠 수 있는 유일한 탈출구가 되었다. 하지만 체조는 그의 인생을 송두리째 바꿔놓았다. 집념어린 노력으로 전미 올림픽 상비군에 선발되며 꿈에 다가서는 듯했지만 돌이킬 수 없는 한 순간의 실수로 손가락 하나 까딱할 수 없는 중증장애의 나락으로 떨어졌다. 그러나 그는 좌절하지 않았다. 재활치료를 하며 관심을 갖게 된 의학 공부를 새로운 목표로 세우고 밤잠을 안자며 노력했다. 모두가 불가능하다고 만류했지만 그는 또 한 번 기적을 일궈냈다.

그는 뉴욕대, 콜럼비아대를 거쳐 다트머스와 하버드 의대 인턴과정을 수석으로 졸업하고 현재 존스홉킨스 의과대학병원 재활의학과 수석전공의사로 재직하고 있다. 이승복 박사는 휠체어를 타고 병동을 누비며 진료를 한다. 그곳에서 그의 애칭은 '슈퍼맨 닥터 리'. '사지마비 장애를 극복한 인간승리의 주인공'이다. 그의 일과는 새벽 6시부터 시작되며 오전 8시 병원에 출근해 저녁 8시 집에 도착할 때 까지 회진과 강의, 외래진료, 환자 상담, 세미나 등 일분일초가 그야말로 전쟁이다. 연구실과 회의실에서 점심과 저녁을 샌드위치로 때워야 하지만 그의 표정은 항상 밝기만하다. 그 이유는 "내가 살아 숨 쉬고 있고 내가 돌봐야 할 환자가 있으니까요."라고 말한다.

의사로서 그에게 장애는 오히려 절망이 아닌 축복이리고 한다.

"환자들이 처음에는 휠체어를 탄 의사의 모습에 놀라기도 합니다.

하지만 이내 똑같은 아픔을 이겨낸 저를 보며 속내를 털어놓고 삶의 희망과 용기를 얻지요." 그의 손에는 항상 두툼한 보호 장갑이 끼워져 있다. 수동식 휠체어 바퀴를 굴리느라 손이 온통 굳은살 투성이기 때문이다. 전동 휠체어로 바꾸라는 주위의 권유도 있지만, 헤어진 장갑과 상처 난 손은 성실하게 살아온 지난 세월을 잊지 않으려는 그의 다짐이다.

이승복 박사는 그간의 자기 인생을 다음과 같이 말한다.

「1983년 7월 4일 미국의 독립기념일이었습니다. 하지만 나에게는 평생 잊을 수 없는 날입니다. 지금도 기억에 생생합니다. 집에 잠깐 들른 나는 이날 짐을 싸서 4시간 거리에 있는 체조연습장으로 향했습니다. 이틀 뒤인 6일이 18번째 내 생일이어서 가족 모두 집에 머물길 바랐지만 나는 뿌리치고 일어났습니다. 떠나는 나에게 아버진 "자식! 하라는 공부는 안하고 웬 체조냐?"고 한마디 하셨습니다. 아버진 제가 열심히 공부해 전문직이 되길 원했습니다. 그러나 나는 체조선수의 길을 걷기 위해 3년 전부터 집을 떠나 합숙훈련을 하고 있었습니다. 그 사건 이후 아버진 늘 화난 얼굴로 나를 대했습니다.

서울에서 약사로 일했던 아버진 더 나은 삶을 찾아 우리 가족을 이끌고 1973년 미국 뉴욕으로 이민을 왔습니다. 기대와 달리 우리 가족을 기다린 것은 벗어날 수 없는 가난이었습니다. 한국에서 엘리트였던 아버진 불과 몇 년 만에 일용직 노동자로 전락했고 어머니도 일에 지쳐 집에 오시면 아무 말씀도 하지 않으셨습니다. 어린 시절 가족 모두 왜 그렇게 고단한 삶을 살았는지 모르겠습니다. 미국에 온 지 며칠 만에 나는 소년가장이 돼서 두 동생을 챙겨야했습니다.

부모님은 하루 20시간을 일했지만 가난에서 벗어날 수 없었습니다. 그 때마다 아버지는 장남인 내가 변호사나 의사가 돼서 집안을 일으켜주길 기대했습니다. 하지만 나는 체조선수로 성공하고 싶었습니다. 이런 이유 때문에 아버지는 나를 엄격하게 대하셨지요.

우연히 동네 YMCA에 갔다가 어깨 너머로 체조를 배우기 시작했습니다. 어릴 때부터 몸이 유연했던 나는 체조에 재능이 있었습니다. 체조를 시작한 지 불과 4년 만에 미국 체조챔피언대회와 전미체조대회에 출전해 마루와 도마에서 1등과 2등을 차지할 정도로 두각을 나타냈습니다. 17살 때에는 미국 올림픽 예비선수로 선정되면서 미시간대, UCLA, 스탠포드대, 웨스트포인트 사관학교 등 많은 대학으로부터 스카우트 제안을 받았습니다. 나의 미래는 푸른 하늘처럼 맑았습니다. 1988년 서울올림픽에 한국대표로 출전해 금메달을 따겠다는 내 꿈이 가능할 것처럼 보였습니다.

18번째 생일을 앞두고 7월 4일 훈련을 하러 가겠다고 말하자 아버지는 대뜸 "미역국도 먹지 않고 왜 하필이면 운동이냐?"고 야단을 쳤습니다. 그 말이 송곳처럼 어린 제 가슴을 질렀습니다. 속상한 마음에서 체육관에 도착했지만 이번에는 코치가 잔뜩 화난 표정을 짓고 있었습니다. 훈련시간에 늦었기 때문입니다. 아버지의 질타에, 미국 코치의 싸늘한 눈빛까지 나는 정말 참을 수가 없었습니다. 나는 갑자기 두 사람에게 보란 듯이 그동안 피나게 연습해온 고난도 기술을 보여주고 싶었습니다. 누가 말릴 틈도 없이 공중에서 한 바퀴와 3/4회전을 하는 고난도 기술을 실현하러 마루 한복판으로 달려갔습니다. 몸이 하늘로 솟구쳤습니다. 나는 '아버지! 코치님! 나를 봐 주세요' 하고 속으로 외쳤습니다. 잠시 후 '쿵' 하는 소리가 내 귀에도 들린 것 같았습니다. 하지만 몸을 움직일 수 없었습니다. 나중에 의사에게 들으니 너무 빨리 떨어지면서 턱이 마룻바닥에 부딪혀 일곱 번째와 여덟 번째 척수 사이의 신경조직이 끊어졌다고 합니다. 나는 일어서려고 버둥거렸지만 눈만 깜박였다고 합니다.

꿈이 산산조각 나는 순간이었습니다. 인근병원에서 응급치료를 받은 뒤 나는 뉴욕대병원에 3개월간 꼼짝 못하고 침대에 누워있어야 했습니다. 참 길고 긴 시간이었습니다. 3개월은 내가 살아온 열여덟 해 보다 길었습니다. 모든 희망이 사라졌고 내 안에 남은 건 분노뿐이었습니다. 자리에서 일어나 9개월 간 굳어진 손가락만 구부리는 훈련을 받았다고 상상해보세요. 지금 피나는 연습을 해도 부족한데… 병원 한구석에 내던져진 느낌이었습니다. 기력을 조금씩 회복하자 나는 미친 듯이 휠체어를 굴려 치료실과 병원 곳곳을 돌아다녔습니다. 낯선 미국에서 체조가 어린 시절 내 삶의 탈출구였듯이, 이번에는 휠체어를 타는 것이 탈출구였습니다. 움직이지 못하면 죽을 것 같았습니다. 부모님들은 여전히 먹고살기에 바빴고 두 동생은 공부에서 헤어나지 못하고 있었습니다. 병원에서 저는 늘 혼자였습니다. 휠체어조차 없었다면 미쳤을 것 같아요. 정말 안가본데가 없습니다. 미로 같은 병원복도 모서리를 돌아가면 새로운 세상이 펼쳐질 것 같았습니다. 나에게 휠체어는 체조였고 휠체어를 통해 만나는 세상은 사고 나기 전 철봉과 마루 경기였습니다. 살아있는 신경마저 뻣뻣하게 굳어질까봐 나는 움직이고 또 움직였습니다. 하루 종일 재활치료에 매달리면서 사고 난 지 일 년 만에 비로소 가슴 아래가 마비됐고 손가락 신경이 자유롭지 못한 중증장애인의 삶을 받아들이기로 결심했습니다. 그날 난 참 많이 울었습니다.

그런데 참 이상합니다. 제가 중증장애인이 된 현실을 받아들이기로 결심한 순간부터 그렇게 마음이 평온해질 수 없었습니다. 어릴 때 믿어오던 기독교 신앙도 이때부터 독실해져서 처음으로 마음에서부터 우러나오는 기도가 나왔습니다. 사람들은 나를 칭찬했습니다. 그때 정말 나에겐 칭찬이 필요했습니다. 혼자 걷지도, 일어서지도 못하는 나에게 의사와 치료사들의 칭찬은 마음의 위안이었고, 삶을 지탱해주는 밥이고 생명이었습니다. 그때부터 나는 비록 육신은 일어설 수 없지만 또 다른 꿈을 향해 일어서겠다고 결심했습니다.

고통스러운 병원생활 중 기억에 남는 사람이 있습니다. '애니'라는 조무사입니다. 나는 '애니'의 도움을 받아 매일 식사를 하곤 했습니다. 그런데 어느 날 그녀가 더 이상 먹여주지 않겠다고 선언했습니다. 그녀가 앞으론 혼자 먹어야 한다는 말이 마치 나를 세상에 내동댕이치는 것 같았습니다. 내가 화도 내고, 도와달라고 애원했지만 그녀는 절대 음식을 먹여주지 않았습니다. 그녀는 제게 앞으로 혼자 살아가는 방법을 가르친 거지요. 그때 내가 벌떡 일어선 것입니다. 눈물 흘리며 혼자 먹는 연습을 한 끝에 기적처럼 흘리지 않고 혼자 밥을 먹을 수 있었습니다.

미국 병원에는 다행히 저와 같이 학교에 못가는 환자들을 위한 교육 프로그램이 있었습니다. 뉴욕대 병원에도 교사 4명이 문학과 수학, 역사 등을 가르쳤는데 그중에 영문학을 가르치는 엘리스라는 할머니가 나를 찾아왔습니다. 선생님과 나는 영미 문학작품을 읽으면서 많은 시간을 보냈습니다. 어느 날 엘리스 선생님은 저에게 미국 대학 진학시험(SAT)을 준비하자고 제안했습니다.

대학입시 공부가 쉽지 않았습니다. 포기하고 싶었습니다. 같은 자세로 앉아있으면 허리가 끊어질 듯 아팠습니다. 그런데 우연히 뉴욕대의 재활병원을 세운 하워드 러스크 박사의 자서전 〈돌봐야 할 세상(A World to Care for) 〉을 읽게 됐습니다. 내 눈이 번쩍 떠졌습니다. 무엇을 공부할 지 고민하던 나에게 의학은 횃불과도 같았습니다. 나와 비슷한 처지에 있는 사람들을 도울 수 있다면 그건 나에게 체조에서의 올림픽 금메달과 같았습니다.

1년 만에 퇴원한 나는 하루 종일 공부에 매달렸습니다. 의대입시를 준비를 해야 하는데 그것을 방해하는 것이 바로 내 몸이었습니다. 허리가 아파서 고통스러울 때면 공부하다가 죽자고 다짐했습니다. 5개월의 준비 끝에 정말 기적처럼 원하는 점수를 받아 뉴욕대에 입학했습니다. 그리고 이어 콜럼비아대에서 공중보건학 석사학위를 받게 되었습니다. 콜럼비아대에서 졸업하면서 나는 30여개 대학 의대에 입학원서를 보냈습니다. 이들 대학이 중증장애인을 받아줄 지 걱정이었습니다. 그렇다면 방법은 면접을 잘 보는 수밖에 없었습니다. 넉 달 동안 콜럼비아대 의대에 있는 교수와 친구들을 찾아다니며 면접연습을 했습니다. 내가 왜 의대에 들어가려 하는지, 얼마나 열정적으로 공부할 수 있는지 정확하게 대답하고 표정 짓는 연습까지 했습니다. 사고난지 10년만인 1993년 4월 마침내 다트머스 의대로부터 합격통지서를 받았습니다. 나는 눈물을 뚝뚝 흘리며 '이제부터 다시 시작이야. 나는 의사가 되는 거야' 하고 다짐했습니다.

의대공부는 나에게 죽음을 생각할 정도로 스트레스를 줬습니다. 한 달 동안 읽어야할 책이 제 키 정도였습니다. 호박에다 정맥주사를 놓는 연습을 하다보면 새벽이 밝아오고 했으니까요. 그 과정을 거쳐 나는 다트머스 의대와 하버드 의대 인턴 과정을 수석으로 졸업했습니다. 그리고 지금 세계 최고의 존스홉킨스대 병원의 재활의학 수석 전문의로 근무하고 있습니다. 수많은 고통이 있었지만 내 희망을 꺾을 수는 없었습니다. 나에게 육신의 장애는 아무것도 아닙니다. 제가 할 수 없다는 마음속의 장애에 갇히는 것이 무서운 일이지요. 사고로 나는 많은 것을 잃었습니다. 하지만 그 이상의 것을 얻었습니다. 사고가 나지 않았다면 의사가 되지 못했을 것입니다. 나에게 사고 전과 지금 중 하나를 선택을 하라고 하면 지금의 장애인으로 살아가는 것을 선택할 것입니다. 장애를 받아들이기로 결심한 이후 그것을 축복이라고 여기기로 했습니다.

절망한 채 병원에 실려 온 환자들은 나를 보면서 희망을 갖는다고 합니다. 내 얼굴에서 미소가 떠나지 않는다고 말합니다. 환자들 앞에서 씩씩하게 휠체어를 밀며 이렇게 살 수 있다는 것을 보여주는 것이 내 사명입니다. 나는 멀쩡한(?) 팔을 놔두고 전동휠체어에 편히 앉아서 살고 싶지 않다고 말하곤 합니다. 자유롭지 않은 두 손으로 휠체어 바퀴를 굴리며 자기의 길을 가길 원하기 때문입니다. 나는 절망 속에서 희망을 이야기하고 싶습니다.」

사람들에게 주목받고 희망이 되기까지 그가 지내온 나날들은 참으로 견디기 힘든 시간의 연속이었다. 그의 삶을 보면 모든 것은 스스로 어떤 삶을 선택하느냐에 달려 있다는 생각을 하게 된다. 선택이 상황을 바꿔주지는 않지만 선택을 통해 삶을 대하는 자세를 바꾸면 그것으로 모든 것이 바뀐다는 것을 그가 일깨워 주고 있다.

이 박사는 이렇게 강조한다.

"자신의 미래를 위해 그리고 사랑하는 이들을 위해 도전하십시오. 장애는 결코 벽이 될 수 없습니다." "명심하세요. 한계는 자신이 만드는 거예요. 수많은 한계에 부닥치지만 좌절이 곧 절망이 아닙니다. 긍정적인 마음을 가진다면 기회의 창이 열릴 겁니다."

그의 이야기는 미국 언론과 KBS 인간극장에도 소개되어 사람들에게 도전과 희망이 되고 있다.

또 하나, '고통 없이는 얻을 수 없다 (No pain, No gain)' 는 진리를 자서전 『기적은 당신 안에 있습니다』 저서에 그의 지치지 않는 삶의 희망과 열정의 이야기가 담겨있다.

"제가 자서전을 쓴 건, 인생에서 좌절을 겪는 분들에게 '아, 저 사람도 하는 걸 보면 나도 다시 일어날 수 있겠구나' 하는 자신감과 용기를 주고 싶었기 때문이에요"

그는 한때 절망과 슬픔으로 몰아넣었던 장애를 극복하여 지금은 많은 사람에게 꿈과 희망을 주고 있으며 그에게 불가능이란 없고 다만 희망은 꿈꾸는 자의 것이라는 진리만이 있음을 보여준 산 증인이다.

이 박사는 자신이 겪었을 좌절감과 아픔이 이루 말할 수 없이 컸음에도 불구하고 늘 긍정적이고 끊임없이 자기 자신과 싸워 이겨낸 과정을 보면 사회적인 성공을 떠나 한계에 대한 도전만으로도 인간 승리가 아닐 수 없다. 이승복 박사는 절망의 끝에서 희망을 퍼 올린 우리시대 자랑스러운 한국인이다.